“十三五”江苏省重点出版规划项目
教育部人文社会科学重点研究基地重大招标课题：
中国德育数据库建设 [18JJD880002] 的阶段性成果
资助单位：南京师范大学道德教育研究所 南京师范大学立德树人协同创新中心

中国儿童道德发展报告系列

孙彩平 主编

河北省
儿童道德发展报告
10到18岁

孙彩平 左海云 编著

南京师范大学出版社
NANJING NORMAL UNIVERSITY PRESS

图书在版编目(CIP)数据

河北省儿童道德发展报告. 10到18岁 / 孙彩平，左海云编著. — 南京 : 南京师范大学出版社，2019.4
(中国儿童道德发展报告系列)
ISBN 978-7-5651-3891-1

Ⅰ. ①河… Ⅱ. ①孙… ②左… Ⅲ. ①儿童教育—德育—研究报告—河北 Ⅳ. ①G41

中国版本图书馆CIP数据核字(2018)第242279号

丛 书 名	中国儿童道德发展报告系列
策划编辑	姜爱萍　翟桂叶
丛书主编	孙彩平
书　　名	河北省儿童道德发展报告(10到18岁)
编　　著	孙彩平　左海云
责任编辑	孙　涛
出版发行	南京师范大学出版社
地　　址	江苏省南京市后宰门西村9号(邮编:210016)
电　　话	(025)83598919(总编办)　83598412(营销部)　83598297(邮购部)
网　　址	http://press.njnu.edu.cn
电子信箱	nspzbb@163.com
印　　刷	南京工大印务有限公司
开　　本	718毫米×1000毫米　1/16
印　　张	12.5
字　　数	197千
版　　次	2019年4月第1版　2019年4月第1次印刷
书　　号	ISBN 978-7-5651-3891-1
定　　价	39.80元

出 版 人	彭志斌

序　言

调查目的

当前，中国正处于历史发展的新时期，开放、多元化、全球化、信息化成了中国社会的典型特征，社会的伦理精神和道德生活也出现了新的转变。文化多元、阶层隔阂、社会分化的情况加剧，极端个人主义、功利主义和盲目攀比、追求奢华生活等价值观念借助新媒体等技术手段，对核心价值观与传统价值观形成了新的挑战。

那么，当代中国儿童的道德发展状况如何？儿童是否保留着对中华传统美德的尊敬，是否认同社会主义核心价值观，是否关注公共生活的文明与秩序？他们的道德发展状况存在着什么样的趋势与阶段性特点？什么是他们道德成长中的限制性影响因素以及他们喜欢什么样的道德教育方式？对中国儿童道德发展的根本与关键问题的深刻关切，融合着家庭对后代的殷切希望、教育对儿童的成长责任，也包含着国家与社会对未来的期许。

长期以来，由于缺乏基本可靠的数据支撑，中国道德教育理论研究长于哲学思辨，失于对中国儿童道德发展的现实问题的深入分析与把握，致使理论研究对问题解决的力度不足。

基于时代与研究的需要，更基于中国儿童道德发展的需要，南京师范大学道德教育研究所与立德树人协同创新中心启动中国儿童道德发展的数据采集工作，以期建立中国儿童道德发展的国家样本库，为中国道德教育理论研究的深化提供支撑；为中国道德教育现实问题的解决提供支撑；为国家德育课程、教学及教材改革提供支撑；为中国精神文明建设和伦理道德发展提供支撑；为国际社会准确了解中国儿童道德发展状况提供支撑。

道德是一种文化—心理结构，儿童道德是儿童与他所在的社会文化环境（包括学校生活与家庭生活）相互作用的结果。这意味着儿童的道德成长是社会性的，在特定的社会与特定的时期，儿童的道德成长状况可能在整体上不同于其他的社会与其他的时期，儿童所认同的价值观念，形成的道德情感，进行道德判断的依据乃至道德行为倾向，既会呈现出一些整体性的特点，也会存在一些整体性的问题。本调查的基本目的，正是了解与把握这些整体情况、倾向与问题。

调查内容

关于中国儿童道德发展状况的实证研究，在国际和国内并没有被普遍认可的综合性量表或调查问卷，尽管国际道德教育研究领域有经典的道德认知发展学派的两难故事法测验及其变式确定问题测验（Defining Issues Test，DIT），国内有顾海根、李伯黍老师的上海地区道德判断的常模研究，卢家楣老师的全国范围的道德情况测验，但这些研究都是针对儿童道德发展的某一个指标——道德判断或者道德情感，以此为基础设计的问卷，并不是针对道德发展的综合性问卷。

在道德发展理论中，知、情、行是道德教育理论普遍认可的人的品德的三个基本构成要素，分别对应道德观念、道德情感与道德行为，也有人把道德意志和道德信念列为人的品德的第四和第五要素。同时，在20世纪的道德发展心理学中，道德判断备受关注，成为道德发展理论和德育理论关注的重要内容，因为学界普遍认为道德判断与道德行为间有着更密切的相关性。德育理论界一直认为，品德中某一因素的发展状况，即使再精确，也很难说明品德发展的整体状况。为了对中国儿童道德发展的整体状况有全面的了解，我们采用了自编问卷的方式，将道德观念、道德情感、道德理性和道德行为作为考察当代中国儿童道德发展的四个核心要素，同时调查当代儿童对学校德育方式的看法，以及影响其成长的困扰性因素。

此调查核心目的在于了解当代儿童道德发展的整体状况及其随年龄变化的发展趋势，同时了解影响儿童道德成长的关键因素，因此，在自然情况分类中，包括年龄、性别、区域、城乡、家庭生活方式（是否长期与父母、祖辈生活在一起，是否单亲或者离异家庭）、生活满意度、民族。需要说明的是，这些要素，是回应社会关注视角，在逻辑上不是完全并列的关系。

由此，本调查报告提供中国 10 到 18 岁儿童（2016 年 7 月为止）道德观念、道德情感、道德理性、道德行为、德育方式、成长困扰 6 个指标的整体状况，以及其年龄、性别、区域、城乡、家庭生活方式、生活满意度和民族因素的相关情况，以此把握 2016 年中国儿童道德发展的整体情况、趋势特点与影响因素。整体结构如下图所示：

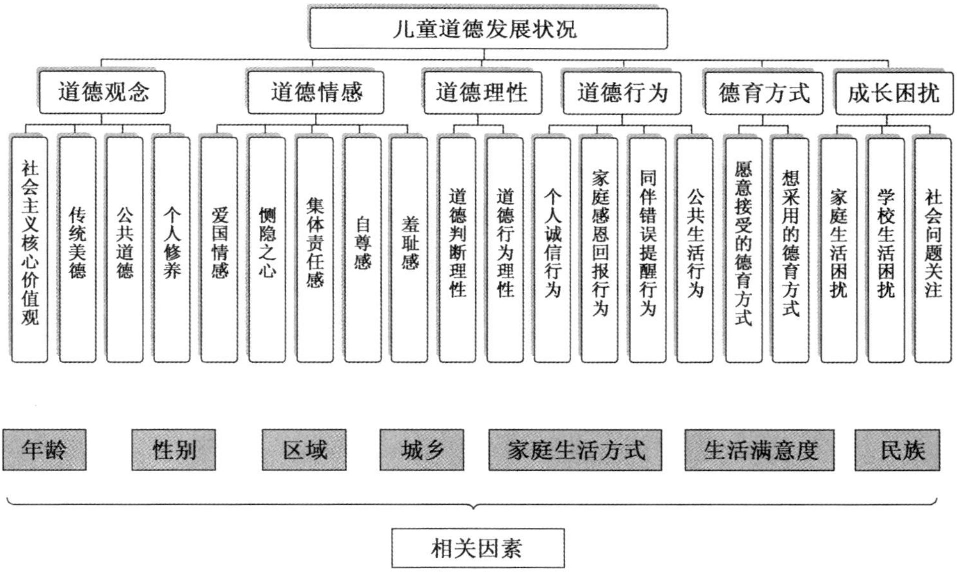

中国儿童道德发展状况整体结构图

调查对象

包含道德观念、道德情感、道德理性、道德行为、德育方式及成长困扰因素在内的综合性问卷，不同于标准化的测验，也不同于心理学的量表，而是更接近于社会调查，因此，其调查的信度与效度，跟样本选取的代表性与普遍性有着密切的关系。

为最大限度了解中国儿童道德发展的整体面貌，我们在取样时选择了分组分层相结合的取样方式。本次调查取样以全国七大行政区东北、西北、华北、华中、华东、西南、华南为分组，每个大行政区选择一个省份（自治区、直辖市）（华南地区选择了两个）作为一层样本，每省（自治区、直辖市）选择一个地级市作为二层样本，各市选择城市中心区（城市）、城市新兴区（城乡接合部）、一个县（农村）作为三层样本，各区（县）选择优质、普通及薄弱小学、初中、高中各一所作为四层样本，各学校以年级为单位，以 7 个班为年级班数上限进行采样，作为五层样本。此次调查样本总量涵盖 7 个省（自治区、直辖市）、21 个区（县），189 所学校，对象为小学四年级到高中三年级（4～12 年级）儿童，分别对应 10 到 18 岁儿童。

具体图示如下：

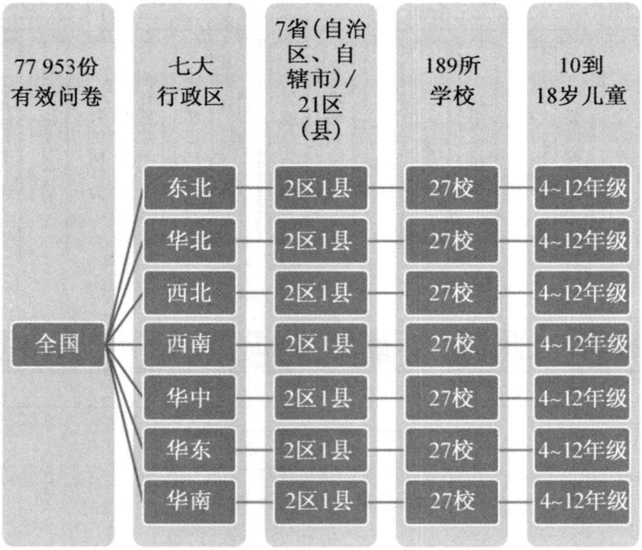

全国七大行政区分组分层取样详情图

其中，黑龙江省作为东北地区取样代表，河北省作为华北地区取样代表，宁夏回族自治区作为西北地区取样代表，重庆市作为西南地区取样代表，湖北省作为华中地区取样代表，浙江省作为华东地区取样代表；考虑到华南地区内部发展差异较大的现实情况，取深圳市作为华南地区城市发展样本代表，海南省作为华南地区一般发展样本代表。此套丛书即以此次数据采集为依据，是上述各省（自治区、直辖市）再加上江苏省的儿童道德发展报告的单行本的合辑。为方便大家了解各省（自治区、直辖市）与全国儿童道德发展状况的比较，每个分册在基本结论部分提供了相应的全国数据。

解读说明

这是首次全国范围大样本的儿童道德发展状况调查，在问卷编写、取样设计与结果处理中都面临着重大的困难，虽多方努力，但仍存在着一定的不足，如取样不能在各个维度上与人口学样本完全一致，问卷调查的方法对了解儿童道德发展状况的有效性有待验证，类别变量差异检验因样本量过大而且不均衡可能存在偏差等。存在不足，知道不足，不断克服与改进这些不足，需要我们长期的努力，也提醒我们对调查结果本身保持应有的理性。由此，课题组明确以下几个方面的问题，提请大家在阅读与使用本丛书时注意。

首先，此调查报告提供当代儿童的整体状况，不适用于个体道德状况的诊断。

由于道德发展本身的社会情境性、长期性以及道德动机的内隐性特征，道德测评至今在理论上与现实中都还是难题。小样本的个案跟踪可以提供个案的深入细致的道德发展过程，发现道德成长的特殊文化机制与困境，有望对个体道德发展状况做较准确的判断，但因其个体化特征，无法对群体的整体状况做出推断；而大样本的问卷调查（如此次调查）难以对个体道德成长进行深入了解，但在了解当代中国儿童道德发展的整体特征以及发展趋势上有着其他方法不能媲美的优势，也可以呈现不同群体间的整体差异与变化。例如，高中生、初中生和小学生的道德发展差异，不同家庭生活方式的儿童，如留守儿童与跟父母一起生活的儿童道德成长的整体差异等。把握整体情况与群体差异及整体趋势与倾向，才可能超越个体经验与个案的视野，制定各自适宜的教育策略，避免以偏概全。此调查报告属于大样本的问卷调查，因而适宜以此了解当代儿童道德发展的整体情况与趋势，不能作为个体道德成长判断的依据；可以以此了解不同群体儿童道德发展的整体状况，但也要注意避免将其中的结论当作特定群体的道德标签。如调查发现，留守儿童群体在道德发展上面临更大的困境，是当前道德发展的弱势群体。这个结论意味着相对于与父母一起生活的儿童而言，留守儿童整体上感受到成长困扰的比例更高，在更多方面表现出值得关注的道德发展倾向，但不意味着每个留守儿童都如此，也不意味着所有留守儿童在道德成长上都处于弱势状态。多数留守儿童在道德成长上是健康的，只是这样的儿童在留守儿童中的比例，明显低于与父母一起生活的儿童群体中的相应比例。因而，不可以以此作为留守儿童个体或者群体的道德成长标签，但只有了解此情况，国家和相关区域才可能采取相应的针对性策略，与学校教育一起帮助更多的留守儿童走出困扰，健康成长。

其次，道德是一种综合性极强的实践智慧，对道德发展状况的理解必须是整体性的、综合性的，不能只考虑单一因素或者将各因素简单相加。

理论上品德包括知、情、行三因素或者知、情、意、行四因素，同时强调这些因素间的相互影响、相互制约的关系，因而，知行脱离或者知行不一长期以来被当作道德教育要解决的难题。道德发展状况的研究，要特别关注几个因素间的内在联系和一致性。为了了解儿童道德发展的多因素状况，此次调查内容涉及儿童的价值观念、道德情感、道德判断以及道德行为表现等几个方面。结果显示，知行不一的问题，并非当代儿童道德成长中的普遍状况。在某些方面，儿童的价值观、情感与行为表现出高度的内在统一性，如对于孝敬和诚信，儿童既在观念上有较高的认同度，也在行为上表现出跨越年龄的高度普遍性，而对规则的认可，也在道德判断与道德行为中有着较突出的一致性。由此可见，孝敬、诚信和守规则是当代儿童较为稳定的道德品质。而在另一些方面，如关心他人，90％以上的儿童对弱势群体有着关怀的情感，但只有不到一半的儿童会真的施以援手，其他儿童仅限于同情，在行为上，一方面寄希望于有好心人去帮助他们，另一方面担心自己惹上麻烦而选择观望或者避开，可见，在关心他人方面儿童存在着某种程度的情感与行为间的不一致性，说明这一品质在当代儿童身上还不稳定，或者出于多方面条件的限制，还有较大的提升空间。综合地考察儿童道德发展的各个因素，尤其是注意各个因素间的一致性状况，从而发现儿童的稳定性道德品质，以及尚需要注意培养的品质，特别是发现不同年龄儿童道德成长的不稳定层面，才能制定针对性的学习内容和培养方案。

再次，道德是一种"中庸"的状况，"持续增长"的发展观念不适用于理解儿童的道德发展。

受现代化发展观的影响，很多人已经习惯把"增长"看作发展的表现，将"下降"理解为退步的象征，这一观念，在道德发展中并不适用。中西方传统哲学有着很大的差异，但亚里士多德和孔子，都将"中庸"作为德性的特点。孔子强调"过犹不及""君子中庸"，亚里士多德则认为"德性是适度"，这是道德品质的特殊性。依据这样的观念，道德情感过度强烈与不彰都不是美德的内在要求，与美德相宜的，是"中"，是恰到好处。依据儿童道德发展报告的结果，儿童的爱国情感、集体责任感、恻隐之心、自尊感以及羞耻感，都在不同程度上表现出随年龄增长而下降的趋势，但不能由此简单地认为这是一种道德发展的下滑或者后退的标志。年龄小的儿童思虑简单，情感表现单纯强烈，容易出现冲动的行为反应，从道德是一种慎思后的表现以及中庸的视角，这不是道德成熟或较高水平的表现。进一步的数据分析可以印证这一点。道德情感的强度，由于加入了不同的原因（理性或者思虑）而表现出消减，如将国际比赛中的成绩归因于个人荣誉比例的小幅上升导致了爱国情感随年龄增长的小幅下降；将当众批评归因于他人过错比例的上升导致了羞耻感的明显下滑。同时，也要注意一些细微的内在变化。如，虽然整体上恻隐之心的比例没有出现随着年龄增长的明显下降，但儿童的内心感受却发生着微妙的变化：随着年龄的增长，更多儿童限于同情的感受，寄希望于好心人对弱势者履行帮助，而非亲自施以援手。这看上去是同情的强度发生了变化，或者处理同情心的方式发生了变化，而这种变化，部分应源于基于现实情况的慎思——多数儿童在经济上不独立，直接助人的能力有限，部分则可能源于个体功利的道德思维倾向。

最后，当代儿童的道德成长是文化社会性的，也是时代性的。

儿童的道德发展是普遍性的，还是具有文化和社会的特殊性？这在理论上依然是有争议性的话题。到目前为止，国际上尚没有公认的常模，也没有较为权威的整体道德发展量表。此次调查发现，在道德认知发展形式上，中国 10 到 18 岁儿童表现出完全不同于西方经典理论（科尔伯格道德认知发展的三水平六阶段理论）的发展模式。中国儿童的道德认知判断理由，呈现多元并存状态，且呈现一种非阶段性发展模式。这个结果为儿童道德发展的文化和社会的特殊性论断提供了佐证，提醒中国的教育理论与实践要对中国儿童道德成长的文化特殊性保持足够的敏感度，努力研究中国儿童发展的特点、问题与趋势，不可完全用其他文化、社会情境中儿童发展的模式来思考中国儿童的道德成长问题，更不能把其他国家儿童发展中的问题简单地当作当代中国儿童发展的问题。当然，确认一个结论，仅一次调查是不够的，还有待在后期的跟踪中进一步深入地研究。

调查发现的儿童道德成长的文化与社会特殊性的另一个佐证，是中国传统道德观在当代儿童身上的明显印迹，最为典型的是孝敬。上文提到，在当代儿童身上，孝敬的美德，从观念到行为，保持着高度的内在一致性。这是其他文化中的儿童所没有的。如果说道德认知判断发展模式的不同，体现的是道德发展形式上的文化特殊性，孝敬这一中国文化的特有内涵在中国儿童身上的烙印，则是在内容上体现了中国儿童道德发展的特色。自然，选择哪些中国传统文化道德通过教育的途径加以传承，是当前中国文化重建的重大问题之一。

中国儿童道德发展的特殊性，还表现在其发展倾向上。调查发现，当代儿童在肯定性道德判断分化后，更普遍地把个体功利作为理由，把规则与法律作为否定性道德判断的理由；在责任承担上，随着年龄的增长，更普遍有着“自扫门前雪”的心态与行动，这当然也是一种承担责任的方式，但显然是一种与集体或者公共责任间的联系不够紧密和明显的承担方式。规则与法律的行为规范性功能的突显，当然是非常重要的一个方面，但这也可能是当下规则与法律的禁令性倾向明显、权利保障略显不足的现实在儿童观念与思维方式上的反映。这些，都是中国社会的特殊性的体现，也是时代性的体现，是值得国家、社会关注的当代儿童道德成长倾向。这提示我们要从顶层设计出发，通过课程与学校活动，以及社会媒体的舆论导向，对儿童道德成长中的一些偏向进行分阶段、有针对性的引导，同时通过不同层次的法治建设活动，调整规则与法律的禁令性倾向，引导儿童健康成长。

致谢

本次调查由教育部人文社会科学重点研究基地南京师范大学道德教育研究所、南京师范大学立德树人协同创新中心共同组织开展，同时得到兄弟高校，各省（自治区、直辖市）、市、区教育研究院或教育厅（局）的大力协助与支持，他们是（排名不分先后）：

黑龙江省教育学院

黑龙江省哈尔滨市南岗区教师进修学校

黑龙江省鹤岗市教师进修学院

黑龙江省穆棱市教育局

河北师范大学教育学院

河北省石家庄市教育局

宁夏大学教育学院

宁夏回族自治区教育厅师资处

湖北省教育科学研究院

湖北省武汉市教育科学研究院

重庆市教育科学研究院

江苏省南京市教育科学研究所

江苏省南京市鼓楼区教育局

江苏省南京市栖霞区教育局

江苏省丹阳市教师发展中心

海南省教育研究培训院

此次调查，上海闻政教育管理咨询有限公司给予了免费数据技术支持，在此一并表示感谢！

中国儿童道德发展数据库建设课题组

孙彩平

2018 年 12 月

前　言

河北省地处华北，位于北京、天津两市的外围，自古即是京畿要地。特殊的地理位置必然对河北省的教育发展产生重要影响，河北省的基础教育整体状况尚可，德育效果如何呢？本课题研究的主要关注点正是10到18岁儿童道德水平的发展状况。

本课题研究此次选取了河北省省会石家庄市的两区一县，即裕华区、桥西区和栾城县为代表，进行抽样调查。在学校选取上，兼顾了城市学校与乡村学校，规模较小学校和规模较大学校，优质学校和薄弱学校，老城区学校和新城区学校。在年级选取上，小学阶段选取四到六年级，初中阶段是一到三年级，高中阶段为一到三年级，基本上覆盖了整个基础教育阶段。依据石家庄市各区县的学校分布状况，共抽取了9所小学、9所初中、3所高中，共21所学校，具体学校数量为：裕华区3所小学，3所初中，1所高中；桥西区3所小学，3所初中，1所高中；栾城县3所小学，3所初中，1所高中。此次调研共完成问卷13 005份，其中废卷876份，实际完成有效问卷12 129份。

通过对河北省儿童道德发展的调查，最终获得了如下几方面主要发现：相对于全国平均水平，河北省儿童对诚信、文明、正义、孝敬价值观的关注度略高。绝大多数河北省儿童有明确而积极的道德情感，各项道德情感的水平均略高于全国平均水平，随着儿童年龄的不同，他们的爱国情感表达存在一定差异；河北省儿童能够作出明确道德判断的水平略低于全国的平均水平；河北省儿童在道德行为理由上表现出强烈的规范认同，明显高于全国平均水平，10到18岁儿童在道德判断、道德行为理由上表现出不同年龄段差异；河北省10到18岁儿童在道德行为上普遍表现良好，家庭中的感恩回报行为和遵守规则一直保持较高比例，其他道德行为频率整体上随年龄增长呈现下滑趋势。与全国平均水平相比，河北省儿童在诚信自律、感恩回报等方面的表现，都略高于全国平均水平。实际锻炼法是河北省儿童普遍愿意接受的德育方式，且相较全国的情况比例略高。河北省儿童感受到来自家庭的各种困扰，明显低于全国平均水平，最集中的是学业压力；河北省儿童感受到来自学校的各种困扰，也低于全国平均水平，最集中的是上课无趣。

通过研究，明确了河北省儿童道德发展的基本状况，清楚了河北省儿童道德发展与全国相比的优势与差距，对河北省进一步优化儿童道德教育、补齐短板、发挥特长提供了重要的依据和参考。在河北省儿童道德发展研究取得了阶段性成果的基础上，期待着在将来的进一步研究中，能够以此为基础，结合河北省儿童道德发展的突出问题，进行深入细化的追踪研究，以便能够更加全面准确地把握河北省儿童道德发展状况和发展的规律性，为河北省更好地开展儿童德育教育工作提供支撑。

在这次调研过程中，要特别感谢石家庄市教育局思政体卫处的熊萍处长、人事处的陈建敏处长、栾城县教师进修学校的吉秀霞校长，正是在他们的无私帮助和大力支持下，本次调研工作才得以顺利进行。同时，还要非常感谢参与调研的裕华区教育局及各个学校，它们对本课题调研给予了充分理解和高度重视，并提供了大力的支持和帮助。裕华区教育局的领导帮助调研组选取调研学校，不厌其烦地联系调研学校，及时处理各种偶发情况；各学校相关领导和老师积极组织各年级学生认真填写问卷，付出了辛苦的劳动。

我们还要感谢为此次调研付出辛苦劳动的河北师范大学教育学院的 8 名研究生和 10 名本科生，感谢他们的辛勤劳动。这次调研共发放了一万三千多份学生问卷。本来此次问卷设计的是采用网上答卷的方式，但由于条件限制，参与调研的绝大多数学校，只能通过纸质问卷的方式发放到学生手里进行笔答。为此，课题调研组多次召开培训会议，对参与问卷发放的 8 名研究生进行了培训。问卷发放、回收过程中，他们冒着酷暑，顶着烈日，带着问卷，从一所学校到另一所学校，牺牲了大量休息时间，圆满完成了问卷的收集工作。最后是最枯燥、最累人的问卷输入环节，由于时间紧、任务重，为了按时高效地完成任务，又优选了 10 名优秀的本科生加入。可以想象，在没有空调的办公室里，十几个人忍受着炎热酷暑，夜以继日、认真负责地进行数据输入的场景。正是他们高质高效的付出，为这次调研活动画上了圆满的句号。再次感谢这些可爱的河北师范大学教育学院的学生们！

孙彩平　左海云

目录 CONTENTS

II 河北省各项指标的详细数据分析

I

报告基本情况说明

1 问卷编制与施测

1.1 问卷编制

《儿童道德发展状况问卷》是在查阅国内外相关文献的基础上，邀请了道德教育、教育发展心理学、道德发展心理学、教育社会学、社会学等领域的专家学者共同研制而成的。问卷的自然情况包括性别、年段（龄）、所在省份、学校所在地（城乡）、生活满意度、家庭生活方式 6 个方面。主体问卷以选择题为主、扩展填空题为辅，共 23 题，涵盖儿童道德观念、道德情感、道德理性、道德行为、德育方式、成长困扰 6 个指标。

1.2 施测情况及数据处理

1.2.1 试测

2015 年 1 月到 3 月，课题组先在江苏、安徽、山东范围内，邀请一些小学四年级到高中三年级儿童各 5 到 10 人试填写了问卷，根据试测结果和反馈，对各年段的问卷进行了调整。

1.2.2 施测

正式施测在 2016 年 4 月到 7 月间，通过网络问卷与纸质问卷发放相结合的方式实行。在石家庄教育局、裕华区教育局等参与调研的各教育局及各个学校，以及河北师范大学教育学院学生们的大力协助下，此次调研共发放问卷13 005份，回收有效问卷12 129份。

本次调查对象为小学四年级到高中三年级儿童，分别对应10到18岁儿童。依据石家庄市各区县的学校分布状况，共抽取了9所小学、9所初中、3所高中，共21所学校，具体学校数量为：裕华区3所小学，3所初中，1所高中；桥西区3所小学，3所初中，1所高中；栾城县3所小学，3所初中，1所高中。

1.2.3 数据处理方法

课题组使用IBM SPSS Statistics 22数据分析软件进行数据分析。由于数据是分类变量而非连续变量，因而对各类儿童的道德发展状况进行差异检验时，采用列联表分析中的卡方检验（Chi-square test）的方法，以卡方值和P值为判断差异显著性的指标。对差异非常显著（$P \leqslant 0.01$）或比较显著（$0.01 < P \leqslant 0.05$）的数据，进一步考察残差值（AR），$|AR| > 2.58$代表差异非常显著，$1.96 < |AR| \leqslant 2.58$代表差异比较显著，$|AR| \leqslant 1.96$代表差异不显著。

2 被试基本情况

被试基本情况如下表所示：

特征			样本量	百分比
性别		男	6 037	49.77%
		女	6 092	50.23%
年段(龄)	小学高段	10 岁	1 063	8.76%
		11 岁	952	7.85%
		12 岁	891	7.35%
	初中	13 岁	1 740	14.35%
		14 岁	1 944	16.03%
		15 岁	1 360	11.21%
	高中	16 岁	2 054	16.93%
		17 岁	1 941	16.00%
		18 岁	184	1.52%
城乡		大中城市	8 086	66.67%
		小城镇	2 740	22.59%
		乡村	1 303	10.74%
生活满意度		很满意	5 906	48.69%
		基本满意	5 629	46.41%
		不满意	594	4.90%

续表

特征		样本量	百分比
家庭生活方式	和爸妈、爷爷奶奶经常住在一起	3 564	29.38%
	和爸妈经常在一起	7 636	62.96%
	父母(1 人或 2 人)常年在外打工	470	3.88%
	单亲家庭	286	2.36%
	离异再组合家庭	173	1.43%

3 基本结论

3.1 整体结论

(1) 河北省儿童在社会主义核心价值观上，对诚信和文明的关注程度远远高于全国平均水平，对平等的关注程度明显高于全国平均水平，对和谐的关注程度略高于全国平均水平。相较全国平均水平，河北省儿童对传统美德价值观中的孝敬父母的关注度明显更高；河北省儿童对公共道德中的正义的关注度与全国平均水平相比明显更高；同时在个人修养价值观上，河北省儿童对勤奋的关注程度略低于全国平均水平。

在社会主义核心价值观方面，看重民主、富强、自由、诚信的儿童人数比例随着年龄的增长整体上有上升趋势；看重和谐、平等、友善的人数比例随着年龄的增长整体上略有下降趋势；看重文明、法治、敬业的人数比例则变化不明显(见图 1－3,1－10,1－17)。在传统美德方面，孝敬父母是 10 到 18 岁儿童普遍最为看重的价值观，并且基本上不随年龄增长而发生变化(见图 1－24)。在公共道德方面，看重正义的儿童人数比例随着年龄的增长变化不明显，看重不影响他人的人数比例随着年龄的增长略有上升趋势(见图 1－31)。在个人修养方面，看重勤奋的儿童人数比例随着年龄的增长呈现明显的下降趋势，看重自省的人数比例则有明显的上升趋势。(见图 1－38)

(2) 河北省绝大多数儿童有明确而积极的道德情感，年龄不同，道德情感的表达存在一定差异。其中，河北省儿童的爱国感、关爱情感、责任感、自尊感明显高于全国平均水平，羞耻感与全国平均水平基本持平。

89.30％的儿童因中国运动员在国际比赛中获得冠军而敬佩和激动（全国：85.78％），明显高于全国平均水平，其中37.62％的儿童表示“十分激动，觉得中国人是好样的”，51.68％的儿童认为“这个运动员为国争光，我很敬佩”；年龄越大的儿童越倾向于将此事归于中国人是好样的，年龄越小的儿童越倾向于将此事归为对运动员个人的敬佩与对自己的激励。（见图2－1，2－3）

在关爱情感方面，95.35％的儿童对弱势群体具有明显的恻隐之心（全国：91.07％），明显高于全国平均水平，儿童表现关爱情感的方式不同。年龄越小的儿童越倾向于尽己所能施以援手，年龄越大的儿童越倾向于希望有好心人去帮助他们。（见图2－8，2－10）

88.91％的儿童表现出明显的集体责任感（全国：85.41％），其中39.40％的儿童通过管好自己为他人作表率，49.51％的儿童会说服全班同学共同保持卫生。随着年级的上升，说服全班同学共同保持卫生的比例整体呈波动下降趋势。（见图2－15，2－17）

87.76％的儿童自尊感普遍表现强烈（全国：82.88％），明显高于全国平均水平，其中76.96％的儿童在犯错误被老师当众批评后，都会决心日后要改正。随着年级的升高，儿童选择“日后一定要改正，找回尊严”的比例整体呈波动下降的趋势。（见图2－22，2－24）

儿童普遍具有很强的羞耻感，49.06％的儿童会为自己作弊得到高分受到表扬而感到羞耻（全国：50.13％，与全国平均水平基本持平）；29.53％的儿童认为“抄袭是作弊，以后不能这么做了”。小学、初中和高中三个年段的儿童为作弊感到羞耻的比例波动不大（各年级值均在45％～53％）。随着年龄的增长，“很纠结，有些高兴，也有些害怕”（非羞耻感）的比例呈波动上升趋势，认为“抄袭是作弊，以后不能这么做了”的比例呈波动下降趋势。（见图2－29，2－31）

（3）河北省儿童能够做出明确的道德判断的比例远远低于全国平均水平，对规范的认同程度远远高于全国平均水平，10到18岁儿童在道德判断、道德行为理由上表现出不同年龄段差异。

在道德理性判断上，33.25％的儿童不能作出明确的道德判断，处于道德判断发展的矛盾期或过渡期。河北省儿童道德判断的困难期集中出现在初一年级（13岁），占45.11％，四年级（10岁）和高三年级（18岁）儿童比例略低，分别

占25.21%,21.20%。(见图3-3)

在“肯定性”道德判断中,随着儿童年龄的增长,处于阶段五“以社会契约为价值取向”的人数比例整体上呈下降趋势,小学四年级(10岁)至初中一年级(13岁)儿童处于阶段五的人数比例整体上均高于处于其他阶段水平的儿童;随着儿童年龄的增长,处于阶段二“以个人的功利主义和交换为价值取向”的儿童人数比例整体上呈上升趋势,初中二年级(14岁)至高中三年级(18岁)儿童处于阶段二的人数比例整体上高于处于其他阶段水平的儿童。(见图3-10)

在“否定性”道德判断中,随着儿童年龄的增长,处于阶段五“以社会契约为价值取向”的人数比例整体上呈上升趋势;小学四年级(10岁)至六年级(12岁)、初中一年级(13岁)至高中三年级(18岁)儿童处于阶段四“以法律与秩序为价值取向”的人数比例整体上呈下降趋势。(见图3-17)

在“两难性”道德判断中,无论是小学生还是初中生和高中生,都存在道德焦虑问题,并且主要表现为阶段六“以普遍伦理原则为价值取向”方面,从小学四年级(10岁)至高中三年级(18岁)儿童的人数比例均高于处于其他阶段水平的人数比例,其他方面所占比例很低,高中三年级有超过30%的儿童道德判断水平处于阶段二,全国儿童平均水平也集中表现为阶段六“以普遍伦理原则为价值取向”方面,五年级和六年级人数所占比例较高,分别为32.67%和34.11%,河北省儿童比例低于全国平均水平。(见图3-24)

在认可的道德行为理由上,儿童普遍把主流的社会观念或者规范作为行为的理由,并基本上不随年龄的增长而发生变化。小学儿童更倾向于把榜样看作自己认可道德行为的理由,初中儿童更倾向于把个体功利、集体效率看作自己认可道德行为的理由,高中儿童更倾向于把社会规范看作自己认可道德行为的理由。(见图3-30,3-31)

(4) 10到18岁儿童在道德行为上普遍表现良好,能够做到诚信、感恩回报的儿童人数比例远远高于全国平均水平,在遵守规则方面,略高于全国平均水平。

90.39%(全国:85.36%)的儿童能做到诚信自律,拿到多找的钱时会还回去,远高于全国平均水平。但选择这样做的人数比例随着年龄的增长逐渐下降,到18岁时减少到86.41%(全国:75.70%)。(见图4-1,4-3)

84.15%（全国:77.77%）的儿童在家庭生活中能经常感恩回报，远高于全国平均水平，人数比例随着年龄的增长呈现小幅下降，差异非常显著。（见图4－8，4－10）

69.97%（全国:68.61%，与全国平均水平基本持平）的儿童会主动提醒同伴的错误，但这样做的人数比例随着年龄的增长逐渐下降，到18岁时降到最低点58.70%。（见图4－15，4－17）

53.69%（全国:55.12%）的儿童通常不会在公共场所因一己之私违反规则，整体上这样的人数比例随年龄增长呈上升趋势，在18岁时提高到63.58%。（见图4－22，4－24）

46.45%（全国:45.68%，与全国平均水平基本持平）的儿童在看到弱势人群陷入困境时会施以援手，并在必要时寻求周围人的帮助。选择上前劝止的人数比例随着年龄的增长出现明显下降的趋势，“想去制止但又不敢，害怕自己惹上麻烦”的人数比例持续上升，18岁时达到最高的45.65%。（见图4－29，4－31）

（5）河北省儿童在德育方式的选择上与全国相同，实际锻炼法是儿童普遍愿意接受的德育方式。

实际锻炼法（41.33%，全国：33.34%）、说理教育法（25.22%，全国：24.80%）和榜样示范法（15.61%，全国:14.08%）是儿童更愿意接受的道德教育方式。其中，实际锻炼法是儿童普遍愿意接受的道德教育方式，相较全国比例明显更高；说理教育法受欢迎的程度随着年龄增长有下降的趋势，与全国平均水平基本持平；榜样示范法的接受情况从整体上看则有随着儿童年级升高而逐渐上升的趋势。（见图5－1，5－3）

（6）河北省儿童中对生活很满意的人数比例远远低于全国平均水平，对生活基本满意的人数比例远远高于全国平均水平。学业压力是河北省儿童的主要家庭困扰，上课无趣是河北省儿童主要的学校困扰。

学业压力是中国儿童感受到的最为普遍的家庭困扰，小学六年级到初中三年级，是儿童学业压力最普遍的时期（见图6－3）；“上课无趣”是儿童感受到的最普遍的学校困扰，初中后，儿童受学校学习环境困扰的人数比例也明显上升，甚至在高中年段成为最主要的学校困扰（见图6－10）。

(7) 河北省儿童在道德发展上与全国相同，道德行为表现和所受道德困扰存在一定的性别差异。

相对而言，女生在诚信(92.09%，全国为86.57%)、感恩回报(85.64%，全国为78.94%)、不因私违规行为(85.64%，全国为82.00%)方面的比例高于男生，且都高于全国平均水平；在扶助弱势人群和施以援手行为(57.29%，全国为58.87%)方面的比例稍低于男生，与全国平均水平基本持平；更少受到来自家庭的困扰，学校的困扰更普遍来自同学关系(15.07%，全国为16.60%)，与全国平均水平基本持平。

男生在诚信(88.67%，全国为84.21%)、感恩回报(82.66%，全国为76.64%)、不因私违规行为(75.37%，全国为73.32%)方面的比例低于女生，但都高于全国平均水平；在扶助弱势行为(59.96%，全国为61.02%)方面，比女生更经常施以援手，与全国平均水平基本持平；在家庭中更普遍感受到包括学业压力(23.27%，全国为26.38%)、严厉的批评与体罚(3.79%，全国为6.32%)以及与家人关系不和谐(8.20%，全国为12.85%)的困扰，在这三方面比例均低于全国平均水平；在学校更普遍感受到学习环境(13.55%，全国为14.38%，与全国平均水平基本持平)、老师上课无趣(15.95%，全国为19.27%，明显低于全国平均水平)和学校处理事情不公平(12.59%，全国为12.50%)的困扰。

(8) 河北省留守儿童的各项指标的发展情况与正常家庭生活方式的孩子有着较大的差距，并且处于道德发展的不利境地。河北省留守儿童在制止对弱势处境者不利的行为上与正常家庭儿童发展之间的落差和全国平均落差相比明显要高，同时在来自学校上课无趣的个体困扰方面，河北省留守儿童与正常家庭生活方式儿童发展之间的落差明显高于全国平均水平。

个体诚信行为(84.68%)低于最高值(91.78%)约7个百分点(全国为77.10%，低于最高值86.48%约9个百分点)，河北省留守儿童与正常家庭儿童发展的落差与全国平均的落差基本持平(见图4-7)；经常回报家庭的感恩行为(75.11%)低于最高值(86.70%)约11个百分点(全国为68.76%，低于最高值79.35%约11个百分点)，河北省留守儿童与正常家庭儿童发展的落差与全国平均的落差基本持平(见图4-14)；提醒同伴错误的行为(64.89%)低于最高值(72.53%)约8个百分点(全国为60.99%，低于最高值70.28%约9个百分点)，河北省留守儿童与正常家庭儿童发展的落差与全国平均的落差基本持平（见图4－21）；制止对弱势人群不利的行为（51.49％）低于最高值（62.51％）约11个百分点（全国为54.93％，低于最高值62.09％约7个百分点），河北省留守儿童与正常家庭儿童发展的落差明显高于全国平均的落差（见图4－35）。

个体的困扰更普遍地来自家庭的严厉批评甚至体罚（5.74％），高出最低值（1.73％）约4个百分点（全国为8.56％，高出最低值5.25％约3个百分点），河北省留守儿童与正常家庭儿童发展的落差与全国平均的落差基本持平（见图6－6）；个体的困扰更普遍来自学校的上课无趣（18.51％），高出最低值（10.84％）约8个百分点（全国为22.05％，高出最低值18.53％约4个百分点），河北省留守儿童与正常家庭儿童发展的落差明显高于全国平均的落差（见图6－13）。

3.2 分项结论

3.2.1 儿童的价值观

（1）河北省儿童对较为看重的社会主义核心价值观的关注度均高于全国平均水平。

97％以上的儿童都有自己关注的社会主义核心价值观。诚信（65.64％，全国：57.98％）、文明（40.50％，全国：34.57％）、平等（38.85％，全国：35.63％）、和谐（35.51％，全国：32.85％）是儿童普遍较为看重的社会主义核心价值观，河北省儿童对各层面各项社会主义核心价值观的关注，存在多维度的显著差异。

年段差异 国家层面价值观，小学儿童更看重和谐（全国：和谐），高中儿童更看重民主、富强（全国：民主、富强）（见图1－2）；社会层面价值观，小学儿童更看重平等、公正（全国：平等、公正），初中儿童更看重自由，高中儿童更看重法治（全国：自由）（见图1－9）；个人层面价值观，高中儿童更看重诚信（全国：友善）（见图1－16）。

性别差异 国家层面价值观，男生更看重富强、民主（全国：民主、富强），女生更看重文明、和谐（全国：文明、和谐）（见图1－4）；社会层面价值观，男生更看重自由（全国：自由），女生更看重平等、公正（全国：平等、公正、法治）（见图

1－11)；个人层面价值观，女生更看重诚信(全国：诚信、友善)(见图1－18)。

城乡差异 国家层面价值观，小城镇儿童更看重文明(全国：文明、民主)(见图1－5)；社会层面价值观，小城镇儿童更看重公正(全国：平等)(见图1－12)；个人层面价值观，大中城市儿童更看重友善(全国：诚信)，小城镇儿童更看重诚信(全国：敬业)(见图1－19)。

生活满意度差异 国家层面价值观，对生活很满意的儿童更看重文明、和谐(全国：文明、和谐)，对生活不满意的儿童更看重富强、民主(全国：民主、富强)(见图1－6)；社会层面价值观，对生活很满意的儿童更看重平等、公正、法治(全国：平等、公正、法治)，对生活不满意的儿童更看重自由(全国：自由)(见图1－13)；个人层面价值观，对生活很满意的儿童更看重诚信(全国：诚信)，对生活基本满意的儿童更看重友善，对生活不满意的儿童更看重敬业(全国：敬业、友善)(见图1－20)。

家庭生活方式差异 国家层面价值观，"单亲家庭"儿童更看重民主(全国：和谐)(见图1－7)；个人层面价值观，"和爸妈、爷爷奶奶经常住在一起"的儿童更看重诚信(见图1－21)。

(2) 在传统美德方面，河北省儿童对孝敬父母的关注度明显高于全国平均水平。

97%以上的儿童都有自己看重的传统美德。儿童最为看重的是孝敬父母，占71.77%(全国：56.43%)，远高于全国平均水平，其次看重的分别是谦虚礼让(10.21%，全国：16.53%，远低于全国平均水平)、忠于国家(8.27%，全国：11.77%)、勤劳节俭(4.72%，全国9.51%，明显低于全国平均水平)。儿童对传统美德的关注存在多维度差异。

年段差异 小学儿童更看重忠于国家、勤劳节俭(全国：忠于国家)，初中儿童更看重谦虚礼让(全国：勤劳节俭)，高中儿童更看重孝敬父母(全国：孝敬父母)。(见图1－23)

性别差异 男生更看重忠于国家(全国：忠于国家、勤劳节俭)，女生更看重孝敬父母(全国：孝敬父母、谦虚礼让)。(见图1－25)

城乡差异 大中城市儿童更看重忠于国家、谦虚礼让(全国：孝敬父母、谦虚礼让)，乡村儿童更看重孝敬父母(全国：忠于国家、勤劳节俭)。(见图1－26)

生活满意度差异 对生活很满意的儿童更看重孝敬父母（全国：孝敬父母），对生活基本满意的儿童更看重谦虚礼让（全国：谦虚礼让）。（见图1-27）

家庭生活方式差异 "和爸妈经常在一起"的儿童更看重孝敬父母（全国：孝敬父母），"父母（1人或2人）常年在外打工"的儿童更看重忠于国家（全国：忠于国家、勤劳节俭），"单亲家庭"儿童更看重勤劳节俭。（见图1-28）

(3) 在公共道德方面，河北省儿童对正义的关注度高于全国平均水平，而在廉洁奉公和按规律办事上，略低于全国平均水平；在不影响他人上，儿童的关注度与全国平均水平基本持平。

98%以上的儿童都有自己看重的公共道德。儿童最看重的公共道德是正义，占36.52%（全国：30.11%），高于全国平均水平；其次比较看重的分别是廉洁奉公（21.72%，全国：23.96%，略低于全国平均水平）、按规则办事（18.97%，全国：21.82%）、不影响他人（18.23%，全国：19.47%，与全国平均水平基本持平）。儿童对公共道德的关注存在多维度差异。

年段差异 小学儿童更看重按规则办事（全国：正义、按规则办事），初中儿童更看重正义和廉洁奉公（全国：廉洁奉公），高中儿童更看重不影响他人（全国：不影响他人）。（见图1-30）

性别差异 女生比男生更看重正义（全国：不影响他人、廉洁奉公）。（见图1-32）

城乡差异 大中城市儿童更看重按规则办事和不影响他人（全国：不影响他人），小城镇儿童更看重正义和廉洁奉公（全国：廉洁奉公）。（见图1-33）

生活满意度差异 对生活很满意的儿童更看重正义、按规则办事和廉洁奉公（全国：正义、廉洁奉公），对生活不满意的儿童更看重不影响他人（全国：不影响他人）。（见图1-34）

家庭生活方式差异 "和爸妈、爷爷奶奶经常住在一起"的儿童更看重廉洁奉公（全国：正义），"父母（1人或2人）常年在外打工"的儿童更看重不影响他人（全国：按规则办事），"离异再组合家庭"的儿童更看重正义。（见图1-35）

(4) 在个人修养方面，河北省儿童对大度和节制的关注度与全国平均水平基本持平。

97%以上的儿童都有自己看重的个人修养方面的价值观。儿童普遍比较看重的是勤奋，占 34.20%（全国：36.10%），略低于全国平均水平；其次较为看重的价值观分别是大度（25.36%，全国：26.43%）、自省（21.38%，全国：19.45%，略高于全国平均水平）、节制（10.41%，全国：10.99%）。儿童对个人修养方面各项价值观的关注存在多维度差异。

年段差异 小学儿童更看重勤奋（全国：大度、勤奋），初中儿童更看重大度（全国：节制），高中儿童更看重自省（全国：自省）。（见图 1-37）

性别差异 男生更看重节制（全国：节制），女生更看重自省（全国：自省）。（见图 1-39）

城乡差异 小城镇儿童更看重勤奋（全国：勤奋）。（见图 1-40）

生活满意度差异 对生活很满意的儿童更看重勤奋（全国：勤奋），对生活基本满意的儿童更看重自省、大度、节制（全国：自省）。（见图 1-41）

家庭生活方式差异 “和爸妈、爷爷奶奶经常住在一起”的儿童更看重勤奋（全国：勤奋），“单亲家庭”儿童更看重自省（全国：勤奋），“离异再组合家庭”儿童更看重节制（全国：节制）。（见图 1-42）

3.2.2 道德情感发展状况

河北省儿童整体上有较强烈的爱国情感、关爱情感（恻隐之心）、集体责任感、自尊和羞耻感等道德情感。在自尊感上，河北省儿童的表现（87.76%）远远高于全国平均水平（70.69%），在其他道德情感方面，基本都略高于全国平均水平。

(1) 爱国情感。

89.30%的儿童为中国运动员在国际比赛中获得冠军而骄傲，爱国情感表现强烈（全国：85.78%），明显高于全国平均水平，在多个维度上存在显著差异。

年段差异 不同年段的儿童的爱国情感表现方式不同，随着年龄的增加，儿童将运动员在国际比赛中获得冠军的激动之情表现为中国人的自豪感的比例呈波动上升的趋势，其中高二儿童最高（45.96%），四年级儿童最低（26.53%，全国：32.09%）。年龄越小，儿童更易将其表现为对运动员的敬佩之情。（见图 2-2，2-3）

性别差异 90.79%的女生流露出明显的爱国情感（全国：87.49%），比男

生(87.80%,全国:84.14%)更加强烈。(见图2-4)

生活满意度差异 91.95%的生活满意度高的儿童表示出普遍的爱国情感(全国:89.40%),生活满意度低的儿童的相应数据是71.88%(全国:67.53%)。(见图2-5)

城乡差异 小城镇儿童(55.22%,全国:48.44%)更倾向于以他人带来的国家荣誉激励自己(乡村和大中城市的儿童相应的数据分别为49.19%、50.88%,全国对应的数据分别为43.27%、47.05%)。(见图2-6)

家庭生活方式差异 53.59%与父母及祖辈生活在一起的儿童(全国:47.01%)和52.45%单亲家庭的儿童(全国:45.02%)会以他人的国家荣誉行为激励自己,相比其他家庭生活方式的儿童,留守儿童和离异再组合家庭的孩子更倾向于把这个行为看作是他人的能力(这个运动员很厉害),与自己关系不大。(见图2-7)

(2)关爱情感。

95.35%的儿童有对弱势人群的恻隐之心(全国:91.07%),明显高于全国平均水平,但在如何表达关心上,表现出显著的差异。

年段差异 小学儿童(69.20%,全国:56.78%)更倾向于尽己所能亲自去帮助别人,明显高于全国平均水平,这种倾向随着年龄增长出现波动下降的趋势;高中生(55.13%,全国:57.61%)更倾向于有好心人而非自己去帮助处境不利人群,这种倾向随着年龄增长呈上升的趋势。(见图2-9,2-10)

性别差异 女生(97.36%,全国:92.95%)比男生(93.32%,全国:89.26%)表现出更普遍的关爱情感,女生(53.76%,全国:48.44%)更倾向于尽己所能帮助他人(男生相应数据为46.46%,全国:42.75%);男生(46.86%,全国:46.51%)则更倾向于把帮助他人的希望寄托在好心人身上(女生相应数据是43.60%,全国:44.51%)。(见图2-11)

生活满意度差异 对生活很满意的儿童(61.06%,全国:54.12%)比对生活基本满意的儿童(41.14%,全国:36.04%)和对生活不满意的儿童(26.60%,全国:27.63%)更倾向于尽己所能去帮助处境不利的人,明显高于全国平均水平;对生活不满意的儿童(56.40%,全国:48.36%)更倾向于"希望有好心人能帮助他们"(对生活很满意的儿童的相应数据是35.61%,对生活基本满意的儿童相应数据为

54.13%,全国对应的数据分别为38.88%、54.02%)。(见图2-12)

城乡差异 在表达关心的方式上,乡村儿童(49.65%,全国:36.41%)更倾向于“希望有好心人能帮助他们”,明显高于全国平均水平(大中城市和小城镇儿童的相应数据分别为47.65%和35.95%,全国对应数据为48.07%、46.92%);而小城镇儿童(59.78%,全国:48.64%)更倾向于“尽己所能帮助他们”,明显高于全国平均水平(大中城市和乡村儿童的相应数据分别为47.97%和43.21%,全国对应数据为44.47%、43.50%)。(见图2-13)

家庭生活方式差异 与父母或者与父母及祖辈生活在一起的儿童,更倾向于尽己所能帮助处境不利的人,数据分别为48.78%和55.27%(全国对应数据分别为:45.58%、48.25%),而单亲、离异再组合家庭的儿童和留守儿童的数据则分别为42.31%、40.46%和41.28%(全国对应数据分别为39.83%、39.40%、39.39%);后三类家庭的儿童,特别是单亲家庭的儿童(50.70%,全国:49.27%)更倾向于“希望有好心人能帮助他们”。(见图2-14)

(3) 集体责任感。

88.91%的儿童表现出明显的集体责任感(全国:85.41%),明显高于全国平均水平。但在集体责任感的落实上,存在多维度的显著差异。

年段差异 儿童的集体责任行为呈现随年龄上升而波动下降的趋势。小学儿童(四年级最高,为73.47%)会通过说服全班同学一起努力,改变集体的卫生情况(高三儿童的相应数据是24.46%)。高中生更倾向于维护自己所在区域的卫生(48.67%,全国:49.06%),高于小学年段(26.84%,全国:27.73%)和初中年段(38.96%,全国:34.08%)。(见图2-16,2-17)

性别差异 女生(91.38%,全国:87.46%)维护好自己所在区域的卫生或说服全班同学共同维持班级卫生比男生(86.41%,全国:83.44%)更积极,女生会说服其他同学一起努力的比例(51.05%,全国:49.46%)高于男生(47.95%,全国:47.71%)。(见图2-18)

生活满意度差异 更多对生活满意度高的儿童(60.07%,全国:58.34%)会说服全班同学一起努力(生活满意度低的儿童的相应数据是24.07%,全国:27.15%),更多对生活基本满意(45.55%,全国:44.14%)和不满意(45.79%,全国:38.53%)的儿童会只“打扫好我所在区域的卫生”(生活满意度高的儿童

的相应比例为32.90%，全国:31.18%）。（见图2-19）

城乡差异 更多小城镇儿童(61.24%，全国:54.58%)会“说服全班同学一起努力”(大中城市儿童和乡村儿童的相应数据分别为46.09%和46.05%，全国相应数据分别为45.97%、49.21%)，而更多大中城市的儿童(42.51%，全国:40.16%)会“打扫好我所在的区域”（小城镇和乡村儿童的相应数据分别为30.69%和38.45%，全国相应数据分别为30.82%、29.81%）。（见图2-20）

家庭生活方式差异 跟父母及祖辈或者是跟父母生活在一起的儿童，更普遍地表现出集体责任感，倾向于“说服全班同学一起努力”，相应数据分别为55.33%和48.09%(全国相应数据分别为51.91%、48.64%)，然后依次是单亲家庭儿童(41.26%，全国:40.26%)、留守儿童(39.36%，全国:42.61%)和离异再组合家庭儿童(33.53%，全国:38.08%)。留守家庭和离异再组合家庭的儿童更倾向于打扫好自己所在区域的卫生(相应数据分别为44.26%和47.40%，全国相应数据分别为38.54%、40.84%)。（见图2-21）

(4) 自尊感。

87.76%的儿童有很强的自尊感(全国:70.69%)，如果犯错误被当众批评了，会觉得“很丢人，没面子”或者“决心日后改正，找回尊严”，远高于全国平均水平，但在很多维度上存在显著差异。

年段差异 随着年龄上升，儿童表现出日后一定改正，找回尊严的比例整体呈波动下降趋势，89.46%的四年级儿童决心日后改正，找回尊严(高三年级的相应数据为64.67%，全国:52.29%)。高中年段儿童认为老师不应该当众批评我的比例最高(10.72%，全国:16.44%)，高于小学年段儿童(3.41%，全国:8.19%)和初中年段儿童(8.21%，全国:10.35%)。（见图2-23，2-24）

性别差异 女生(78.84%，全国:72.32%)在受到当众批评时会决心“日后一定要改正，找回尊严”的比例高于男生(75.07%，全国:69.13%)。（见图2-25）

生活满意度差异 对生活很满意的儿童(85.35%，全国:78.91%)表现出强烈的自尊感，在受到当众批评时会“日后一定要改正，找回尊严”，对生活不满意的儿童的相应数据是47.98%(全国:41.69%)。（见图2-26）

城乡差异 在受到当众批评时，小城镇儿童选择决心改正，找回尊严的比例(83.36%，全国:71.44%)最高（大中城市和乡村儿童的相应数据分别为

76.22%和68.15%，全国相应数据分别为71.53%、60.52%）。（见图2-27）

家庭生活方式差异 与父母及祖辈（80.95%，全国：72.16%）或者是只跟父母生活在一起（76.30%，全国：71.71%）的儿童都表现出更普遍的强自尊感，单亲家庭、留守儿童和离异再组合家庭的儿童相应的数据分别是68.18%、67.23%和65.32%（全国对应数据分别为63.41%、62.60%和61.17%）。（见图2-28）

（5）羞耻感。

49.06%的儿童有明显的羞耻感（全国：50.13%，和全国平均水平基本持平），在由于抄袭得了高分而受到表扬时会对自己的行为感到羞耻；有29.53%的儿童知道抄袭不好，决定以后不再抄袭（全国：28.58%）。在很多维度上儿童对羞耻感的表现差异显著。

年段差异 小学年段的儿童（会对自己的行为感到羞耻的占比均在50%以上）的羞耻感整体表现得比初中和高中年段的儿童强烈。随着年龄的增长，认为“抄袭是作弊，以后不能这么做了”的比例整体呈波动下降的趋势，表示“很纠结，有些高兴，也有些害怕”的比例呈波动上升的趋势。（见图2-30，2-31）

性别差异 女生（81.38%，全国：80.48%）的羞耻感比男生（75.77%，全国：77.02%）强烈，女生对自己的作弊行为感到羞耻的比例（52.46%，全国：52.73%）高于男生（45.62%，全国：47.64%）。（见图2-32）

生活满意度差异 生活满意度高的儿童的羞耻感更为普遍和强烈，有54.08%的生活满意度高的儿童会在抄袭得高分被表扬时出现强烈的羞耻感（全国：56.13%），而生活满意度低的儿童的相应数据是33.67%（全国：32.90%）。（见图2-33）

城乡差异 在因抄袭得高分而受到表扬时，大中城市儿童（50.42%，全国：52.36%）、小城镇儿童（49.45%，全国：47.17%）和乡村儿童（39.75%，全国：41.44%）都会表现出明确的羞耻感。更多小城镇儿童（32.08%，全国：32.00%）会知道抄袭是作弊，决定以后不能这么做了（大中城市与乡村儿童的相应数据分别为29.33%和25.40%，全国相应数据分别为26.98%、30.04%，更多乡村的儿童（30.85%，全国：21.16%）会处于纠结中，有些高兴也有些害怕（大中城市和小城镇的儿童相应数据分别是18.13%和16.31%，全国相应数据

分别为17.51%、16.93%）。（见图2-34）

家庭生活方式差异 在因抄袭得高分被表扬时，与父母及祖辈（49.64%，全国：50.85%）或者与父母（49.12%，全国：50.97%）生活在一起的儿童表现出更普遍而明确的羞耻感，同样情况下单亲家庭、离异再组合家庭及留守儿童的数据分别为45.10%、44.51%和47.66%（全国相应数据分别为45.97%、44.29%和43.71%）。（见图2-35）

3.2.3 道德理性发展状况

(1) 儿童道德判断理由。

年段差异 河北省69.96%的小学儿童、62.67%的初中儿童、69.35%的高中儿童都能够作出明确的道德判断。河北省儿童道德判断的困惑与迷茫期集中在初中一年级（13岁）。（见图3-2,3-3）

河北省小学生的“肯定性”道德判断集中以社会契约、个体功利、普遍伦理原则为导向，该阶段儿童的道德判断理由尚未出现明显的水平阶段划分（见图3-9）；“否定性”道德判断集中以法律与秩序、社会契约为导向，其次主要以普遍伦理原则为导向（见图3-16）；“两难性”道德判断主要以普遍伦理原则为导向，其次以惩罚与服从为导向。（见图3-23）

河北省初中生的“肯定性”道德判断主要以个体功利为导向，其次则主要以社会契约为导向（见图3-9）；“否定性”道德判断集中以法律与秩序、社会契约为导向（见图3-16）；“两难性”道德判断主要以普遍伦理原则为导向，其次集中以惩罚与服从、个体功利、协调人际关系为导向。（见图3-23）

河北省高中生的“肯定性”道德判断主要以个体功利为导向，其次则主要以社会契约为导向（见图3-9）；“否定性”道德判断主要以社会契约为导向，其次以法律与秩序为导向（见图3-16）；“两难性”道德判断主要以普遍伦理原则为导向，其次集中以个体功利、协调人际关系、社会契约等为导向。（见图3-23）

性别差异 男生更容易作出明确的道德判断，女生比男生更容易面临道德困惑与迷茫（见图3-4）；在“肯定性”道德判断上，女生比男生更倾向于以个人的功利主义与交换为导向（见图3-11）；在“否定性”道德判断上，女生倾向于以法律与秩序为导向（见图3-18）；在“两难性”道德判断上，女生更倾向于以普遍

伦理原则为导向。(见图 3－25)

城乡差异 大中城市儿童更容易面临道德困惑(见图 3－5)。在“肯定性”道德判断上,乡村儿童更倾向于以社会契约为导向(见图 3－12);在“否定性”道德判断上,小城镇儿童更倾向于以法律与秩序为导向(见图 3－19);在“两难性”道德判断上,乡村儿童更倾向于以普遍伦理原则为导向。(见图 3－26)

生活满意度差异 对生活基本满意的儿童更容易面临道德困惑(见图 3－6)。在“肯定性”道德判断上,对生活不满意的儿童的道德判断更倾向于以普遍伦理原则为导向(见图 3－13);在“否定性”道德判断上,对生活基本满意的儿童的道德判断更倾向于以社会契约为导向(见图 3－20),对生活基本满意的儿童倾向于以社会契约为导向,其次是以法律与秩序为导向;在“两难性”道德判断上,对生活很满意的儿童的道德判断更倾向于以普遍伦理原则为导向。(见图 3－27)

家庭生活方式差异 本省离异再组合家庭的儿童选择“不知道是否支持”的人数比例高于其他家庭的儿童,选择“不支持”的比例低于其他家庭的儿童(见图 3－7)。在“肯定性”道德判断上,不同家庭生活方式的儿童都倾向于以个人的功利主义与交换为导向(见图 3－14);在“否定性”道德判断上,“和爸妈、爷爷奶奶经常住在一起”、单亲家庭和离异再组合家庭的儿童都倾向于以社会契约为导向,其次是以法律与秩序为导向(见图 3－21),“和爸妈经常在一起”和留守家庭的儿童倾向于以法律与秩序为导向,其次是以社会契约为导向;在“两难性”道德判断上,不同家庭生活方式的儿童都倾向于以普遍伦理原则为导向。(见图 3－28)

(2) 儿童行动的理由。

河北省儿童普遍把社会规范(文明)作为行为认可的理由,同时也存在着其他维度的显著差异。(见图 3－29)

年段差异 小学儿童更倾向于把道德榜样看作道德行为的理由(全国:个体功利、权威要求),初中儿童更倾向于把个体功利看作道德行为的理由(全国:道德榜样),高中儿童更倾向于把社会规范看作道德行为的理由(全国:社会规范)。(见图 3－30)

性别差异 女生更倾向于把社会规范看作道德行为的理由(全国:社会规

范),男生更倾向于把权威力量、道德榜样、个体功利看作道德行为的理由(全国:多元分化)。(见图3-32)

城乡差异 大中城市儿童更倾向于把权威力量看作道德行为的理由(全国:社会规范),乡村儿童更倾向于把个体功利看作道德行为的理由(个体功利、道德榜样)。(见图3-33)

生活满意度差异 对生活很满意的儿童更倾向于把社会规范看作道德行为的理由,对生活不满意的儿童更倾向于把个体功利、集体效率看作道德行为的理由(全国:对生活满意度高的儿童更多把社会规范作为行为认可的理由,而更多对生活满意度低的儿童则还将个体功利作为认可的理由)。(见图3-34)

家庭生活方式差异 "父母(1人或2人)常年在外打工"的儿童更倾向于把集体效率看作道德行为的理由,"单亲家庭"儿童更倾向于把社会规范看作道德行为的理由。(见图3-35)

3.2.4 道德行为状况

(1)在个体诚信行为上,河北省儿童的表现高于全国平均水平。90.39%(全国:85.36%)的儿童能做到诚信自律,高于全国平均水平,在年龄、性别、城乡、生活满意度和家庭生活方式维度上存在显著差异。

年段差异 诚信行为有随年龄上升而减弱的趋势,最高的比例出现在四年级10岁时,为97.18%(全国:87.39%),到高二(17岁)时降到最低值85.83%(全国:79.18%)。(见图4-3)

性别差异 女生(92.09%,全国:86.57%)的诚信行为好于男生(88.67%,全国:84.21%)。(见图4-4)

城乡差异 乡村儿童(82.96%,全国:74.40%)的诚信行为表现不如城市儿童(小城镇92.15%,大中城市90.98%,全国:84.38%、87.01%)。(见图4-5)

生活满意度差异 对生活满意度高的儿童(95.21%,全国:90.78%)的诚信行为表现好于对生活满意度低的儿童(69.02%,全国:60.29%)。(见图4-6)

家庭生活方式差异 与家人共同生活的儿童(91.78%和90.24%,全国:86.20%、86.48%)的诚信行为好于其他家庭生活方式(留守家庭、单亲家庭和离异再组合家庭)的儿童。(见图4-7)

(2) 在家庭感恩回报行为上,河北省儿童的表现远高于全国平均水平。84.15%(全国:77.77%)的儿童能感恩回报,在年龄、性别、城乡、生活满意度、家庭生活方式维度上均存在显著差异。

年段差异 感恩回报行为总体趋势比较稳定,最高的比例出现在五年级(11岁)时,为89.28%,到初三(15岁)时降到最低值79.85%。(见图4-10)

性别差异 男生(82.66%,全国:76.64%)没有女生(85.64%,全国:78.94%)回报行为更经常。(见图4-11)

城乡差异 小城镇儿童(87.74%,全国:77.41%)的感恩回报比例高于大中城市儿童(83.63%,全国:78.81%)和乡村儿童(79.89%,全国:69.80%)。(见图4-12)

生活满意度差异 生活满意度高的儿童(89.62%,全国:84.31%)比生活满意度低的儿童(69.70%,全国:57.76%)回报行为比例高。(见图4-13)

家庭生活方式差异 与父母(84.02%,全国:79.35%)或者和父母、祖辈一起生活的儿童(86.70%,全国:78.20%)相对其他家庭类型的儿童更常回应家人的关爱。(见图4-14)

(3) 在指出同伴过错行为上,河北省儿童的表现与全国平均水平基本持平。69.97%(全国:68.61%)的儿童能坦诚相待,指出对方的错误,在年龄、性别、城乡、生活满意度、家庭生活方式维度上均存在显著差异。

年段差异 愿意指出同伴错误的儿童随着年龄增长呈现下降趋势,最高值(81.84%,全国:77.27%)出现在10岁(小学四年级)儿童群体,最低值(58.70%,全国:58.77%)出现在18岁(高中三年级)儿童群体,小学儿童与高中儿童间差异显著。(见图4-17)

性别差异 愿意指出同伴错误的儿童中男生比例(69.14%,全国:68.30%)略低于女生(70.80%,全国:68.94%)。(见图4-18)

城乡差异 小城镇的儿童更经常提醒同学的错误,高出最低的乡村儿童11个多百分点。(见图4-19)

生活满意度差异 生活满意度高的儿童(77.63%,全国:76.25%)比生活满意度低的儿童(56.23%,全国:49.12%)更经常指出同伴的错误。(见图4-20)

家庭生活方式差异 与父母(69.46%,全国:69.36%)或者与父母、祖辈共同生活的儿童(72.53%,全国:70.28%)相比于其他家庭类型(留守家庭、单亲家庭和离异再组合家庭)的儿童更经常指出同伴的错误,差异显著。(见图4-21)

(4)在遵守公共规则上,河北省儿童的表现与全国平均水平基本持平;在制止欺负行为方面,河北省儿童的表现远低于全国平均水平。53.69%(全国:55.12%)的儿童遵守公共规则,不会因私利而不顾他人感受违反规则;46.45%(全国:59.97%)的儿童会对需要帮助的人伸出援助之手或制止欺负弱小及特殊儿童的行为,在年段、性别、城乡、生活满意度、家庭生活方式维度上表现出显著差异。

在不因私利而不顾他人感受违反规则方面:

年段差异 整体呈上升走向,最低点出现在四年级(46.28%);随后开始上升,最高点是高三(63.58%),小学高段与高中段儿童间存在显著差异。(见图4-24)

性别差异 男生(47.76%,全国:50.49%)在不因私利而不顾他人感受违反规则上的比例低于女生(59.57%,全国:59.95%)。(见图4-25)

城乡差异 小城镇儿童(54.27%,全国:52.91%)好于大中城市儿童(54.17%,全国:56.86%)和乡村儿童(49.50%,全国:48.02%)。(见图4-26)

生活满意度差异 生活满意度高的儿童(54.76%,全国:56.66%)好于生活满意度低的儿童(49.33%,全国:48.45%)。(见图4-27)

家庭生活方式差异 数据从高到低依次为:单亲家庭儿童(54.90%,全国:53.97%),父母(1人或2人)常年在外打工的儿童(54.89%,全国:50.99%),和爸妈、爷爷奶奶经常在一起生活的儿童(54.52%,全国:54.42%),和爸妈经常在一起生活的儿童(53.22%,全国:55.91%),离异再组合家庭的儿童(52.02%,全国:56.21%)。(见图4-28)

在制止欺负与帮助他人行为方面:

年段差异 会出面制止或者伸出援手的儿童人数随年龄增长出现下降的整体趋势,高三时会去制止的人数比例下降到最低值27.17%(小学六年级最高为60.27%),而选择漠视的儿童人数比例上升为20.11%(最低为四年级儿童4.14%,全国:5.73%)。(见图4-31)

性别差异 47.06%(全国:61.02%)的男生更多倾向于出面制止和伸出援手,女生相应数值为45.85%(全国:48.87%)。(见图4-32)

城乡差异 更多小城镇儿童(12.77%,全国:16.60%)会出面制止欺负行为(大中城市儿童和乡村儿童相应的数据分别为12.24%和10.44%,全国:12.85%、18.46%),更多小城镇儿童(56.31%,全国:47.81%)会出面制止并在必要时求助他人(大中城市儿童和乡村儿童的相应数据分别为43.62%和43.28%,全国:45.45%、39.86%)。(见图4-33)

生活满意度差异 生活满意度高的儿童(54.49%,全国:52.77%)更倾向于出面制止并在必要时求助于人,生活满意度低的儿童相应的数据为29.80%(全国:29.28%)。(见图4-34)

家庭生活方式差异 与父母(45.82%,全国:46.43%)或者与父母及祖辈生活在一起的儿童(50.08%,全国:47.43%)更倾向于出面制止欺负行为或者对需要的人伸出援手。(见图4-35)

3.2.5 愿意接受的德育方式

实际锻炼法(41.33%,全国:33.34%)、说理教育法(25.22%,全国:24.80%)和榜样示范法(15.61%,全国:14.08%)是儿童最愿意接受的三种德育方式,其中实际锻炼法受到从小学到高中的儿童的普遍喜欢。儿童在愿意接受的德育方式上,表现出多维的显著差异。

年段差异 除实际锻炼法以外,相对而言,小学生(33.10%)更愿意接受的德育方式是说理教育法,初中生(7.60%)更愿意接受的德育方式是讨论法,高中生(21.50%)更愿意接受的德育方式是榜样教育法。(见图5-2)

性别差异 相对而言,女生(44.71%)更愿意接受实际锻炼法(男生相应的数据是37.92%),而男生更愿意接受说理教育法(27.03%)、陶冶教育法(6.56%)和协商法(7.22%),女生相应的数据分别为23.42%、4.73%和5.14%。(见图5-4)

城乡差异 小城镇儿童更愿意接受实际锻炼法(42.96%),乡村儿童更愿意接受陶冶教育法(7.37%)。(见图5-5)

生活满意度差异 生活满意度高的儿童更愿意接受实际锻炼法(43.21%)

和说理教育法（27.40%）；生活满意度一般的儿童更愿意接受榜样示范法（17.52%）、讨论法（6.54%）；生活满意度低的儿童更愿意接受陶冶教育法（13.13%）。（见图5－6）

家庭生活方式差异 相对而言，单亲家庭的儿童更愿意接受实际锻炼法（35.31%）和陶冶教育法（10.14%），离异再组合家庭的儿童更愿意接受讨论法（9.83%）。（见图5－7）

3.2.6 生活困扰

（1）河北省儿童受到来自家庭生活的困扰的比例低于全国平均水平。

42.54%（全国：53.43%，明显低于全国平均水平）的儿童受到来自家庭生活的困扰。儿童最普遍的家庭生活困扰是学业压力（22.66%，全国：25.54%，低于全国平均水平），依次为家庭关系（8.02%，全国：12.53%，低于全国平均水平）、经济压力（5.57%，全国：7.15%，与全国平均水平基本持平）。有3.16%（全国：5.57%）的儿童在家受到严厉的批评与体罚。儿童受到的家庭困扰表现出多维度的显著差异。

年段差异 学业压力是初中生感受到的最普遍的家庭困扰，28.75%（全国：29.40%）的初中生有此困扰，其次是高中一二年级和小学儿童，小学六年级为25.59%（全国：27.10%），高二年级却降到最低值14.37%。（见图6－3）

性别差异 相对男生（55.28%，全国：44.77%），未感受到家庭困扰的女生更多（59.62%，全国：48.46%）。在有困扰的女生中，各项困扰的普遍性也都低于男生。（见图6－4）

城乡差异 更多大中城市儿童（58.00%，全国：44.77%）没有家庭困扰（小城镇和乡村儿童的相应比例分别为57.12%和54.80%，全国：38.03%、35.27%），更多大中城市儿童（22.59%，全国：23.82%）受到家庭学业压力的困扰（小城镇和乡村儿童的相应数据是23.32%、21.72%，全国：29.41%、26.39%），更多乡村儿童受到家人关系（9.67%，全国：16.95%）的困扰（大中城市和城镇儿童的相应比例分别为7.59%、8.50%，全国：11.22%、14.47%）。（见图6－5）

家庭生活方式差异 更多跟父母（58.20%，全国：48.90%）或者跟父母及祖辈(58.95%,全国:47.53%)生活在一起的儿童没有受到家庭困扰,52.55%(全国:68.38%)的留守儿童有家庭困扰。和爸妈生活在一起的儿童(22.77%,全国:25.29%)受学习困扰比例最高,除此之外,更多单亲家庭的儿童(17.13%,全国:20.19%)受到家庭人际关系的困扰,其次分别是离异再组合家庭(13.87%,全国:17.63%)和留守儿童(11.91%,全国:16.47%);留守儿童受到的严厉批评甚至惩罚的比例是最高的(5.74%,全国:8.56%)。(见图 6-6)

生活满意度差异 64.51%(全国:54.63%)的对生活满意度为很满意的儿童没有家庭问题的困扰,高于生活满意度为基本满意和不满意的儿童(51.98%、39.23%,全国:38.14%、25.02%);有"家人给予很大的学习压力"的儿童中,对生活基本满意的儿童比例最高(25.23%,全国:29.39%),很满意的儿童比例最低(20.08%,全国:22.56%);有"家人间的关系不和谐"问题的儿童中,对生活不满意的儿童比例最高(12.12%,全国:18.44%),基本满意的儿童次之(9.26%,全国 :14.37%),很满意的儿童最低(6.43%,全国:10.68%);有"家庭经济上困难"问题的儿童中,不满意的比例最高(14.31%,全国:16.62%),基本满意的次之(6.91%,全国:9.11%),很满意的最低(3.42%,全国:4.94%)。(见图 6-7)

(2) 河北省儿童受到来自学校生活的困扰的比例远低于全国平均水平。

60.01%(全国:65.16%,低于全国平均水平)的儿童受到来自学校生活的困扰。儿童最普遍的学校生活困扰是"教师上课无趣"(15.68%,全国:19.01%,明显低于全国平均水平),其次是同学关系(14.90%,全国:16.36%),然后是学习环境问题(13,26%,全国:14.25%,与全国平均水平基本持平),学校处理事件公平程度(11.06%,全国:11.49%,与全国平均水平基本持平)是儿童学校生活中的第四困扰。儿童受到的学校困扰表现出多维度的显著差异。

年段差异 受到学校生活困扰的儿童有随着年龄增长而逐渐减少的整体趋势,没有困扰的人数比例在高三达到最高值 52.17%。更多初一儿童(19.89%)受到"上课无趣"的困扰,更多六年级儿童(22.78%)受到同学关系的困扰;高二儿童对学校处理问题的公平性最敏感(13.65%),高二儿童受学习环境困扰的比例最高(18.86%)。(见图 6-10)

性别差异 更多女生(41.63%,全国:35.74%)没有感受到来自学校生活的困扰，男生更普遍地受上课趣味问题（15.95%，全国：19.27%）、学习环境问题（13.55%，全国：14.38%）以及学校处理问题的公平程度（12.59%，全国：12.50%）的困扰，女生（15.07%，全国：16.60%）更普遍地受到同学关系的困扰。（见图6-11）

城乡差异 71.99%（全国：74.92%）的乡村儿童感受到来自学校生活的困扰，高于城镇（61.06%，全国：71.16%）特别是大中城市（61.76%，全国：61.54%）的儿童。在所受困扰中，小城镇儿童最普遍的困扰是上课无趣（18.87%，全国：21.25%），除上课无趣外，乡村儿童还更明显受到学习环境（22.64%，全国：19.15%）和学习处理问题的公平程度（16.50%，全国：15.66%）的困扰。（见图6-12）

家庭生活方式差异 69.58%（全国：73.61%）的单亲家庭的儿童受到学校生活的困扰，比例最高，比最少的跟父母一起生活的孩子高出10个多百分点，而且在同学关系、上课趣味和学校公平问题中比其他孩子受困扰的普遍性都更大。（见图6-13）

生活满意度差异 对生活很满意的儿童中没有受到学校生活困扰的儿童比例最高（48.75%，全国：43.32%），基本满意的次之（32.81%，全国：25.50%），不满意的最低（20.88%，全国：16.62%）；在“渴望改善同学关系”上，对生活不满意的儿童比例最高（15.49%，全国：17.26%），很满意的次之（14.95%，全国：15.75%），基本满意的最低（14.78%，全国：17.09%）；在“渴望改善学习环境”上，对生活不满意的比例最高（21.04%，全国：20.30%），基本满意的次之（16.33%，全国：17.39%），很满意的最低（9.55%，全国：11.40%）；在“希望老师上课有趣些”上，对生活基本满意的比例最高（18.12%，全国：22.37%），不满意的次之（14.14%，全国：20.24%），很满意的最低（13.51%，全国：16.36%）；在“希望学校的事情能公平处理”上，对生活不满意的比例最高（16.84%，全国：17.04%），基本满意的次之（12.12%，全国：22.37%），很满意的最低（9.48%，全国：16.36%）。（见图6-14）

Ⅱ
河北省各项指标的详细数据分析

1 河北省儿童价值观发展状况

儿童关注的社会主义核心价值观分为国家、社会、个人三个层面。国家层面包括富强、民主、文明、和谐，儿童最为关注的是文明(40.50%)；社会层面包括自由、平等、公正、法治，儿童最为关注的是平等(38.85%)；个人层面包括爱国、敬业、诚信、友善，儿童最为关注的是诚信(65.64%)。

传统美德包括孝敬父母、忠于国家、谦虚礼让、勤劳节俭等，河北省儿童最为关注的是孝敬父母(71.77%)。

公共道德方面包括正义、按规则办事、不影响他人、廉洁奉公等，河北省儿童最为关注的是正义(36.52%)。

个人修养方面包括自省、大度、勤奋、节制等，河北省儿童最为关注的是勤奋(34.20%)。

1.1 社会主义核心价值观

河北省儿童普遍比较关注的社会主义核心价值观包括诚信(65.64%)、文明(40.50%)、平等(38.85%)，其中诚信是受河北省儿童关注度最高的社会主义核心价值观。河北省儿童对国家层面、社会层面、个人层面等社会主义核心价值观不同维度的关注存在差异。

1.1.1 国家层面价值观的关注状况

国家层面，97%以上的本省儿童都有自己最为看重的价值观。看重富强、民主、文明、和谐的人数比例分别为 8.67%、13.21%、40.50%、35.51%。文明

是受本省儿童关注程度最高的国家层面价值观，本省儿童对和谐的关注度仅次于文明。（见图1－1）

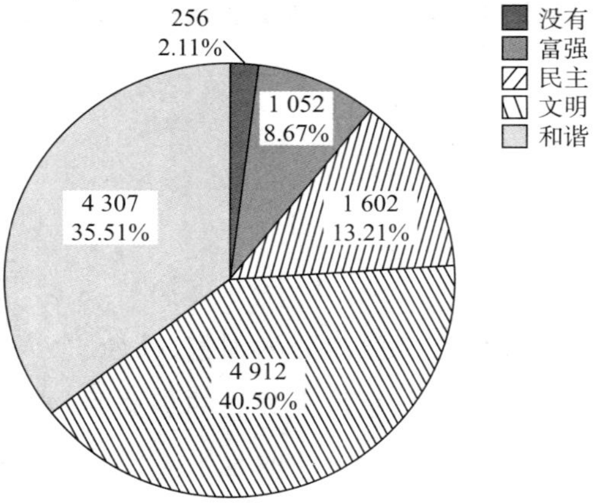

图1－1　国家层面价值观与儿童人数百分比分布图

（1）年段差异。

经差异检验发现，本省不同年段儿童对国家层面价值观的关注，总体上存在非常显著的差异（卡方值＝419.110，$P\leqslant 0.01$）。

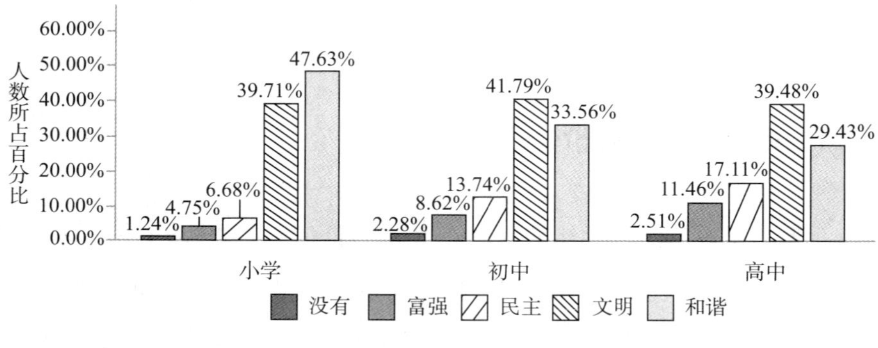

图1－2　国家层面价值观与儿童年段分布图

不同年段儿童各选项百分比如图1－2所示，经进一步统计分析发现：

看重富强和民主的小学生和高中生之间表现出显著差异（$|AR|>2.58$），高中生人数比例明显高于小学生，在这两个价值观的选择上，人数比例基本随年段的增长呈上升趋势。

看重和谐的初中生和高中生之间表现出显著差异(|*AR*|>2.58),初中生人数比例明显高于高中生,人数比例基本随年段的增长呈下降趋势。

看重富强和民主的初中生与小学生和高中生间不存在显著差异(|*AR*|≤1.96)。

看重和谐的小学生与初中生间不存在显著差异(|*AR*|≤1.96)。

看重文明的小学生、初中生、高中生之间不存在显著差异(|*AR*|≤1.96)。

从国家层面价值观与儿童年级变化趋势图可以看出,小学四年级至高中三年级,随着儿童年龄的增长,看重和谐的人数比例整体上逐渐减少,看重民主与富强的人数比例则呈缓慢增长的趋势,看重文明的人数比例年段变化趋势不明显。(见图 1-3)

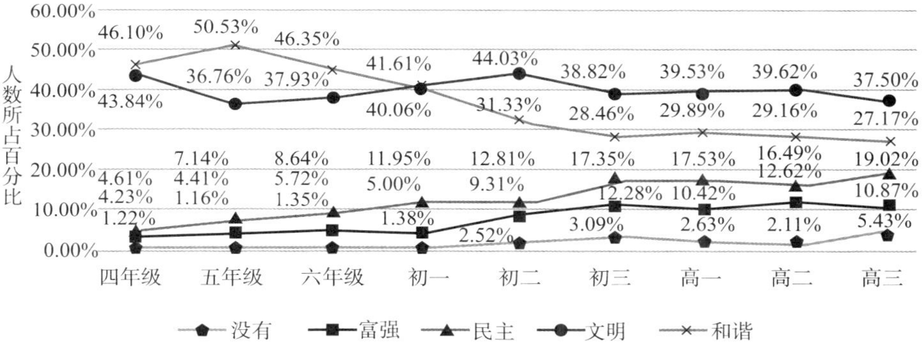

图 1-3　国家层面价值观与儿童年级变化趋势图

(2) 性别差异。

经差异检验发现,本省不同性别儿童对国家层面价值观的关注,总体上存在非常显著的差异(卡方值=183.983,*P*≤0.01)。

不同性别儿童各选项百分比如图 1-4 所示,经进一步统计分析发现:

男女生对富强、民主、文明的关注情况均表现出显著差异(|*AR*|>2.58),男生对富强、民主的关注程度高于女生,女生对文明的关注程度高于男生。

男女生对和谐的关注情况表现出比较显著的差异(1.96<|*AR*|≤2.58),女生人数比例高于男生。

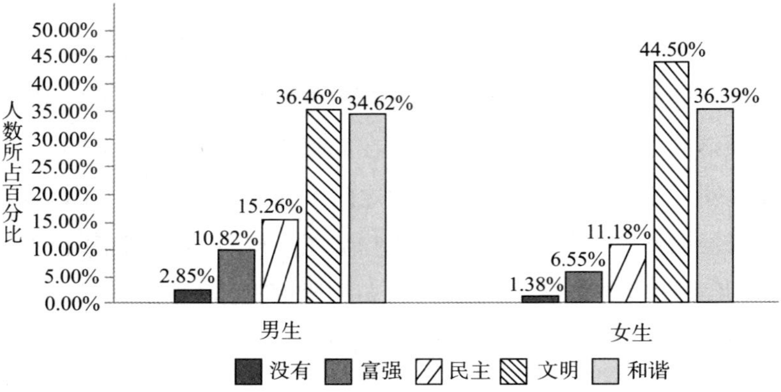

图 1-4　国家层面价值观与儿童性别分布图

(3) 城乡差异。

经差异检验发现，本省城乡儿童对国家层面价值观的关注，总体上存在比较显著的差异（卡方值=27.374，$0.01<P\leqslant 0.05$）。

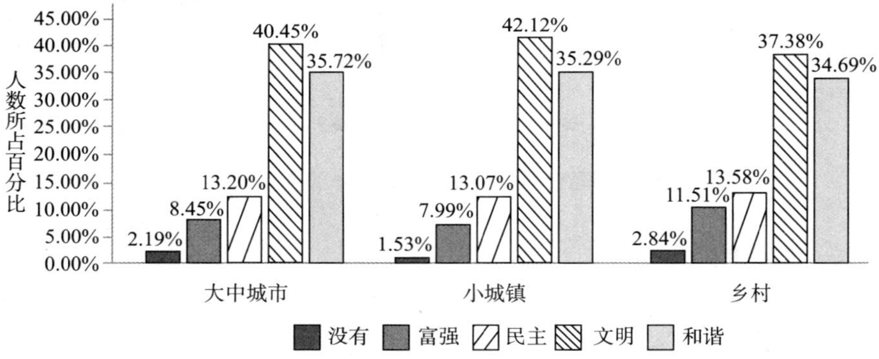

图 1-5　国家层面价值观与儿童城乡分布图

城乡儿童各选项百分比如图 1-5 所示，经进一步统计分析发现：

小城镇儿童与乡村儿童对文明的关注情况表现出比较显著的差异（$1.96<|AR|\leqslant 2.58$），前者人数比例高于后者，人数比例基本上在大中城市、小城镇、乡村上呈倒 V 形趋势。

大中城市儿童对文明的关注情况与小城镇儿童和乡村儿童相比，不存在显著差异（$|AR|\leqslant 1.96$）。

大中城市、小城镇、乡村儿童对富强、民主、和谐的关注情况不存在显著差异（$|AR|\leqslant 1.96$）。

（4）生活满意度差异。

经差异检验发现，本省不同生活满意度儿童对国家层面价值观的关注，总体上存在非常显著的差异（卡方值=404.768，$P\leqslant 0.01$）。

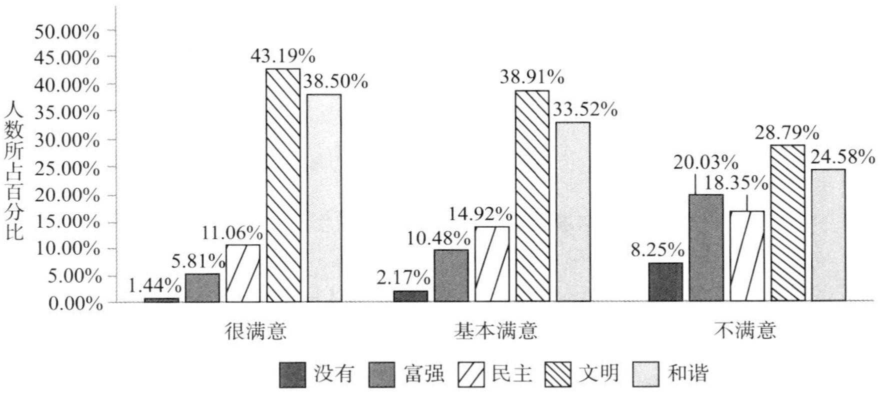

图 1-6　国家层面价值观与儿童生活满意度分布图

不同生活满意度儿童各选项百分比如图 1-6 所示，经进一步统计分析发现：

不同生活满意度儿童对富强、民主、文明、和谐的关注情况均表现出显著差异（$|AR|>2.58$）。对生活不满意的儿童对富强的关注程度高于对生活很满意和基本满意的儿童，人数比例基本上随着生活满意程度的下降而呈现逐渐增长的趋势；对生活不满意的儿童对民主的关注程度高于对生活很满意和基本满意的儿童，人数比例基本上随着生活满意程度的下降而呈现逐渐增长的趋势；对生活不满意的儿童对文明的关注程度低于对生活很满意和基本满意的儿童，人数比例基本上随着生活满意程度的下降而呈现逐渐下降的趋势；对生活不满意的儿童对和谐的关注程度低于对生活很满意和基本满意的儿童，人数比例基本上随着生活满意程度的下降而呈现逐渐下降的趋势。

（5）家庭生活方式差异。

经差异检验发现，本省不同家庭生活方式儿童对国家层面价值观的关注，总体上存在非常显著的差异（卡方值=66.151，$P\leqslant 0.01$）。

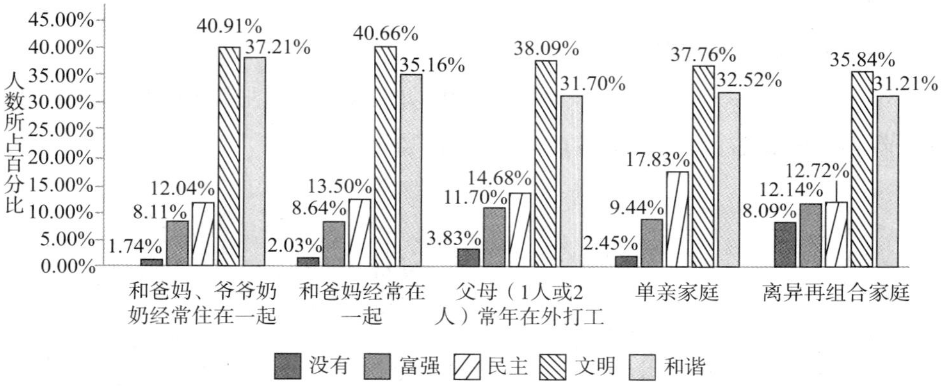

图1-7　国家层面价值观与儿童家庭生活方式分布图

不同家庭生活方式儿童各选项百分比如图1-7所示，经进一步统计分析发现：

部分不同家庭生活方式儿童对民主的关注情况表现出显著差异（$|AR|>2.58$），"单亲家庭"儿童与"和爸妈、爷爷奶奶经常住在一起"的儿童间存在比较显著的差异（$1.96<|AR|\leqslant 2.58$），前者的人数比例高于后者；其他家庭生活方式类型儿童之间均不存在显著差异（$|AR|\leqslant 1.96$）。

不同家庭生活方式儿童之间对富强、文明、和谐的关注情况均不存在显著差异（$|AR|\leqslant 1.96$）。

1.1.2　社会层面价值观的关注状况

社会层面，98%以上的儿童都有自己看重的价值观。看重自由、平等、公正、法治的儿童人数比例分别为22.87%、38.85%、26.36%、10.17%。儿童最为关注的是平等，其次是公正和自由，看重法治的人数比例相对较低。（见图1-8）

(1) 年段差异。

经差异检验发现，本省不同年段儿童对社会层面价值观的关注，总体上存在非常显著的差异（卡方值=198.375，$P\leqslant 0.01$）。

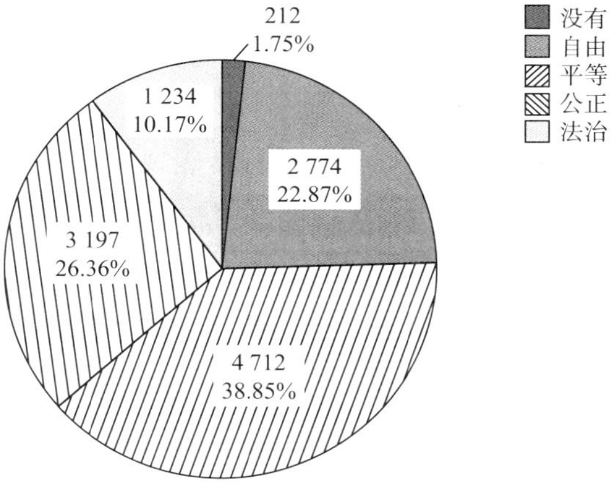

图 1-8 社会层面价值观与儿童人数百分比分布图

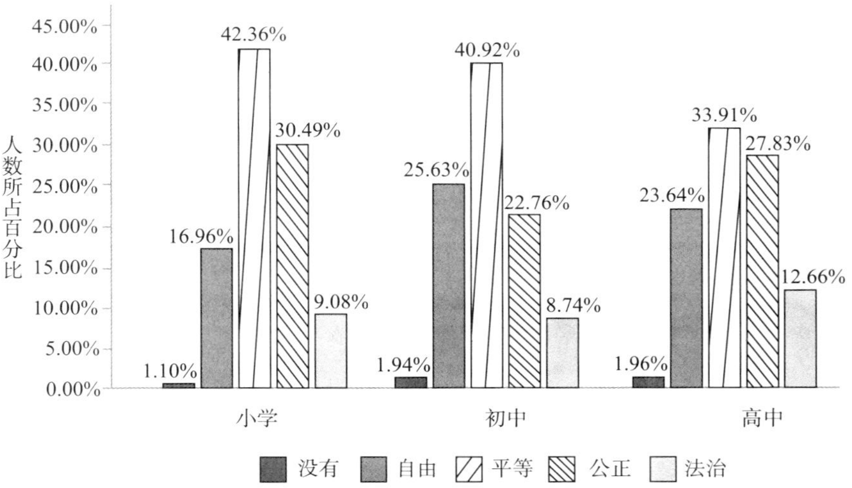

图 1-9 社会层面价值观与儿童年段分布图

不同年段儿童各选项百分比如图 1-9 所示，经进一步统计分析发现：

小学生、初中生、高中生对平等、公正的关注情况表现出显著差异（$|AR|>2.58$），小学生对平等的关注程度明显高于初中生和高中生，人数比例基本上随年段的增长呈下降趋势；小学生对公正的关注程度明显高于初中生和高中生，人数比例基本上随年段的增长呈 V 形趋势。

小学生和初中生对自由的关注程度表现出显著差异（$|AR|>2.58$），小学生对自由的关注程度低于初中生，人数比例基本上随年段的增长呈倒 V 形趋势。

小学生、初中生、高中生对法治的关注程度表现出比较显著的差异（$1.96<|AR|\leqslant 2.58$），小学生对法治的关注程度高于初中生但低于高中生，人数比例基本上随年段的增长呈 V 形趋势。

高中生对自由的关注程度与小学生和初中生相比，不存在显著差异（$|AR|\leqslant 1.96$）。

从社会层面价值观与儿童年级变化趋势图可以看出，小学四年级至高中三年级，随着儿童年龄的增长，看重自由的人数比例呈现逐渐增长的趋势；看重法治的人数比例整体上波动不大；看重平等与公正的人数比例整体上略有下降。（见图 1－10）

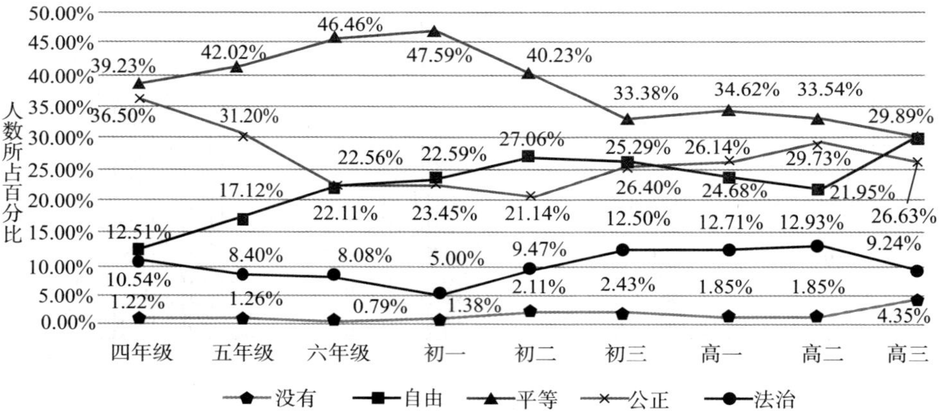

图 1－10　社会层面价值观与儿童年级变化趋势图

（2）性别差异。

经差异检验发现，本省不同性别儿童对社会层面价值观的关注，总体上存在非常显著的差异（卡方值＝135.278，$P\leqslant 0.01$）。

不同性别儿童各选项百分比如图 1－11 所示，经进一步统计分析发现：

男女生对自由、平等、公正的关注情况均表现出显著差异（$|AR|>2.58$），男生对自由的关注程度高于女生，女生对平等和公正的关注程度高于男生。

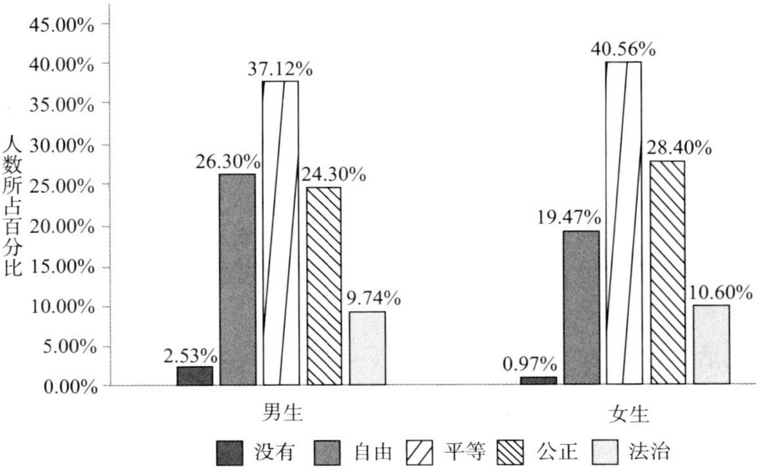

图 1-11 社会层面价值观与儿童性别分布图

男生对法治的关注程度与女生相比，不存在显著差异（$|AR|\leqslant 1.96$）。

(3) 城乡差异。

经差异检验发现，本省城乡儿童对社会层面价值观的关注，总体上存在非常显著的差异（卡方值＝135.278，$P\leqslant 0.01$）。

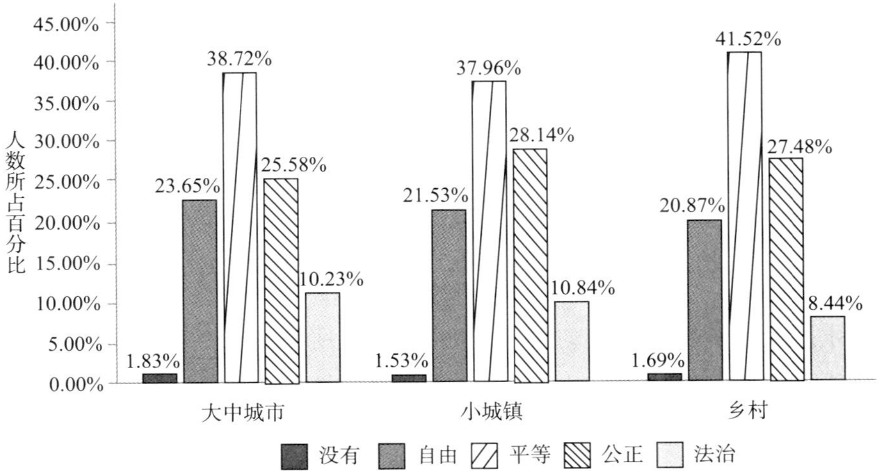

图 1-12 社会层面价值观与儿童城乡分布图

城乡儿童各选项百分比如图 1-12 所示，经进一步统计分析发现：

小城镇儿童与大中城市儿童对公正的关注情况表现出比较显著的差异（$1.96 < |AR| \leqslant 2.58$），前者人数比例高于后者，人数比例基本上在大中城市、小城镇和乡村之间呈倒V形趋势。

乡村儿童对公正的关注程度与大中城市和小城镇儿童相比，不存在显著差异（$|AR| \leqslant 1.96$）。

大中城市、小城镇、乡村儿童对自由、平等和法治的关注情况均不存在显著差异（$|AR| \leqslant 1.96$）。

（4）生活满意度差异。

经差异检验发现，本省不同生活满意度儿童对社会层面价值观的关注，总体上存在非常显著的差异（卡方值=219.280，$P \leqslant 0.01$）。

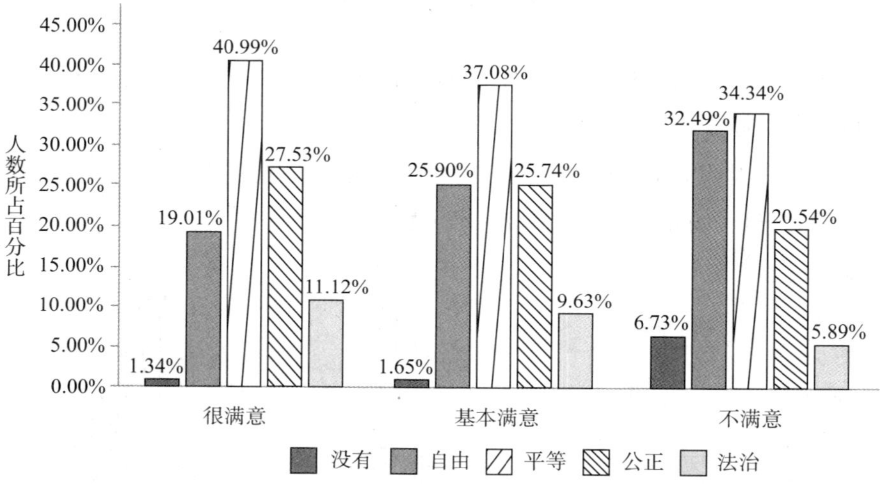

图1-13　社会层面价值观与儿童生活满意度分布图

不同生活满意度儿童各选项百分比如图1-13所示，经进一步统计分析发现：

不同生活满意度的儿童对自由和平等的关注情况表现出显著差异（$|AR| > 2.58$）。对生活不满意的儿童对自由的关注程度高于对生活基本满意、对生活很满意的儿童，人数比例基本上随着生活满意程度的下降而呈现上升趋势；对生活很满意的儿童对平等的关注程度高于对生活基本满意、对生活不满意的儿童，人数比例基本上随着生活满意程度的下降而呈现下降趋势。

对生活很满意的儿童和对生活不满意的儿童对公正和法治的关注情况表现出显著差异($|AR|>2.58$)。对生活很满意的儿童对公正的关注程度高于对生活不满意的儿童,人数比例基本上随着生活满意程度的下降而呈现下降趋势;对生活很满意的儿童对法治的关注程度高于对生活不满意的儿童,人数比例基本上随着生活满意程度的下降而呈现下降趋势。

对生活基本满意的儿童对公正的关注程度与对生活很满意、对生活不满意的儿童相比,不存在显著差异($|AR|\leqslant 1.96$)。对生活基本满意的儿童对法治的关注程度与对生活很满意、对生活不满意的儿童相比,不存在显著差异($|AR|\leqslant 1.96$)。

(5)家庭生活方式差异。

经差异检验发现,本省不同家庭生活方式儿童对社会层面价值观的关注,总体上存在非常显著的差异(卡方值$=50.387$,$P\leqslant 0.01$),但差异集中体现在儿童对“没有”项的选择,儿童对自由、平等、公正、法治各项社会层面价值观的关注均未体现出明显的家庭生活方式差异。

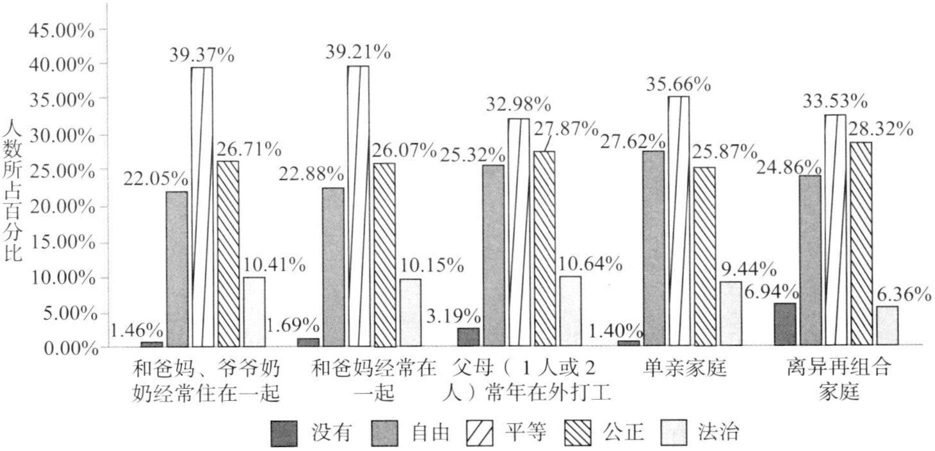

图 1-14 社会层面价值观与儿童家庭生活方式分布图

不同家庭生活方式儿童各选项百分比如图 1-14 所示,经进一步统计分析发现:

不同家庭生活方式儿童之间对自由、平等、公正、法治的关注情况均不存在

显著差异（$|AR| \leqslant 1.96$）。

1.1.3 个人层面价值观的关注状况

个人层面，98%以上的儿童都有自己关注的价值观。儿童最为看重的是诚信，占65.64%；其次是友善，占26.27%；看重敬业的人数比例相对较少，仅占4.19%。（见图1-15）

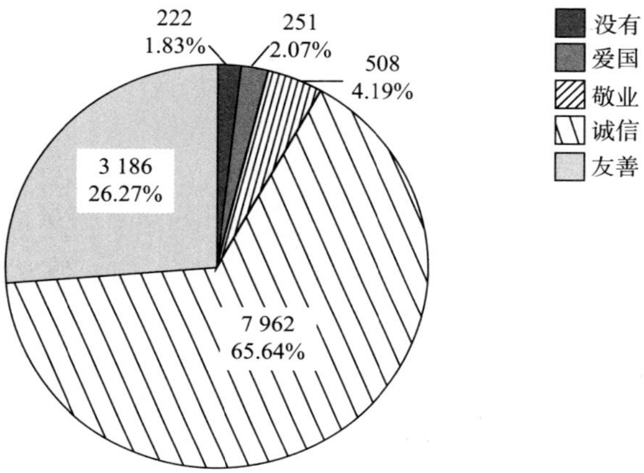

图1-15 个人层面价值观与儿童人数百分比分布图

（1）年段差异。

经差异检验发现，本省不同年段儿童对个人层面价值观的关注，总体上存在非常显著的差异（卡方值=48.041，$P \leqslant 0.01$）。

不同年段儿童各选项百分比如图1-16所示，经进一步统计分析发现：

小学生、初中生、高中生对敬业、诚信、友善的关注情况不存在显著差异（$|AR| \leqslant 1.96$）。在选择敬业的被试中，人数比例基本上随年段的增长呈倒V形趋势；在选择诚信的被试中，人数比例基本上随年段的增长呈逐渐上升的趋势；在选择友善的被试中，人数比例基本上随年段的增长呈逐渐下降的趋势。

从个人层面价值观与儿童年级变化趋势图可以看出，小学四年级至高中三年级儿童普遍都比较看重诚信，并且看重诚信的人数比例随着儿童年龄的增长略呈增长趋势；看重友善的人数比例整体上略呈下降趋势。（见图1-17）

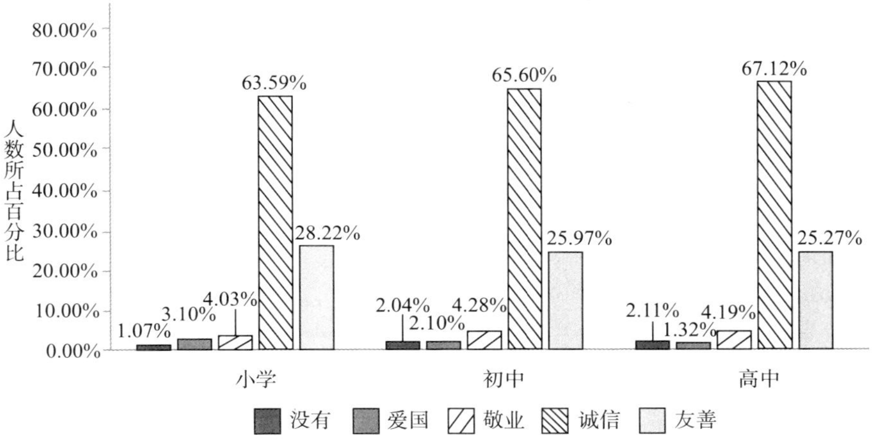

图 1－16　个人层面价值观与儿童年段分布图

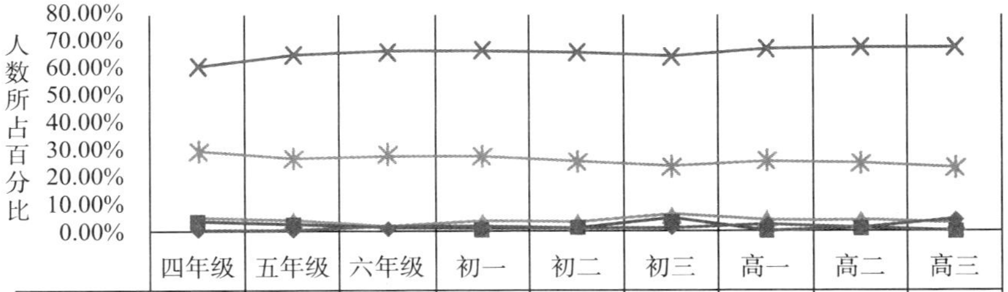

	四年级	五年级	六年级	初一	初二	初三	高一	高二	高三
没有	1.32%	0.84%	1.01%	1.55%	2.57%	1.91%	2.24%	1.75%	4.35%
爱国	3.48%	3.15%	2.58%	0.92%	1.75%	4.12%	1.27%	1.44%	0.54%
敬业	5.27%	3.99%	2.58%	3.68%	3.70%	5.88%	4.19%	4.28%	3.26%
诚信	60.30%	64.92%	66.11%	66.09%	65.95%	64.49%	66.85%	67.28%	68.48%
友善	29.63%	27.10%	27.72%	27.76%	26.03%	23.60%	25.46%	25.24%	23.37%

没有　爱国　敬业　诚信　友善

图 1－17　个人层面价值观与儿童年级变化趋势图

(2) 性别差异。

经差异检验发现，本省不同性别儿童对个人层面价值观的关注，总体上存在非常显著的差异(卡方值＝48.913，$P \leqslant 0.01$)。

不同性别儿童各选项百分比如图 1－18 所示，经进一步统计分析发现：

男女生对诚信的关注情况表现出显著差异($|AR| > 2.58$)，女生人数比例高于男生。

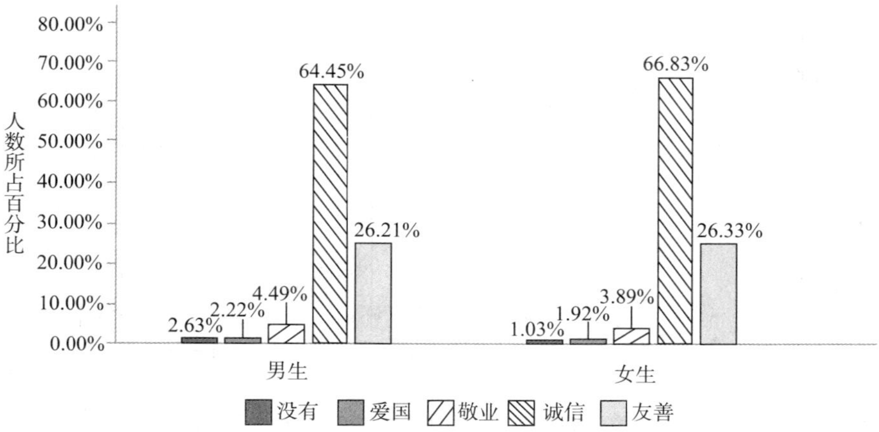

图 1－18　个人层面价值观与儿童性别分布图

男女生对敬业、友善的关注情况不存在显著差异（$|AR|\leqslant 1.96$）。

（3）城乡差异。

经差异检验发现，本省城乡儿童对个人层面价值观的关注，总体上存在非常显著的差异（卡方值＝51.097，$P\leqslant 0.01$）。

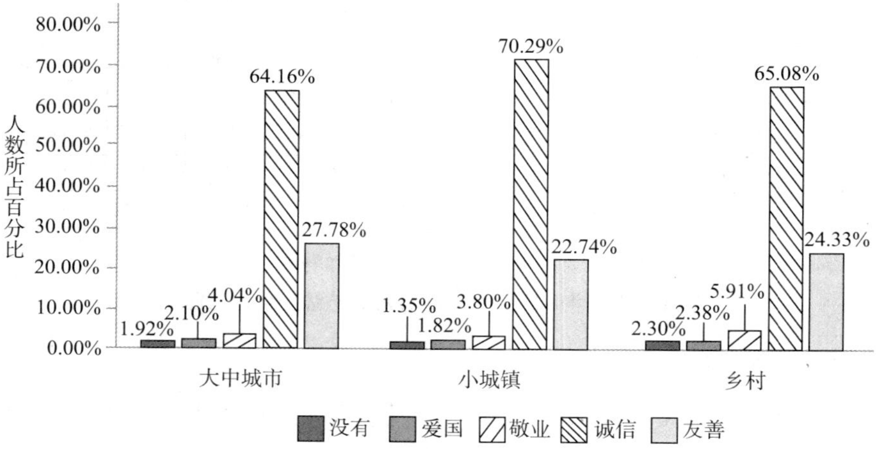

图 1－19　个人层面价值观与儿童城乡分布图

城乡儿童各选项百分比如图 1－19 所示，经进一步统计分析发现：

大中城市儿童和小城镇儿童对诚信、友善的关注情况表现出显著差异

(|AR|>2.58),小城镇儿童对诚信的关注程度高于大中城市儿童,大中城市儿童对友善的关注程度高于小城镇儿童。

大中城市儿童、小城镇儿童和乡村儿童对敬业的关注程度不存在显著差异(|AR|≤1.96)。

乡村儿童对诚信和友善的关注程度与大中城市儿童和小城镇儿童相比,均不存在显著差异(|AR|≤1.96)。

(4) 生活满意度差异。

经差异检验发现,本省不同生活满意度儿童对个人层面价值观的关注,总体上存在非常显著的差异(卡方值=285.544,$P\leqslant 0.01$)。

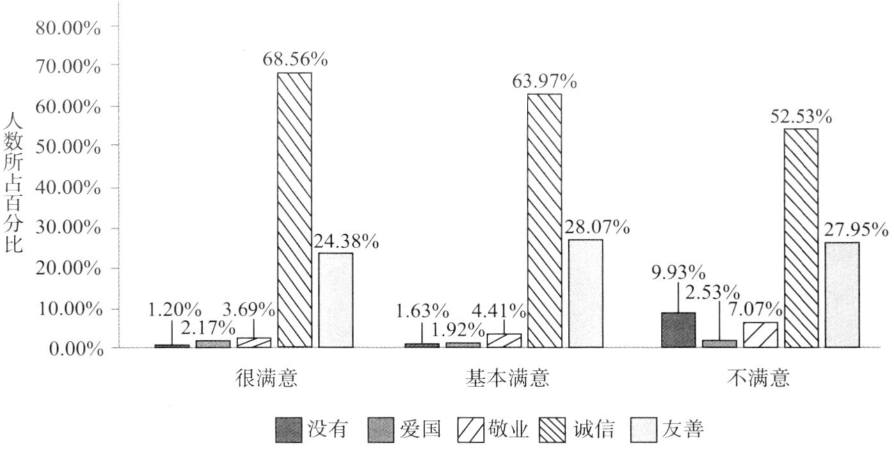

图 1-20 个人层面价值观与儿童生活满意度分布图

不同生活满意度儿童各选项百分比如图 1-20 所示,经进一步统计分析发现:

不同生活满意度儿童对诚信的关注情况表现出显著差异(|AR|>2.58),对生活很满意的儿童对诚信的关注程度高于对生活基本满意和不满意的儿童,人数比例基本上随着生活满意程度的下降而呈现逐渐下降的趋势。

对生活很满意的儿童和对生活不满意的儿童对敬业的关注情况表现出显著差异(|AR|>2.58),对生活不满意的儿童人数比例高于对生活很满意的儿童,人数比例基本上随着生活满意程度的下降而呈现逐渐上升的趋势。

对生活基本满意的儿童和对生活很满意的儿童对友善的关注情况表现出显著差异（$|AR|>2.58$），对生活基本满意的儿童人数比例高于对生活很满意的儿童，人数比例基本上随着生活满意程度的下降而呈倒V形趋势。

对生活基本满意的儿童对敬业的关注程度与对生活很满意、对生活不满意的儿童相比，不存在显著差异（$|AR|\leqslant1.96$）。对生活不满意的儿童对友善的关注程度与对生活很满意、对生活基本满意的儿童相比，不存在显著差异（$|AR|\leqslant1.96$）。

(5) 家庭生活方式差异。

经差异检验发现，本省不同家庭生活方式儿童对个人层面价值观的关注，总体上存在非常显著的差异（卡方值＝97.765，$P\leqslant0.01$）。

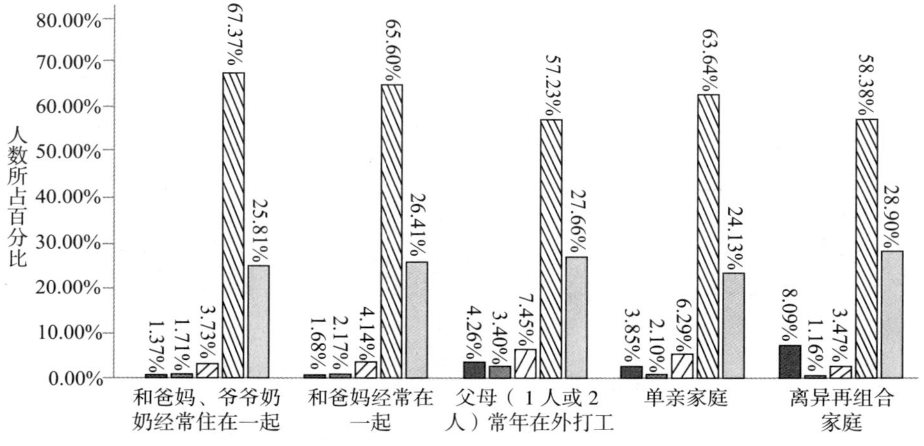

图1-21　个人层面价值观与儿童家庭生活方式分布图

不同家庭生活方式儿童各选项百分比如图1-21所示，经进一步统计分析发现：

部分不同家庭生活方式儿童对诚信的关注情况表现出显著差异（$|AR|>2.58$）、比较显著差异（$1.96<|AR|\leqslant2.58$）。“和爸妈、爷爷奶奶经常住在一起”的儿童人数比例高于“父母（1人或2人）常年在外打工”、“离异再组合家庭”的儿童（$|AR|>2.58$）；“离异再组合家庭”儿童与“父母（1人或2人）常年在外打

工”的儿童相比，存在比较显著的差异，前者人数比例高于后者（$1.96<|AR|\leqslant 2.58$）；“单亲家庭”与“和爸妈经常在一起”的儿童与其他家庭生活方式儿童间不存在显著差异（$|AR|\leqslant 1.96$）。

不同家庭生活方式儿童之间对敬业和友善的关注情况均不存在显著差异（$|AR|\leqslant 1.96$）。

1.2 传统美德

传统美德方面，儿童普遍最为看重的是孝敬父母，占 71.77%。看重谦虚礼让、忠于国家、勤劳节俭的人数比例分别为 10.21%、8.27%、4.72%。（见图 1－22）

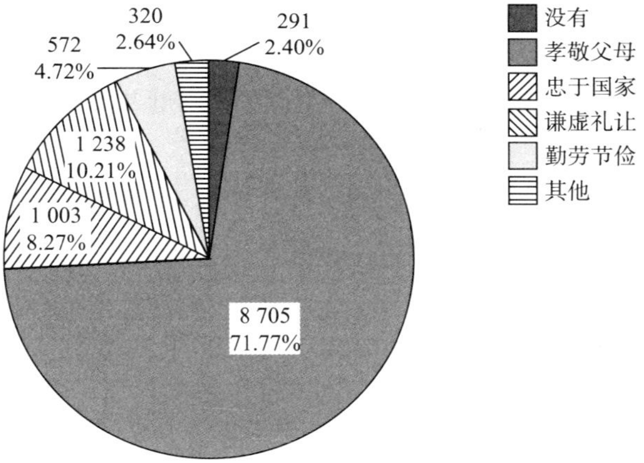

图 1－22 传统美德与儿童人数百分比分布图

(1) 年段差异。

经差异检验发现，本省不同年段儿童对传统美德的关注，总体上存在非常显著的差异（卡方值＝118.904，$P\leqslant 0.01$）。

不同年段儿童各选项百分比如图 1－23 所示，经进一步统计分析发现：

小学生、初中生、高中生对孝敬父母的关注情况表现出显著差异（$|AR|>2.58$），高中生人数比例高于小学生、初中生，人数比例基本上随年段的增长呈逐渐增长的趋势。

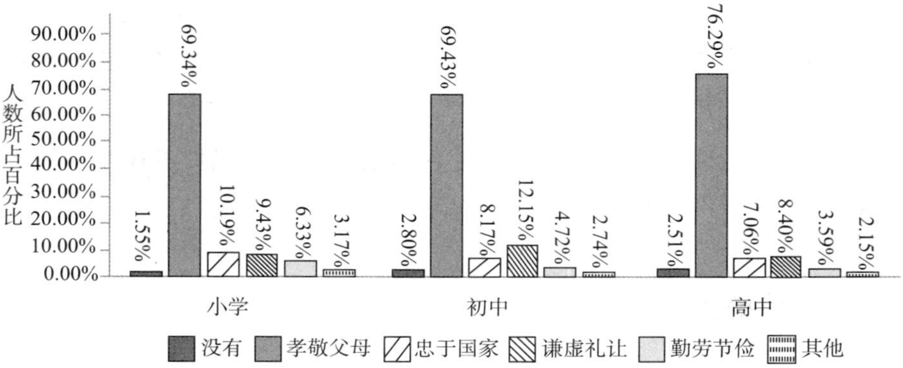

图 1－23　传统美德与儿童年段分布图

小学生和高中生对忠于国家和勤劳节俭的关注情况表现出显著差异（|*AR*|>2.58），人数比例基本上随年段的增长呈下降趋势。

初中生和高中生对谦虚礼让的关注情况表现出显著差异（|*AR*|>2.58），其中初中生的人数比例高于高中生的比例，人数比例基本上随年段的增长呈倒V形趋势。

初中生对忠于国家和勤劳节俭的关注与小学生和高中生相比，均不存在显著差异（|*AR*|≤1.96）。

小学生对谦虚礼让的关注与初中生和高中生相比，均不存在显著差异（|*AR*|≤1.96）。

从传统美德与儿童年级变化趋势图可以看出，从小学四年级至高中三年级的儿童普遍最为看重孝敬父母，并且随着年龄的增长，看重该价值观的人数比例略有增长趋势。各年级看重谦虚礼让、忠于国家、勤劳节俭的人数比例相近，并且年级变化趋势不明显。（见图 1－24）

（2）性别差异。

经差异检验发现，本省不同性别儿童对传统美德的关注，总体上存在非常显著的差异（卡方值＝101.309，*P*≤0.01）。

不同性别儿童各选项百分比如图 1－25 所示，经进一步统计分析发现：

男女生对孝敬父母和忠于国家的关注情况均表现出显著差异（|*AR*|>2.58），女生对孝敬父母的关注程度高于男生，男生对忠于国家的关注程度高于女生。

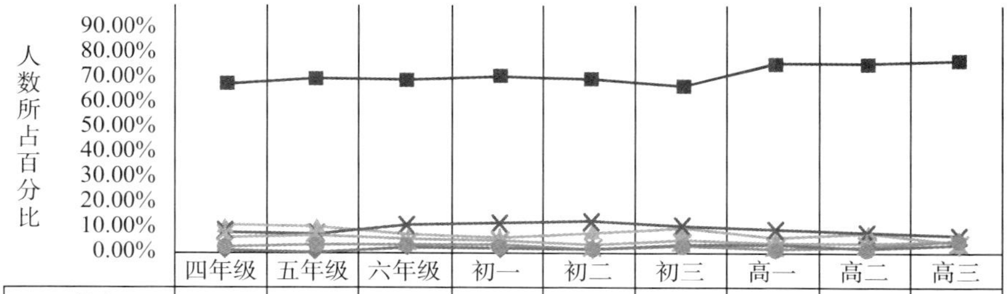

	四年级	五年级	六年级	初一	初二	初三	高一	高二	高三
没有	1.51%	0.74%	2.47%	1.49%	3.03%	4.12%	2.73%	2.11%	4.35%
孝敬父母	68.30%	70.17%	69.70%	71.15%	69.75%	66.76%	76.34%	76.09%	77.72%
忠于国家	11.57%	10.92%	7.74%	5.92%	8.64%	10.37%	6.28%	8.19%	3.80%
谦虚礼让	9.03%	7.98%	11.45%	12.13%	13.07%	10.88%	9.10%	7.83%	6.52%
勤劳节俭	6.87%	6.62%	5.39%	5.52%	3.65%	5.22%	3.51%	3.66%	3.80%
其他	2.73%	3.57%	3.25%	3.79%	1.85%	2.65%	2.04%	2.11%	3.80%

图 1－24　传统美德与儿童年级变化趋势图

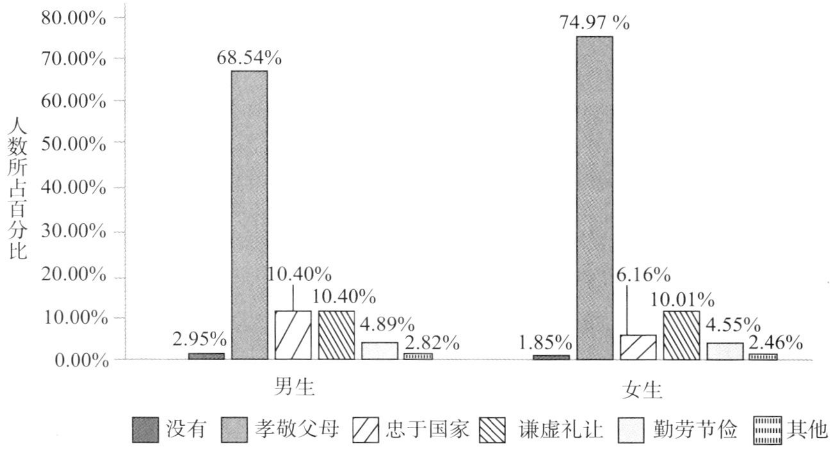

图 1－25　传统美德与儿童性别分布图

男女生对谦虚礼让和勤劳节俭的关注情况不存在显著差异（$|AR|\leqslant 1.96$）。

(3) 城乡差异。

经差异检验发现，本省城乡儿童对传统美德的关注，总体上存在非常显著的差异（卡方值=57.547，$P\leqslant 0.01$）。

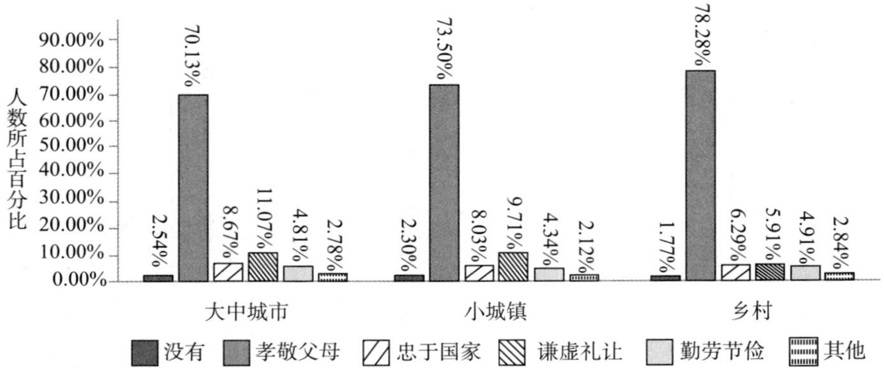

图 1－26　传统美德与儿童城乡分布图

城乡儿童各选项百分比如图 1－26 所示，经进一步统计分析发现：

乡村儿童与大中城市和小城镇儿童相比，对孝敬父母的关注情况表现出显著差异（$|AR|>2.58$），其中乡村儿童人数比例高于大中城市和小城镇儿童。

大中城市儿童和乡村儿童对谦虚礼让的关注情况表现出显著差异（$|AR|>2.58$），大中城市儿童人数比例高于乡村儿童。

小城镇儿童与大中城市儿童相比，对孝敬父母的关注情况存在比较显著的差异（$1.96<|AR|\leqslant 2.58$），前者人数比例高于后者。

大中城市儿童与乡村儿童相比，对忠于国家的关注情况存在比较显著的差异（$1.96<|AR|\leqslant 2.58$），前者人数比例高于后者。

小城镇儿童与大中城市、乡村儿童相比，对谦虚礼让的关注情况不存在显著差异（$|AR|\leqslant 1.96$）。

小城镇儿童与大中城市、乡村儿童相比，对忠于国家的关注情况不存在显著差异（$|AR|\leqslant 1.96$）。

城乡儿童之间对勤劳节俭的关注程度均不存在显著差异（$|AR|\leqslant 1.96$）。

（4）生活满意度差异。

经差异检验发现，本省不同生活满意度儿童对传统美德的关注，总体上存在非常显著的差异（卡方值$=106.326$，$P\leqslant 0.01$）。

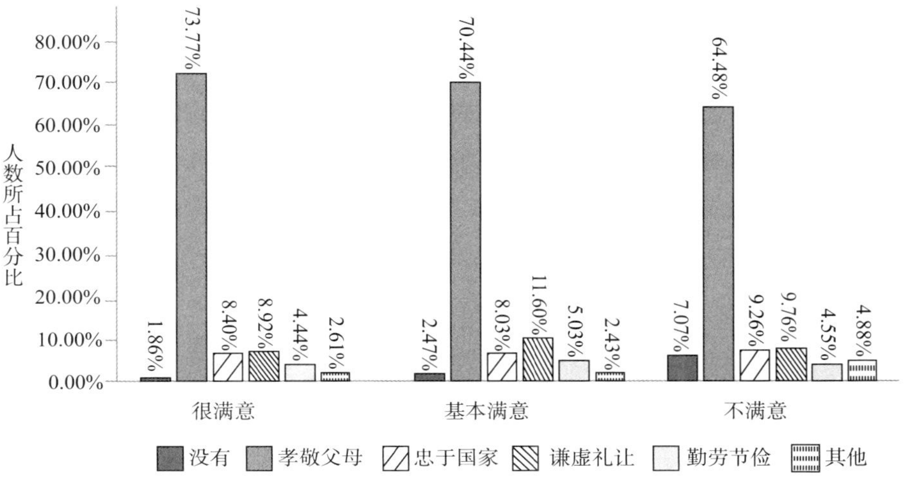

图 1－27 传统美德与儿童生活满意度分布图

不同生活满意度儿童各选项百分比如图 1－27 所示，经进一步统计分析发现：

不同生活满意度儿童对孝敬父母的关注情况表现出显著差异（$|AR|>2.58$），对生活很满意的儿童人数比例高于对生活基本满意、对生活不满意的儿童，对生活基本满意的儿童人数比例高于对生活不满意的儿童，人数比例基本上随着生活满意程度的下降而呈现逐渐下降的趋势。

对生活基本满意的儿童和对生活很满意的儿童对谦虚礼让的关注情况表现出显著差异（$|AR|>2.58$），人数比例基本上随着生活满意程度的下降而呈倒 V 形趋势。

对生活不满意的儿童与对生活很满意、对生活基本满意的儿童相比，对谦虚礼让的关注情况不存在显著差异（$|AR|\leqslant 1.96$）。

不同生活满意度儿童之间对忠于国家和勤劳节俭的关注程度均不存在显著差异（$|AR|\leqslant 1.96$）。

（5）家庭生活方式差异。

经差异检验发现，本省不同家庭生活方式儿童对传统美德的关注，总体上存在非常显著的差异（卡方值＝87.857，$P\leqslant 0.01$）。

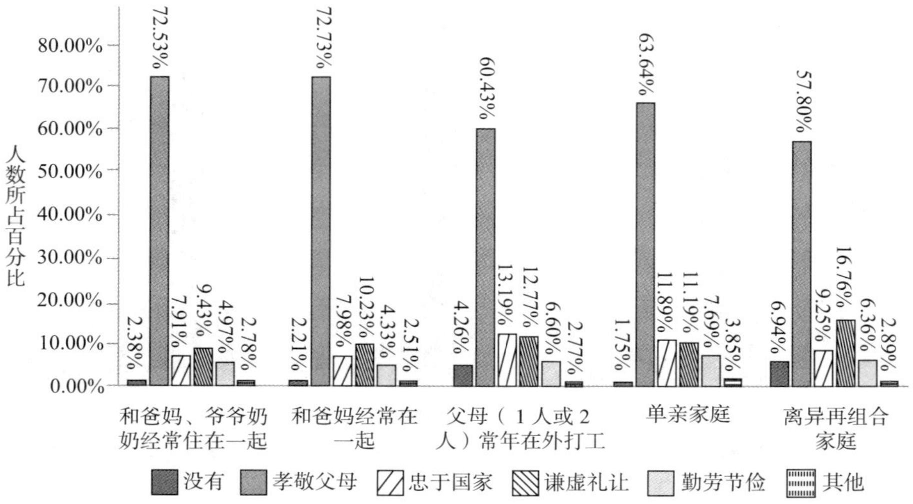

图 1－28　传统美德与儿童家庭生活方式分布图

不同家庭生活方式儿童各选项百分比如图 1－28 所示，经进一步统计分析发现：

部分不同家庭生活方式儿童对孝敬父母和忠于国家的关注情况表现出显著差异（$|AR|>2.58$）。“和爸妈经常在一起”的儿童对孝敬父母的关注程度高于“和爸妈、爷爷奶奶经常住在一起”、“父母（1 人或 2 人）常年在外打工”、“单亲家庭”、“离异再组合家庭”的儿童。“父母（1 人或 2 人）常年在外打工”的儿童对忠于国家的关注程度高于“单亲家庭”、“离异再组合家庭”、“和爸妈经常在一起”、“和爸妈、爷爷奶奶经常住在一起”的儿童。

部分不同家庭生活方式儿童对勤劳节俭的关注情况表现出比较显著的差异（$1.96<|AR|\leqslant 2.58$），“单亲家庭”儿童对勤劳节俭的关注程度高于“父母（1 人或 2 人）常年在外打工”、“离异再组合家庭”、“和爸妈、爷爷奶奶经常住在一起”、“和爸妈经常在一起”的儿童。

“和爸妈、爷爷奶奶经常住在一起”的儿童对孝敬父母的关注情况与其他家庭生活方式儿童相比，不存在显著差异（$|AR|\leqslant 1.96$）。

“离异再组合家庭”的儿童对忠于国家的关注情况与其他家庭生活方式儿童相比，不存在显著差异（$|AR|\leqslant 1.96$）。

"和爸妈、爷爷奶奶经常住在一起"和"离异再组合家庭"的儿童对勤劳节俭的关注情况与其他家庭生活方式儿童相比，不存在显著差异（$|AR|\leqslant 1.96$）。

不同家庭生活方式儿童之间对谦虚礼让的关注情况均不存在显著差异（$|AR|\leqslant 1.96$）。

1.3 公共道德

98%以上的儿童都有自己看重的公共道德。儿童最为看重的公共道德是正义，占 36.52%；其次比较看重的是廉洁奉公、按规则办事、不影响他人，分别占 21.72%、18.97%、18.23%。（见图 1－29）

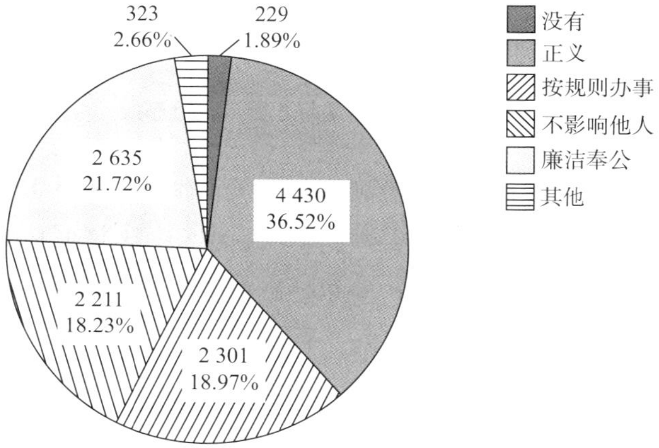

图 1－29 公共道德与儿童人数百分比分布图

（1）年段差异。

经差异检验发现，本省不同年段儿童对公共道德的关注，总体上存在非常显著的差异（卡方值=73.592，$P\leqslant 0.01$）。

不同年段儿童各选项百分比如图 1－30 所示，经进一步统计分析发现：

小学生和高中生对不影响他人的关注情况表现出显著差异（$|AR|>2.58$），人数比例基本上随年段的增长呈逐渐上升的趋势。

初中生和高中生对廉洁奉公的关注情况表现出显著差异（$|AR|>2.58$），人数比例基本上随年段的增长呈倒 V 形趋势。

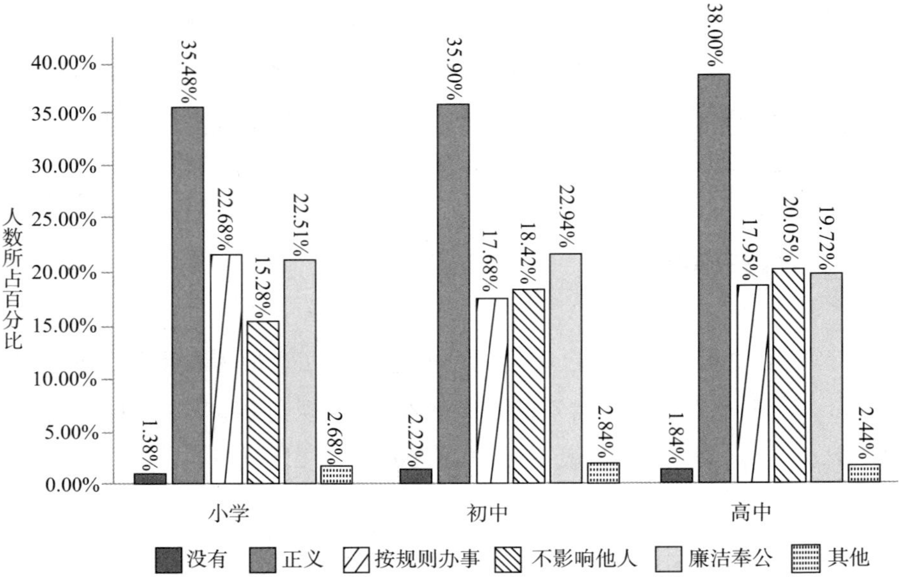

图 1-30　公共道德与儿童年段分布图

小学生、初中生、高中生对按规则办事的关注情况表现出比较显著的差异（$1.96<|AR|\leqslant 2.58$），人数比例基本上随年段的增长呈 V 形趋势。

初中生与小学生、高中生相比，对不影响他人的关注情况不存在显著差异（$|AR|\leqslant 1.96$）。

小学生与初中生、高中生相比，对廉洁奉公的关注情况不存在显著差异（$|AR|\leqslant 1.96$）。

小学生、初中生、高中生对正义的关注情况不存在显著差异（$|AR|\leqslant 1.96$）。

从公共道德与儿童年级变化趋势图可以看出，小学四年级至高中三年级儿童普遍比较看重的公共道德是正义，并且年段变化趋势较小；从小学四年级至六年级，看重廉洁奉公的儿童人数比例逐渐上升，但从初中一年级至高中三年级，看重廉洁奉公的儿童人数比例整体上呈逐渐下降的趋势；看重不影响他人的人数比例随着儿童年龄的增长而缓慢增长。（见图 1-31）

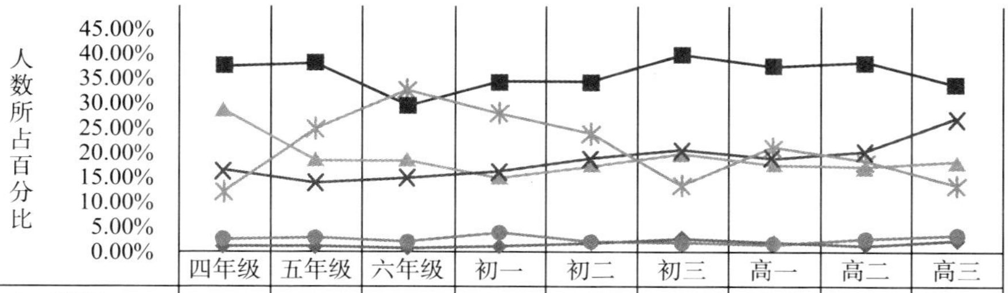

	四年级	五年级	六年级	初一	初二	初三	高一	高二	高三
没有	1.51%	1.37%	1.23%	1.55%	2.16%	3.16%	1.95%	1.65%	2.72%
正义	37.91%	38.03%	29.85%	34.37%	34.41%	40.00%	37.83%	38.54%	34.24%
按规则办事	29.16%	18.80%	19.08%	15.52%	17.90%	20.15%	18.21%	17.62%	18.48%
不影响他人	16.75%	13.87%	15.04%	16.32%	18.88%	20.44%	18.94%	20.56%	27.17%
廉洁奉公	11.85%	25.00%	32.55%	28.28%	24.33%	14.12%	21.23%	18.70%	13.59%
其他	2.82%	2.94%	2.24%	3.97%	2.31%	2.13%	1.85%	2.94%	3.80%

没有　正义　按规则办事　不影响他人　廉洁奉公　其他

图 1-31　公共道德与儿童年级变化趋势图

（2）性别差异。

经差异检验发现，本省不同性别儿童对公共道德的关注，总体上存在比较显著的差异（卡方值＝19.609，$0.01<P\leqslant 0.05$）。

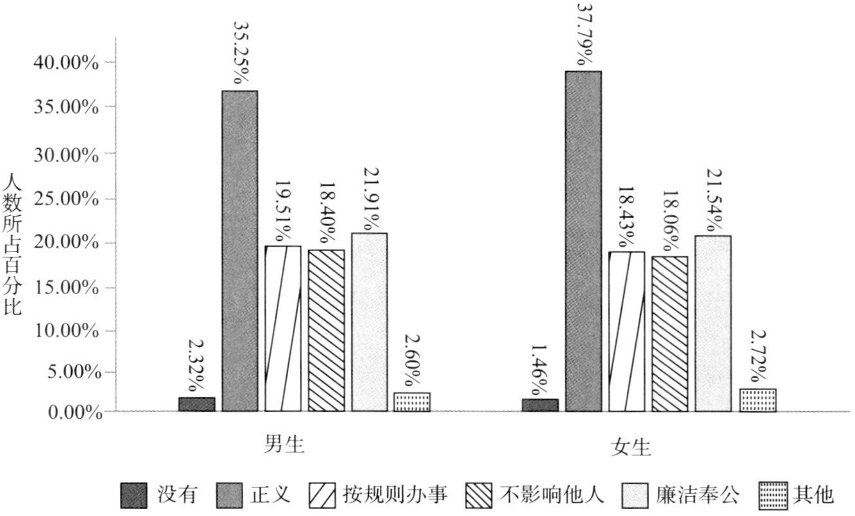

图 1-32　公共道德与儿童性别分布图

不同性别儿童各选项百分比如图1-32所示，经进一步统计分析发现：

男女生对正义的关注情况表现出显著差异（|AR|>2.58），女生人数比例高于男生。

不同性别儿童之间对按规则办事、不影响他人、廉洁奉公的关注程度均不存在显著差异（|AR|≤1.96）。

（3）城乡差异。

经差异检验发现，本省城乡儿童对公共道德的关注，总体上存在非常显著的差异（卡方值=74.828，$P\leqslant 0.01$）。

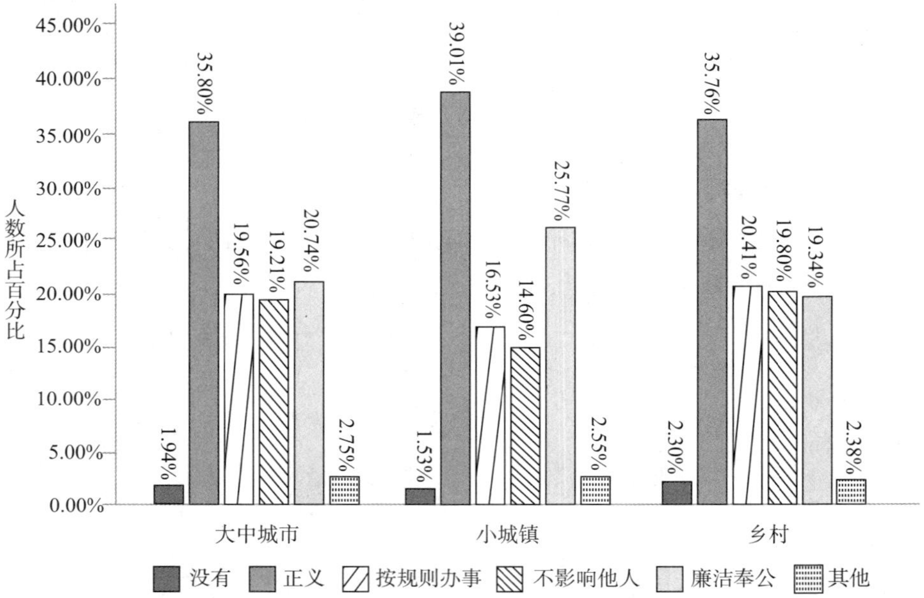

图1-33　公共道德与儿童城乡分布图

城乡儿童各选项百分比如图1-33所示，经进一步统计分析发现：

大中城市、小城镇、乡村儿童对廉洁奉公的关注情况表现出显著差异（|AR|>2.58），人数比例基本上在大中城市、小城镇和乡村之间呈倒V形趋势。

大中城市和小城镇儿童对正义的关注情况表现出显著差异（|AR|>2.58），小城镇儿童人数比例高于大中城市儿童，人数比例基本上在大中城市、小城镇和乡村之间呈倒V形趋势。

大中城市和小城镇儿童对不影响他人的关注情况表现出显著差异（$|AR|>2.58$），小城镇儿童人数比例低于大中城市儿童，人数比例基本上在大中城市、小城镇和乡村之间呈V形趋势。

大中城市和小城镇儿童对按规则办事的关注情况表现出比较显著的差异（$1.96<|AR|\leqslant 2.58$），前者人数比例高于后者，人数比例基本上在大中城市、小城镇和乡村之间呈V形趋势。

乡村儿童与大中城市儿童相比，对正义的关注情况不存在显著差异（$|AR|\leqslant 1.96$）。

乡村儿童与大中城市儿童相比，对按规则办事的关注情况不存在显著差异（$|AR|\leqslant 1.96$）。

乡村儿童与大中城市、小城镇儿童相比，对不影响他人的关注情况不存在显著差异（$|AR|\leqslant 1.96$）。

(4) 生活满意度差异。

经差异检验发现，本省不同生活满意度儿童对公共道德的关注，总体上存在非常显著的差异（卡方值=142.202，$P\leqslant 0.01$）。

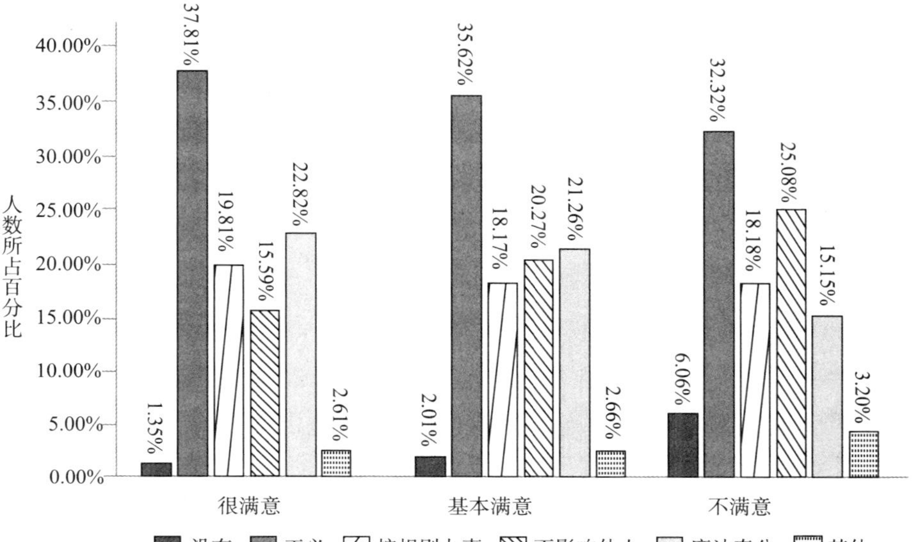

图1-34 公共道德与儿童生活满意度分布图

不同生活满意度儿童各选项百分比如图 1－34 所示，经进一步统计分析发现：

不同生活满意度儿童对不影响他人的关注情况表现出显著差异（$|AR|>2.58$），人数比例基本上随着生活满意程度的下降而呈现逐渐增长的趋势。

对生活很满意和对生活不满意的儿童对正义和廉洁奉公的关注情况表现出显著差异（$|AR|>2.58$），在这两个选项下，对生活很满意的儿童人数比例均高于对生活不满意的儿童，人数比例基本上随着生活满意程度的下降而呈现逐渐下降的趋势。

对生活很满意的儿童与对生活基本满意的儿童对按规则办事的关注情况表现出比较显著的差异（$1.96<|AR|\leqslant 2.58$），前者人数比例高于后者，人数比例基本上随着生活满意程度的下降而呈 V 形趋势。

对生活基本满意的儿童对正义和廉洁奉公的关注程度与对生活很满意和对生活不满意的儿童相比，均不存在显著差异（$|AR|\leqslant 1.96$）。

对生活不满意的儿童对按规则办事的关注程度与对生活很满意的儿童和对生活基本满意的儿童相比，均不存在显著差异（$|AR|\leqslant 1.96$）。

（5）家庭生活方式差异。

经差异检验发现，本省不同家庭生活方式儿童对公共道德的关注，总体上不存在非常显著的差异（卡方值＝36.935，$P=0.12>0.05$）。

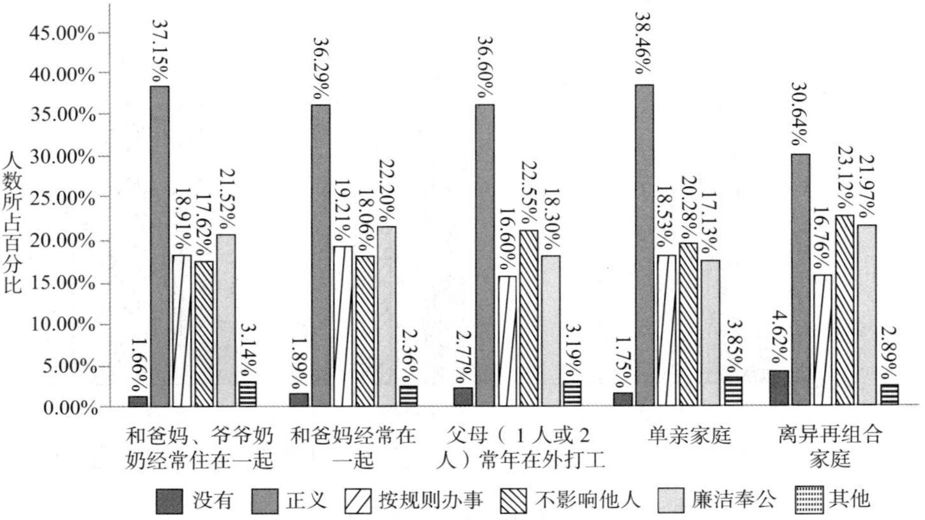

图 1－35　公共道德与儿童家庭生活方式分布图

不同家庭生活方式儿童各选项百分比如图 1-35 所示，经进一步统计分析发现：

不同家庭生活方式儿童之间对正义、按规则办事、不影响他人、廉洁奉公的关注情况均不存在显著差异（$|AR| \leqslant 1.96$）。

1.4 个人修养

97%以上的儿童都有自己看重的个人修养方面的价值观。看重勤奋的人数比例最高，占 34.20%，看重大度的儿童占 25.36%，看重自省的儿童占 21.38%，看重节制的儿童占 10.41%。（见图 1-36）

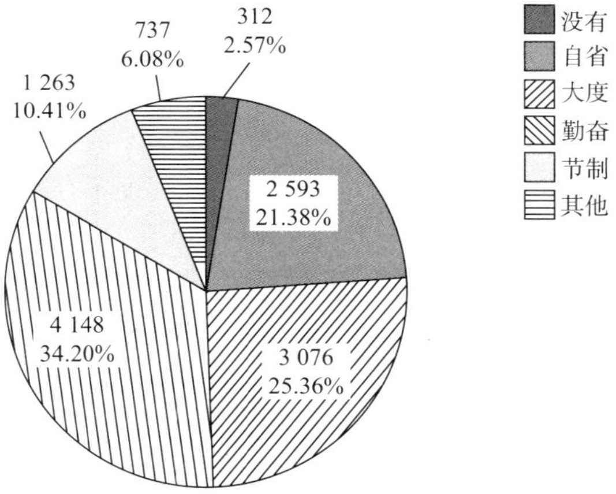

图 1-36 个人修养与儿童人数百分比分布图

(1) 年段差异。

经差异检验发现，本省不同年段儿童对个人修养的关注，总体上存在非常显著的差异（卡方值=641.866，$P \leqslant 0.01$）。

不同年段儿童各选项百分比如图 1-37 所示，经进一步统计分析发现：

小学生、初中生、高中生对自省的关注情况表现出显著差异（$|AR| > 2.58$），人数比例基本上随年段的增长呈上升趋势。

小学生和高中生对勤奋的关注情况表现出显著差异（$|AR| > 2.58$），人数比例基本上随年段的增长呈下降趋势。

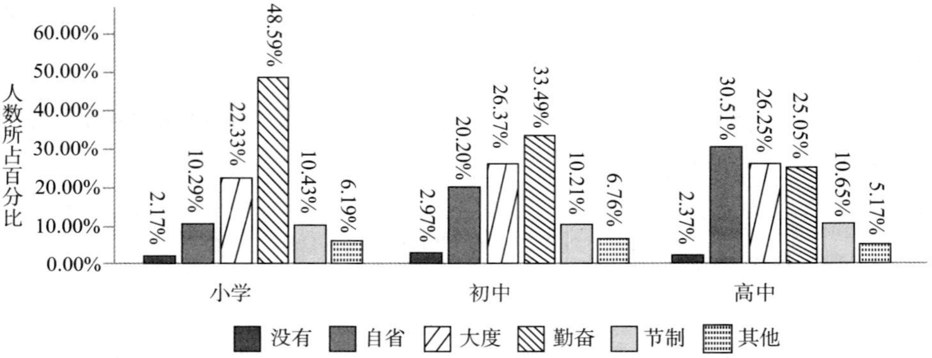

图 1－37　个人修养与儿童年段分布图

小学生和初中生对大度的关注情况表现出比较显著的差异（$1.96<|AR|\leqslant 2.58$），人数比例基本上随年段的增长呈倒V形趋势。

高中生与小学生和初中生相比，对大度的关注程度不存在显著差异（$|AR|\leqslant 1.96$）。

初中生与小学生和高中生相比，对勤奋的关注程度不存在显著差异（$|AR|\leqslant 1.96$）。

不同年段儿童对节制的关注程度不存在显著差异（$|AR|\leqslant 1.96$）。

从个人修养与儿童年级变化趋势图可以看出，小学四年级至初三年级儿童看重勤奋的人数比例偏高，高一至高三年级看重自省的人数比例偏高。随着儿童年龄的增长，看重勤奋的人数比例逐渐减少，看重自省的人数比例逐渐增加。看重大度的人数比例整体上有所上升，看重节制的人数比例变化不明显。（见图 1－38）

（2）性别差异。

经差异检验发现，本省不同性别儿童对个人修养的关注，总体上存在非常显著的差异（卡方值$=24.849$，$P\leqslant 0.01$）。

不同性别儿童各选项百分比如图 1－39 所示，经进一步统计分析发现：

男女生对自省和节制的关注情况表现出显著差异（$|AR|>2.58$）。

不同性别儿童之间对大度和勤奋的关注程度均不存在显著差异（$|AR|\leqslant 1.96$）。

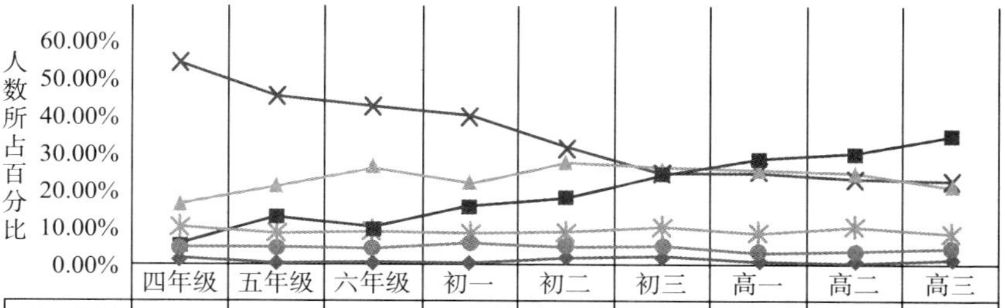

	四年级	五年级	六年级	初一	初二	初三	高一	高二	高三
没有	3.29%	2.37%	1.68%	1.78%	3.50%	3.75%	2.43%	2.27%	2.72%
自省	6.59%	13.66%	11.11%	15.84%	19.29%	25.81%	29.36%	31.22%	35.87%
大度	17.97%	22.48%	27.38%	23.39%	28.70%	26.84%	27.22%	25.55%	22.83%
勤奋	54.84%	46.64%	43.21%	40.92%	32.30%	25.66%	26.05%	24.16%	23.37%
节制	11.01%	9.77%	10.44%	9.25%	10.03%	11.69%	9.83%	11.64%	9.24%
其他	6.30%	6.09%	6.17%	7.82%	6.17%	6.25%	5.11%	5.15%	5.98%

没有 自省 大度 勤奋 节制 其他

图 1 - 38 个人修养与儿童年级变化趋势图

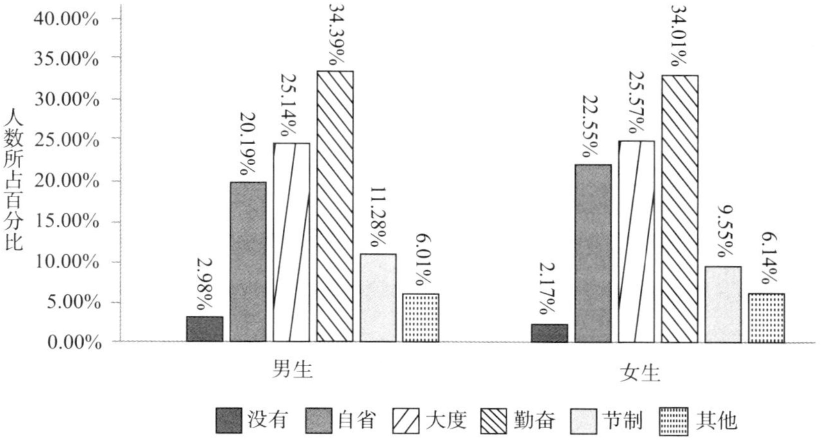

图 1 - 39 个人修养与儿童性别分布图

(3) 城乡差异。

经差异检验发现，本省城乡儿童对个人修养的关注，总体上存在非常显著的差异（卡方值＝36.330，$P\leqslant 0.01$）。

城乡儿童各选项百分比如图 1 - 40 所示，经进一步统计分析发现：

大中城市和小城镇儿童对勤奋的关注情况表现出显著差异（$|AR|>2.58$），小城镇儿童人数比例高于大中城市儿童，人数比例基本上在大中城市、小城镇和乡村之间呈倒 V 形趋势。

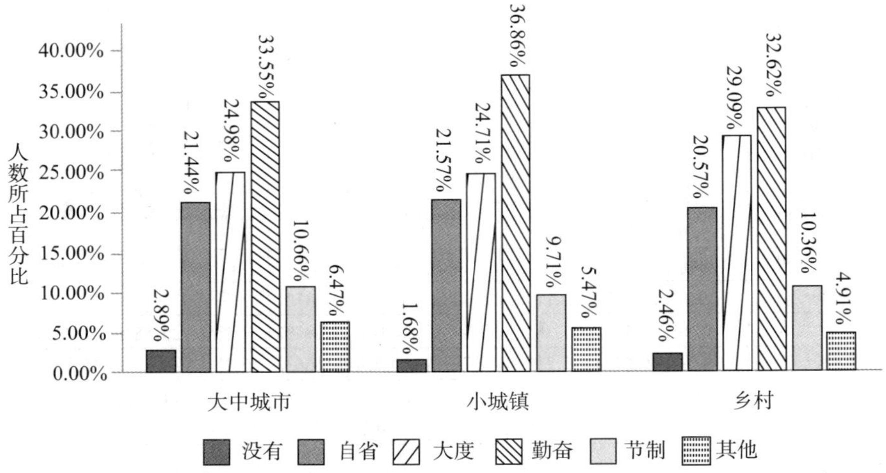

图1-40　个人修养与儿童城乡分布图

乡村儿童与大中城市儿童相比，对勤奋的关注程度不存在显著差异（$|AR| \leqslant 1.96$）。

大中城市、小城镇、乡村儿童之间对自省、大度和节制的关注程度均不存在显著差异（$|AR| \leqslant 1.96$）。

（4）生活满意度差异。

经差异检验发现，本省不同生活满意度儿童对个人修养的关注，总体上存在非常显著的差异（卡方值=219.690，$P \leqslant 0.01$）。

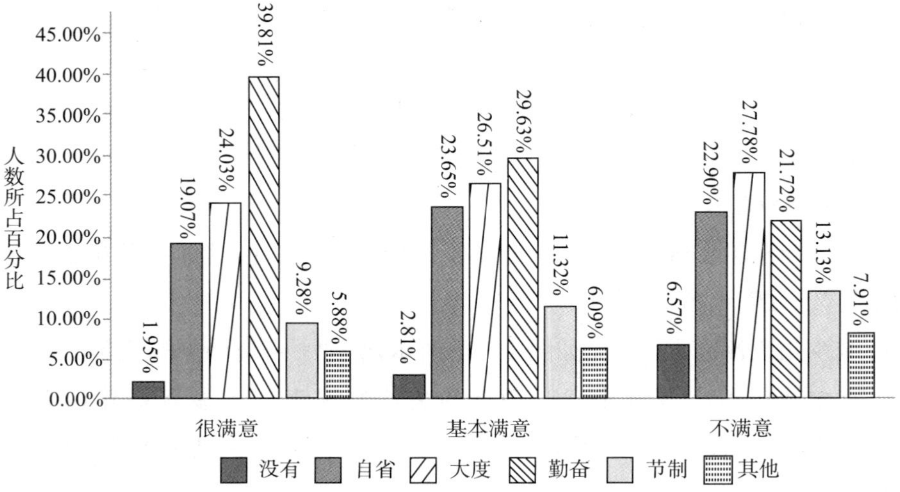

图1-41　个人修养与儿童生活满意度分布图

不同生活满意度儿童各选项百分比如图 1－41 所示，经进一步统计分析发现：

不同生活满意度儿童对勤奋的关注情况表现出显著差异（$|AR|>2.58$），对生活很满意的儿童人数比例高于对生活基本满意、对生活不满意的儿童，人数比例基本上随着生活满意程度的下降而呈现逐渐下降的趋势。

对生活很满意和对生活基本满意的儿童对自省、大度的关注情况表现出显著差异（$|AR|>2.58$）。对生活基本满意的儿童对自省的关注程度高于对生活很满意的儿童，人数比例基本上随着生活满意程度的下降而呈倒 V 形趋势。对生活基本满意的儿童对大度的关注程度高于对生活很满意的儿童，人数比例基本上随着生活满意程度的下降而呈逐渐上升的趋势。

不同生活满意度儿童对节制的关注程度不存在显著差异（$|AR|\leqslant 1.96$）。

对生活不满意的儿童与对生活很满意、对生活基本满意的儿童相比，对自省和大度的关注程度不存在显著差异（$|AR|\leqslant 1.96$）。

（5）家庭生活方式差异。

经差异检验发现，本省不同家庭生活方式儿童对个人修养的关注，总体上存在非常显著的差异（卡方值＝76.296，$P\leqslant 0.01$）。

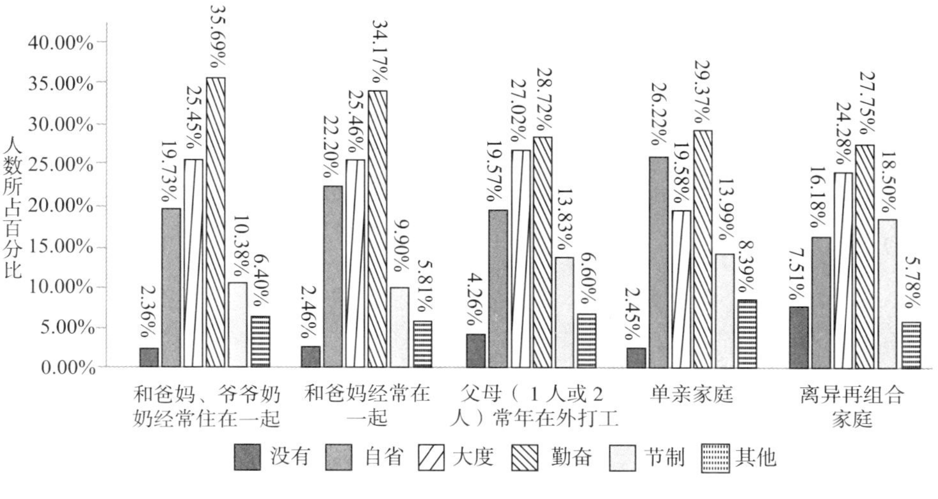

图 1－42 个人修养与儿童家庭生活方式分布图

不同家庭生活方式儿童各选项百分比如图1－42所示，经进一步统计分析发现：

部分不同家庭生活方式儿童对自省和节制的关注情况表现出显著差异（$|AR|>2.58$）。“和爸妈经常在一起”的儿童对自省的关注程度高于“和爸妈、爷爷奶奶经常住在一起”的儿童，且差异非常显著（$|AR|>2.58$）；“离异再组合家庭”的儿童对节制的关注程度高于“和爸妈经常在一起”、“父母（1人或2人）常年在外打工”、“单亲家庭”儿童，且差异非常显著（$|AR|>2.58$）。

部分不同家庭生活方式儿童对自省、勤奋、节制的关注情况表现出比较显著的差异（$1.96<|AR|\leqslant 2.58$）。“单亲家庭”与“和爸妈、爷爷奶奶经常住在一起”、“和爸妈经常在一起”的儿童相比，对自省的关注程度存在比较显著的差异（$1.96<|AR|\leqslant 2.58$），前者人数比例高于后两者；“和爸妈、爷爷奶奶经常住在一起”的儿童与“父母（1人或2人）常年在外打工”的儿童相比，对勤奋的关注程度存在比较显著的差异（$1.96<|AR|\leqslant 2.58$），前者人数比例高于后者；“父母（1人或2人）常年在外打工”的儿童与“和爸妈经常在一起”的儿童相比，对节制的关注程度存在比较显著的差异（$1.96<|AR|\leqslant 2.58$），前者人数比例高于后者。

“和爸妈经常在一起”、“单亲家庭”、“离异再组合家庭”的儿童与其他家庭生活方式儿童相比，对勤奋的关注情况不存在显著差异（$|AR|\leqslant 1.96$）。

“和爸妈、爷爷奶奶经常住在一起”和“离异再组合家庭”的儿童与其他家庭生活方式儿童相比，对节制的关注情况不存在显著差异（$|AR|\leqslant 1.96$）。

不同家庭生活方式儿童之间对大度的关注情况均不存在显著差异（$|AR|\leqslant 1.96$）。

2 河北省儿童道德情感发展状况

河北省儿童道德情感发展状况主要涉及爱国情感、关爱情感、集体责任感、自尊感、羞耻感等方面的发展。统计分析显示,河北省儿童在这些具体的道德情感发展方面整体表现良好。

2.1 爱国情感

统计发现,河北省中小学儿童普遍具有爱国情感。89.30%的儿童因中国运动员在国际比赛中获得冠军而激动和骄傲,其中37.62%的儿童十分激动,觉得中国人是好样的;51.68%的儿童认为这个运动员为国争光,表示很敬佩;同时,有2.43%的儿童认为中国运动员在国际比赛中获得冠军与自己没有什么关系;还有8.27%的儿童仅仅认为中国运动员很厉害。河北省儿童的爱国情感表现不尽相同,整体发展良好。(见图2-1)

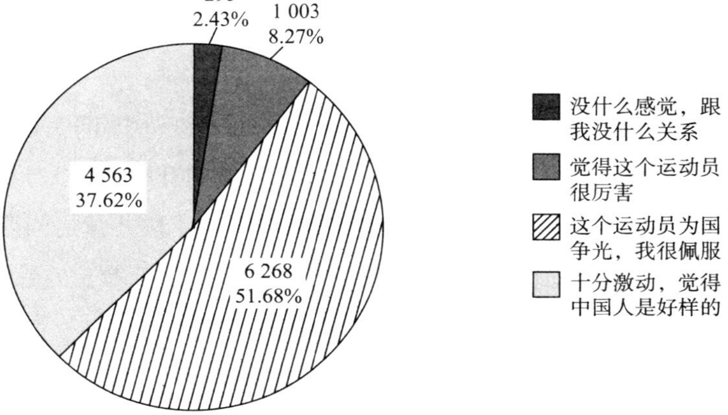

图2-1 爱国情感与儿童人数百分比分布图

(1) 年段差异。

经差异检验发现，本省不同年段的儿童在爱国情感上，总体存在非常显著的差异（卡方值=211.923，$P \leqslant 0.01$）。

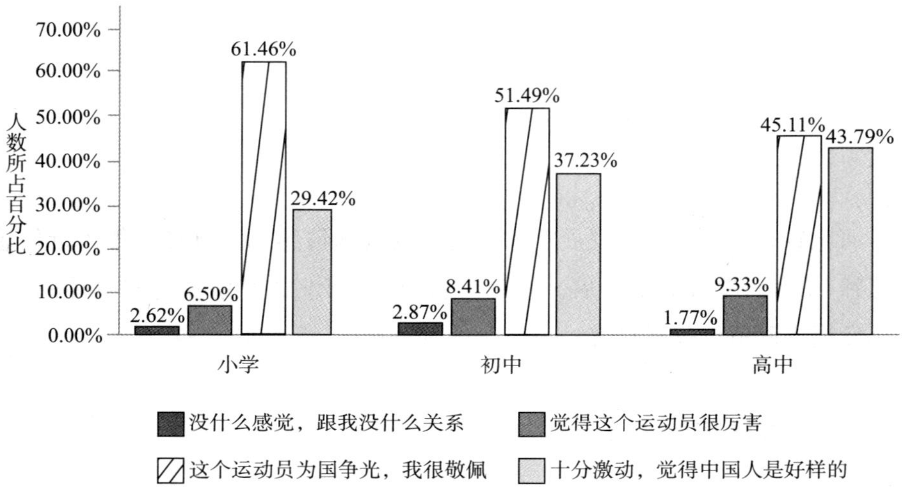

图 2-2　爱国情感与儿童年段分布图

不同年段儿童各选项百分比如图 2-2 所示，进一步统计分析发现：

在“十分激动，觉得中国人是好样的”选项上，小学、初中、高中三个年段的儿童之间表现出显著差异（$|AR|>2.58$），人数比例基本上随着年段的升高呈逐渐增长的趋势。

在“这个运动员为国争光，我很敬佩”选项上，小学和高中年段儿童之间差异非常显著（$|AR|>2.58$），人数比例基本上随着年段的升高呈逐渐下降的趋势。

在“没什么感觉，跟我没什么关系”选项上，初中和高中年段儿童之间差异非常显著（$|AR|>2.58$），人数比例基本上随着年段的升高呈倒 V 形趋势。

在“觉得这个运动员很厉害”选项上，小学和高中年段儿童之间差异非常显著（$|AR|>2.58$），人数比例基本上随着年段的升高呈逐渐增长的趋势。

在“这个运动员为国争光，我很敬佩”、“觉得这个运动员很厉害”选项上，初中生与小学生、高中生相比，差异不显著（$|AR| \leqslant 1.96$）。

在“没什么感觉，跟我没什么关系”选项上，小学生与初中生、高中生相比，差异不显著（$|AR| \leqslant 1.96$）。

经差异检验发现，本省不同年级的儿童在爱国情感上，总体存在非常显著的差异（卡方值=320.927，$P \leqslant 0.01$）。

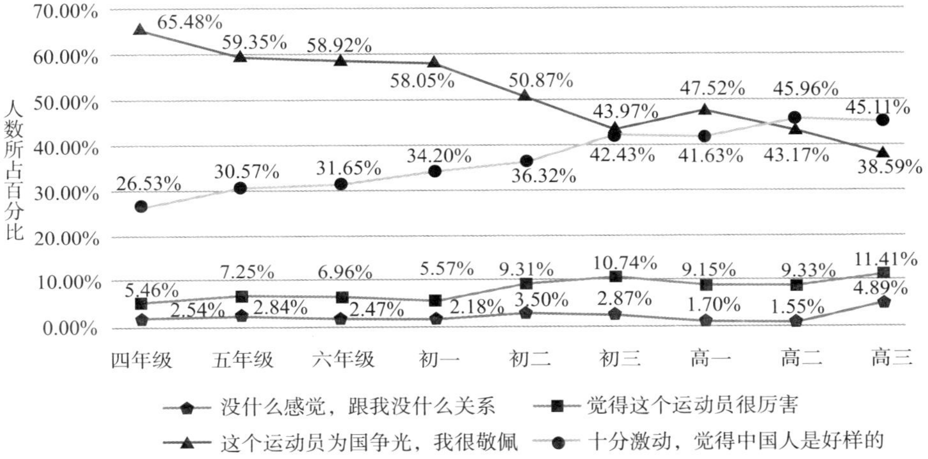

图 2-3 爱国情感与儿童年级变化趋势图

不同年级儿童各选项百分比如图 2-3 所示，经进一步统计分析发现：

当中国运动员在国际比赛中获得冠军时，河北省儿童选择“十分激动，觉得中国人是好样的”的比例随着年级的增加呈上升趋势，其中高二年级的比例最高（45.96%），四年级的比例最低（26.53%），且高二和四年级儿童之间差异非常显著（$|AR|>2.58$）。认为“这个运动员为国争光，我很敬佩”的比例，随着年级的升高呈下降的趋势，其中四年级最高（65.48%），高三年级最低（38.59%），且两者之间差异非常显著（$|AR|>2.58$）。年级越低越倾向于将他人的荣誉行为归结于敬佩并因此激励自己；年级越高，越倾向于由他人的荣誉行为引发爱国热情。在九个年级中选择“没什么感觉，跟我没什么关系”的儿童中，高三的比例最高（4.89%），高二的比例最低（1.55%）。从“觉得这个运动员很厉害”的角度分析，除小学年段外，随着年级的升高，比例逐渐升高。

（2）性别差异。

经差异检验发现，本省不同性别的儿童在爱国情感上总体存在非常显著的差异（卡方值＝62.370，$P \leqslant 0.01$）。

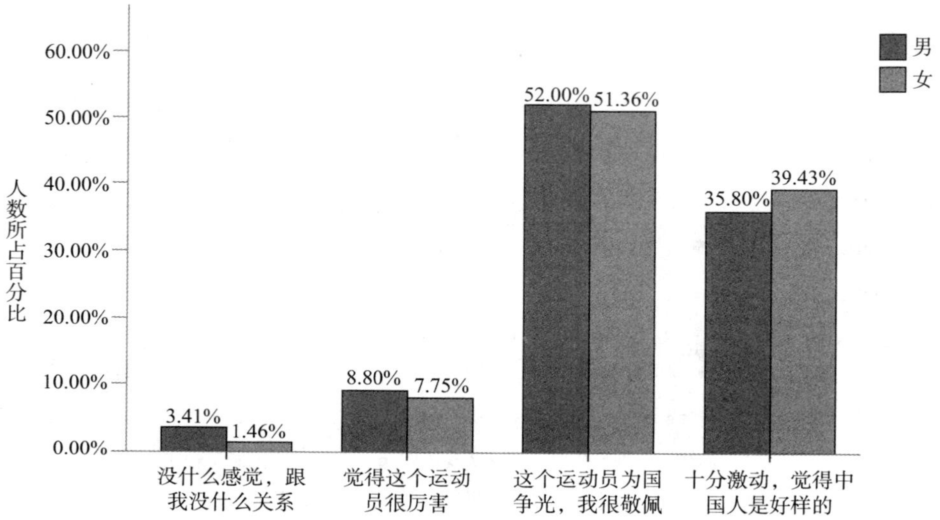

图2－4　爱国情感与儿童性别分布图

不同性别的儿童各选项百分比如图2－4所示，进一步统计分析发现：

男生和女生在“没什么感觉，跟我没什么关系”、“十分激动，觉得中国人是好样的”选项上，差异均非常显著（$|AR|>2.58$）。

男生和女生在“觉得这个运动员很厉害”选项上，存在比较显著的差异（$1.96<|AR|\leqslant 2.58$）。

在“这个运动员为国争光，我很敬佩”选项上，男女生之间差异不显著（$|AR|\leqslant 1.96$）。

（3）生活满意度差异。

经差异检验发现，本省不同生活满意度的儿童在爱国情感上总体存在非常显著的差异（卡方值＝351.930，$P \leqslant 0.01$）。

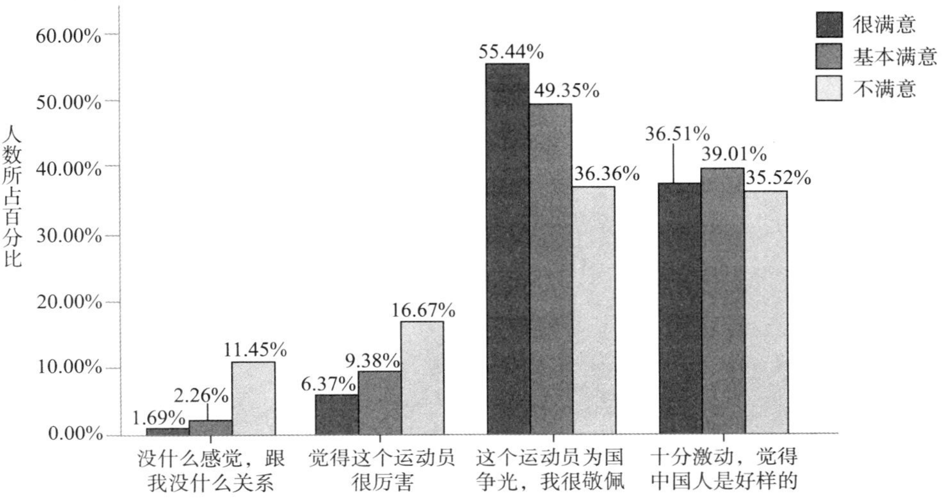

图 2－5　爱国情感与儿童生活满意度分布图

不同生活满意度的儿童各选项百分比如图 2－5 所示，经进一步统计分析发现：

在“觉得这个运动员很厉害”选项上，不同生活满意度的儿童之间差异非常显著（$|AR|>2.58$），人数比例基本上随着生活满意度的下降呈上升趋势。在“这个运动员为国争光，我很敬佩”选项上，不同生活满意度的儿童之间差异非常显著（$|AR|>2.58$），人数比例基本上随着生活满意度的下降呈下降趋势。

在“没什么感觉，跟我没什么关系”选项上，对生活很满意的儿童和对生活不满意的儿童之间差异非常显著（$|AR|>2.58$），人数比例基本上随着生活满意度的下降呈上升趋势。

在“十分激动，觉得中国人是好样的”选项上，对生活很满意的儿童和对生活基本满意的儿童之间差异非常显著（$|AR|>2.58$），人数比例基本上随着生活满意度的下降呈倒 V 形趋势。

在“没什么感觉，跟我没什么关系”选项上，对生活基本满意的儿童与对生活很满意的儿童、对生活不满意的儿童相比，不存在显著差异（$|AR|\leqslant 1.96$）。

在“十分激动，觉得中国人是好样的”选项上，对生活不满意的儿童与对生活很满意的儿童相比，不存在显著差异（$|AR|\leqslant 1.96$）。

（4）城乡差异。

经差异检验发现，本省城乡儿童在爱国情感上总体差异非常显著（卡方值=43.522，$P \leqslant 0.01$）。

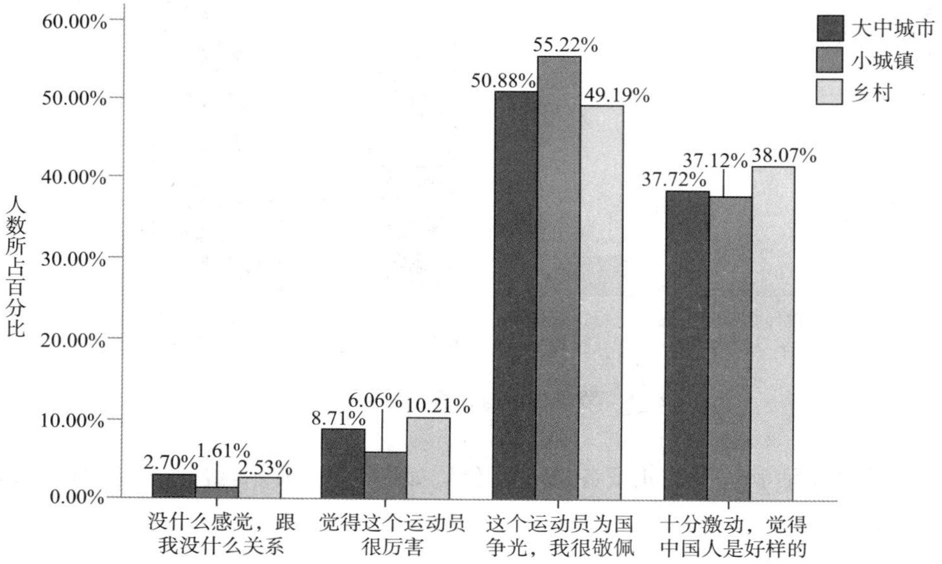

图2-6　爱国情感与儿童城乡分布图

城乡儿童各选项百分比如图2-6所示，经进一步统计分析发现：

在"觉得这个运动员很厉害"、"这个运动员为国争光，我很敬佩"选项上，小城镇和乡村儿童之间差异非常显著（$|AR|>2.58$）。在"觉得这个运动员很厉害"选项上，乡村儿童的占比最高，人数比例基本上在大中城市、小城镇、乡村上呈V形趋势；在"这个运动员为国争光，我很敬佩"选项上，小城镇儿童的占比最高，人数比例基本上在大中城市、小城镇、乡村上呈倒V形趋势。

在"没什么感觉，跟我没什么关系"选项上，大中城市和小城镇儿童之间差异非常显著（$|AR|>2.58$），人数比例基本上在大中城市、小城镇、乡村上呈V形趋势。

在"觉得这个运动员很厉害"、"这个运动员为国争光，我很敬佩"选项上，大中城市儿童与小城镇儿童、乡村儿童相比，不存在显著差异（$|AR| \leqslant 1.96$）。

在“没什么感觉，跟我没什么关系”选项上，乡村儿童与大中城市儿童、小城镇儿童相比，不存在显著差异（$|AR|\leqslant 1.96$）。

在“十分激动，觉得中国人是好样的”选项上，城乡儿童之间不存在显著差异（$|AR|\leqslant 1.96$）。

（5）家庭生活方式差异。

经差异检验发现，本省不同家庭生活方式的儿童在爱国情感上总体存在非常显著的差异（卡方值$=77.235$，$P\leqslant 0.01$）。

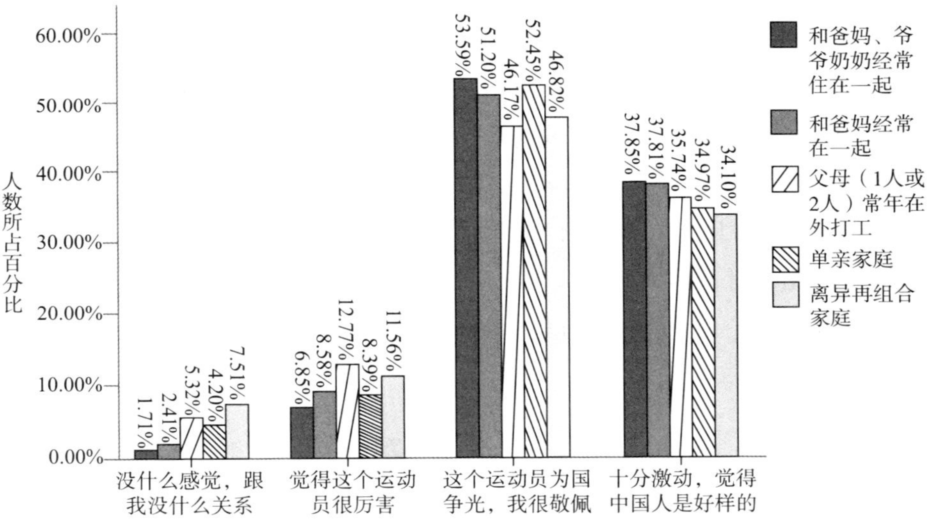

图 2-7　爱国情感与儿童家庭生活方式分布图

不同家庭生活方式的儿童各选项百分比如图 2-7 所示，经进一步统计分析发现：

在“没什么感觉，跟我没什么关系”选项上，“和爸妈、爷爷奶奶经常住在一起”、“父母（1 人或 2 人）常年在外打工”、“离异再组合家庭”的儿童之间差异非常显著（$|AR|>2.58$）。

在“觉得这个运动员很厉害”选项上，“和爸妈、爷爷奶奶经常住在一起”、“父母（1 人或 2 人）常年在外打工”、“单亲家庭”的儿童之间差异非常显著（$|AR|>2.58$）。

在“没什么感觉，跟我没什么关系”选项上，“和爸妈经常在一起”和“单亲家庭”的儿童与其他家庭生活方式的儿童相比，不存在显著差异（$|AR|\leqslant 1.96$）。

在“觉得这个运动员很厉害”选项上，“和爸妈经常在一起”和“离异再组合家庭”的儿童与其他家庭生活方式的儿童相比，不存在显著差异（$|AR|\leqslant 1.96$）。

在“这个运动员为国争光，我很敬佩”、“十分激动，觉得中国人是好样的”选项上，不同家庭生活方式的儿童之间差异不显著（$|AR|\leqslant 1.96$）。

2.2 关爱情感

统计显示，河北省95.35%的儿童具有明显的关爱情感；2.60%的儿童当从新闻中知道山区孩子上不了学时，觉得无所谓，跟自己无关；还有2.05%的儿童不相信我国还有这样贫穷的地方。儿童表现关爱情感的方式不同，45.22%的儿童对贫困地区的孩子上不了学给予的关爱和同情是寄托在好心人身上，希望有好心人能帮助他们；另外50.13%的儿童想尽自己所能去帮助他们。（见图2-8）

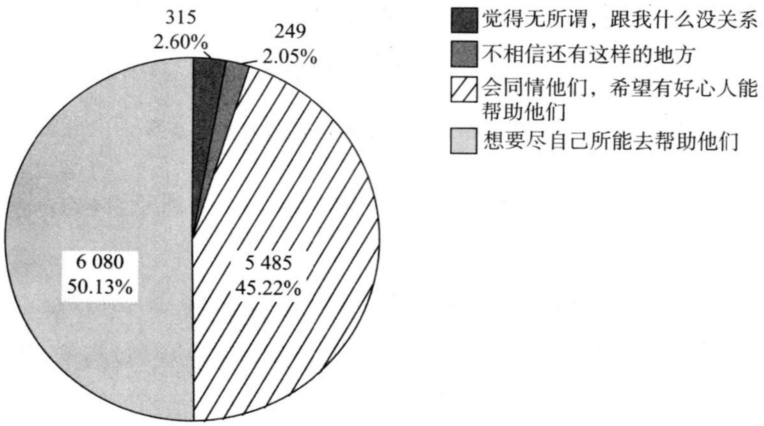

图2-8 关爱情感与儿童人数分布图

(1) 年段差异。

经差异检验发现，本省不同年段的儿童在关爱情感上总体存在非常显著的差异（卡方值=622.917，$P \leqslant 0.01$）。

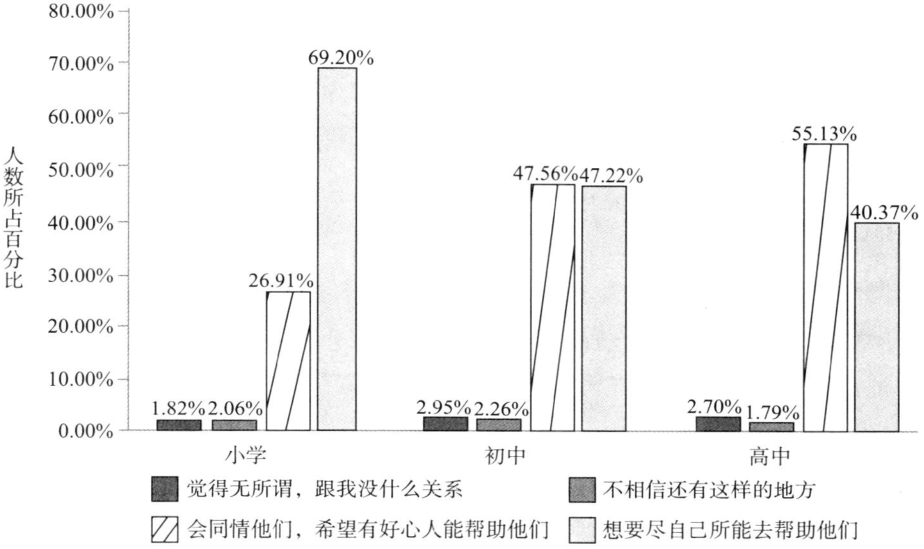

图 2-9 关爱情感与儿童年段分布图

不同年段的儿童各选项百分比如图 2-9 所示，经进一步统计分析发现：

在“想要尽自己所能去帮助他们”、“会同情他们，希望有好心人能帮助他们”选项上，小学生、初中生、高中生之间的差异非常显著（$|AR|>2.58$）。在“想要尽自己所能去帮助他们”选项上，人数比例基本上随着年段的升高呈逐渐下降的趋势；在“会同情他们，希望有好心人能帮助他们”选项上，人数比例基本上随着年段的升高呈逐渐上升的趋势。

在“觉得无所谓，跟我没什么关系”选项上，小学和初中学生间差异比较显著（$1.96<|AR|\leqslant 2.58$），人数比例基本上随着年段的升高呈倒 V 形趋势。

在“不相信还有这样的地方”选项上，不同年段学生间差异不显著（$|AR|\leqslant 1.96$）。

在“觉得无所谓，跟我没什么关系”选项上，高中生与小学、初中学生相比，不存在显著差异（$|AR|\leqslant 1.96$）。

经差异检验发现，本省不同年级的儿童在关爱情感上总体存在非常显著的差异（卡方值＝776.460，$P \leqslant 0.01$）。

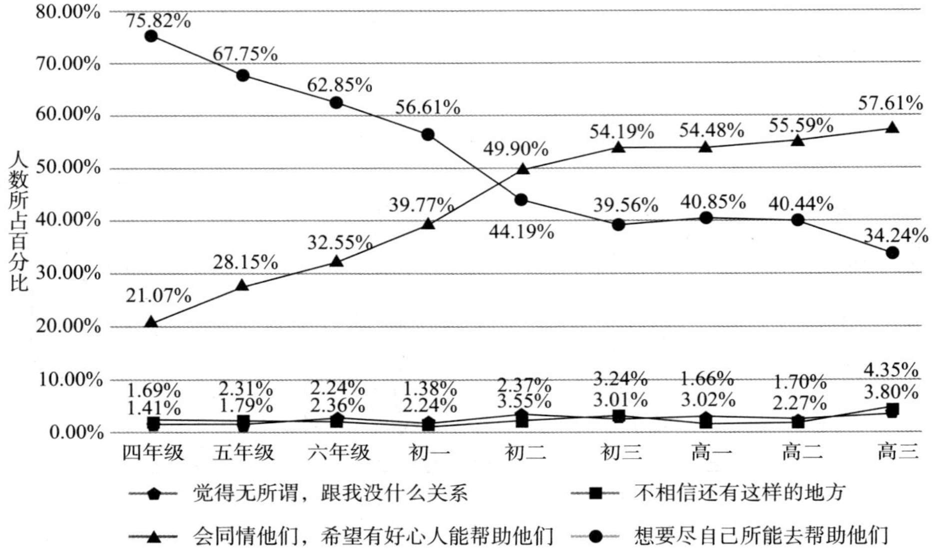

图 2-10　关爱情感与儿童年级变化趋势图

不同年级的儿童各选项百分比如图 2-10 所示，经进一步统计分析发现：

当从新闻中得知许多贫困地区的孩子上不了学时，各年级的儿童均具有良好的关爱情感，且随着年级的上升，儿童寄希望于好心人身上的比例呈上升的趋势，想要尽己所能去帮助贫困地区的孩子的比例整体呈波动下降的趋势。低年段儿童关爱他人的方式更倾向于尽己所能、切实地帮助他人，高年段儿童虽也有强烈的关爱意识，但更倾向于把救助他人的希望寄托在好心人身上（初二及其以上年级的儿童寄希望于好心人身上的比例均高于尽己所能帮助他人的比例）。从“觉得无所谓，跟我没什么关系”角度分析，随着年级的上升，整体呈波动上升的趋势，四年级比例低于高三。从“不相信还有这样地方”的角度分析，初一的比例最低，高三的比例最高。

（2）性别差异。

经差异检验发现，本省不同性别的儿童在关爱情感上总体存在非常显著的差异（卡方值＝150.953，$P \leqslant 0.01$）。

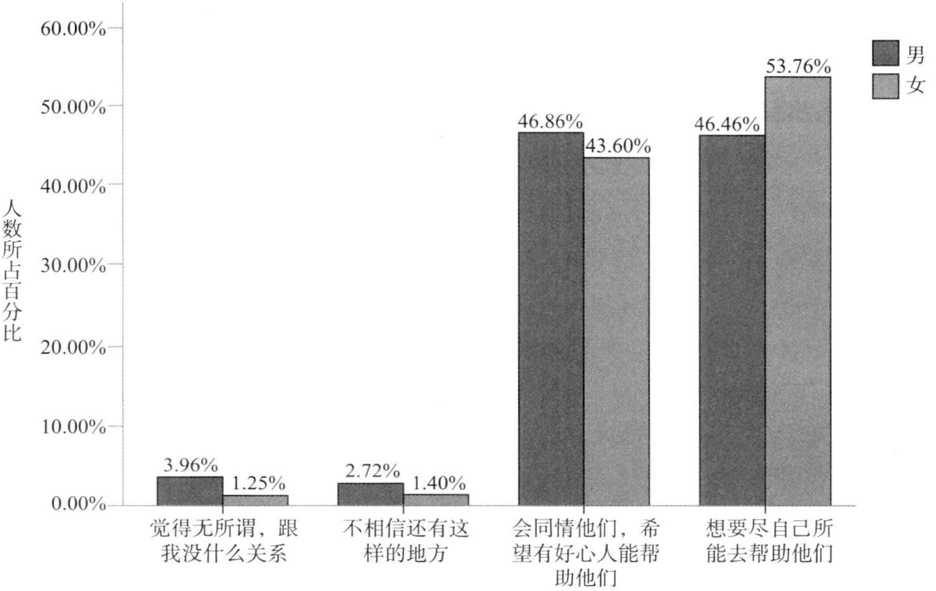

图 2－11　关爱情感与儿童性别分布图

不同性别的儿童各选项百分比如图 2－11 所示，经进一步统计分析发现：

在“觉得无所谓，跟我没什么关系”、“不相信还有这样的地方”、“会同情他们，希望有好心人能帮助他们”、“想要尽自己所能去帮助他们”选项上，男女生差异均非常显著（$|AR|>2.58$）。

（3）生活满意度差异。

经差异检验发现，本省不同生活满意度的儿童在关爱情感上总体存在非常显著的差异（卡方值＝758.996，$P\leqslant 0.01$）。

不同生活满意度的儿童各选项百分比如图 2－12 所示，经进一步统计分析发现：

在“会同情他们，希望有好心人能帮助他们”、“想要尽自己所能去帮助他们”选项上，不同生活满意度的儿童间存在非常显著的差异（$|AR|>2.58$）。在“会同情他们，希望有好心人能帮助他们”选项上，人数比例基本上随着生活满意度的下降呈上升趋势；在“想要尽自己所能去帮助他们”选项上，人数比例基本上随着生活满意度的下降呈下降趋势。

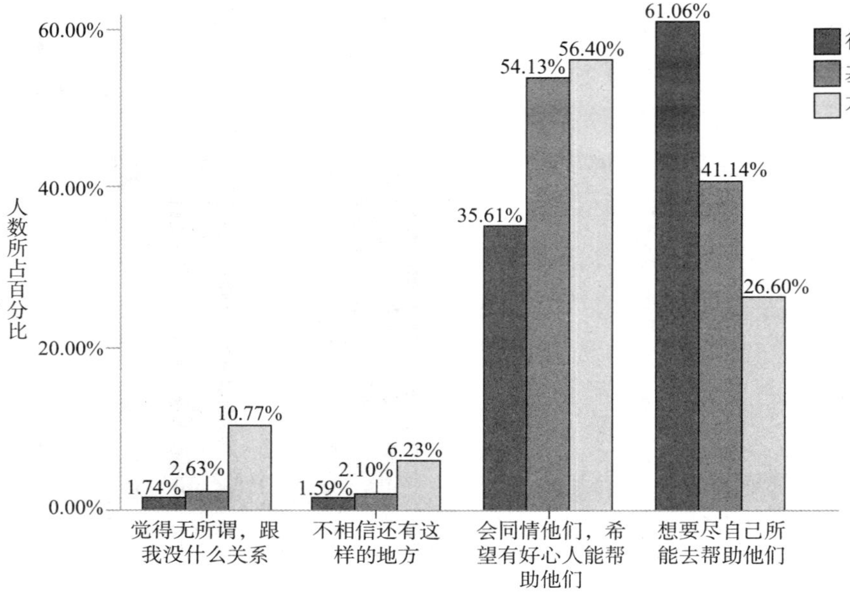

图 2－12　关爱情感与儿童生活满意度分布图

在“觉得无所谓，跟我没什么关系”、“不相信还有这样的地方”选项上，对生活很满意的儿童和对生活不满意的儿童之间差异非常显著（$|AR|>2.58$）。在“觉得无所谓，跟我没什么关系”选项上，人数比例基本上随着生活满意度的下降呈上升趋势；在“不相信还有这样的地方”选项上，人数比例基本上随着生活满意度的下降呈上升趋势。

在“觉得无所谓，跟我没什么关系”、“不相信还有这样的地方”选项上，对生活基本满意的儿童与对生活很满意的儿童、对生活不满意的儿童相比，不存在显著差异（$|AR|\leqslant 1.96$）。

（4）城乡差异。

经差异检验发现，本省城乡儿童在关爱情感上总体差异非常显著（卡方值＝171.994，$P\leqslant 0.01$）。

城乡儿童各选项百分比如图 2－13 所示，经进一步统计分析发现：

在“会同情他们，希望有好心人能帮助他们”、“想要尽自己所能去帮助他们”选项上，城乡儿童间存在非常显著的差异（$|AR|>2.58$）。在“会同情他们，

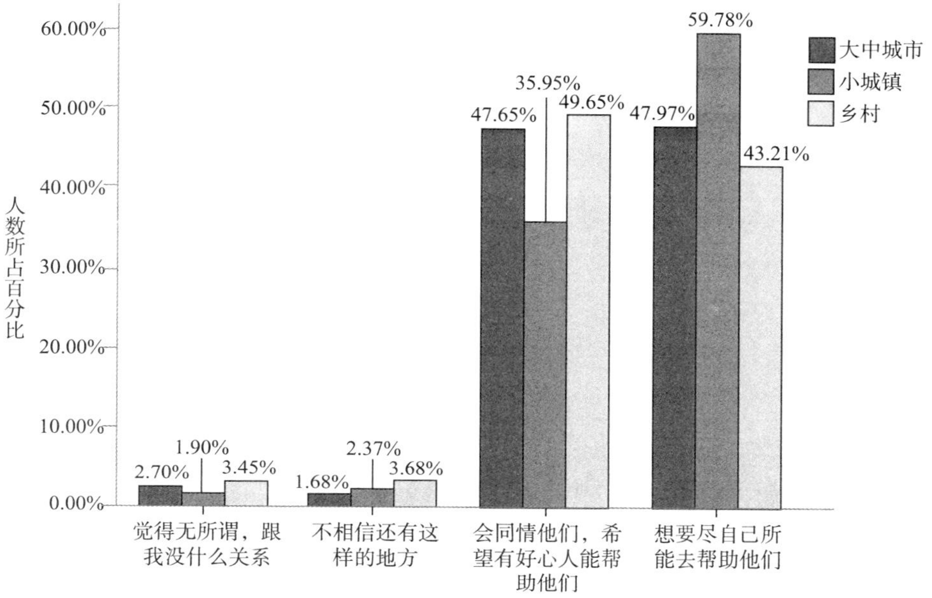

图 2－13　关爱情感与儿童城乡分布图

希望有好心人能帮助他们”选项上，基本上在大中城市、小城镇、乡村上呈 V 形趋势；在“想要尽自己所能去帮助他们”选项上，人数比例基本上在大中城市、小城镇、乡村上呈倒 V 形趋势。

在“不相信还有这样的地方”选项上，大中城市和乡村儿童之间的差异非常显著($|AR|>2.58$)，人数比例基本上在大中城市、小城镇、乡村上呈逐渐上升趋势。

在“不相信还有这样的地方”选项上，小城镇儿童与大中城市、乡村儿童相比，不存在显著差异($|AR|\leqslant 1.96$)。

在“觉得无所谓，跟我没什么关系”选项上，城乡儿童间不存在显著差异($|AR|\leqslant 1.96$)。

(5) 家庭生活方式差异。

经差异检验发现，本省不同家庭生活方式的儿童在关爱情感上总体存在非常显著的差异(卡方值$=110.585$，$P\leqslant 0.01$)。

不同家庭生活方式的儿童各选项百分比如图 2－14 所示，经进一步统计分析发现：

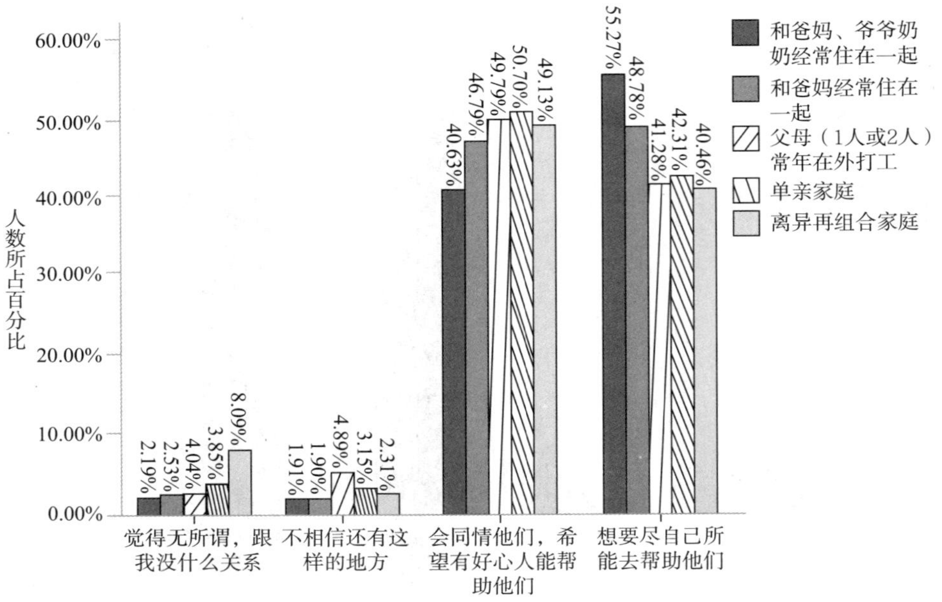

图 2-14　关爱情感与儿童家庭生活方式分布图

在“想要尽自己所能去帮助他们”选项上，不同家庭生活方式的儿童间差异非常显著（$|AR|>2.58$），人数比例基本上在“和爸妈、爷爷奶奶经常住在一起”、“和爸妈经常在一起”、“单亲家庭”、“父母（1人或2人）常年在外打工”、“离异再组合家庭”上呈逐渐下降的趋势。

在“觉得无所谓，跟我没什么关系”、“不相信还有这样的地方”、“会同情他们，希望有好心人能帮助他们”选项上，不同家庭生活方式的儿童间不存在显著差异（$|AR|\leqslant 1.96$）。

2.3　集体责任感

统计显示，88.91%的河北省儿童表现出明显的集体责任感，39.40%的河北省儿童通过管好自己表率他人，49.51%的河北省儿童选择说服全班同学共同维护班集体的卫生，承担起作为班集体一份子的责任。但仍有2.55%的河北省儿童认为教室卫生不好无所谓，自己会随着大家一起乱扔垃圾，另外8.54%

的河北省儿童看到教室卫生不好时，虽然不开心，但不会去管。（见图2－15）

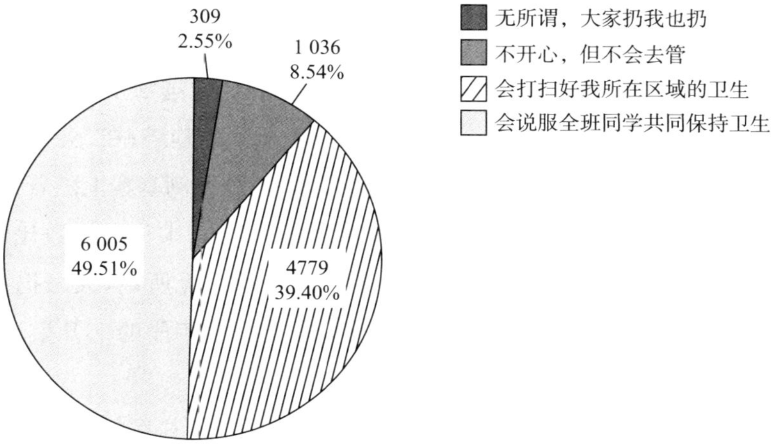

图2－15　集体责任感与儿童人数百分比分布图

（1）年段差异。

经差异检验发现，本省不同年段的儿童在集体责任感上总体存在非常显著的差异（卡方值＝561.681，$P\leqslant0.01$）。

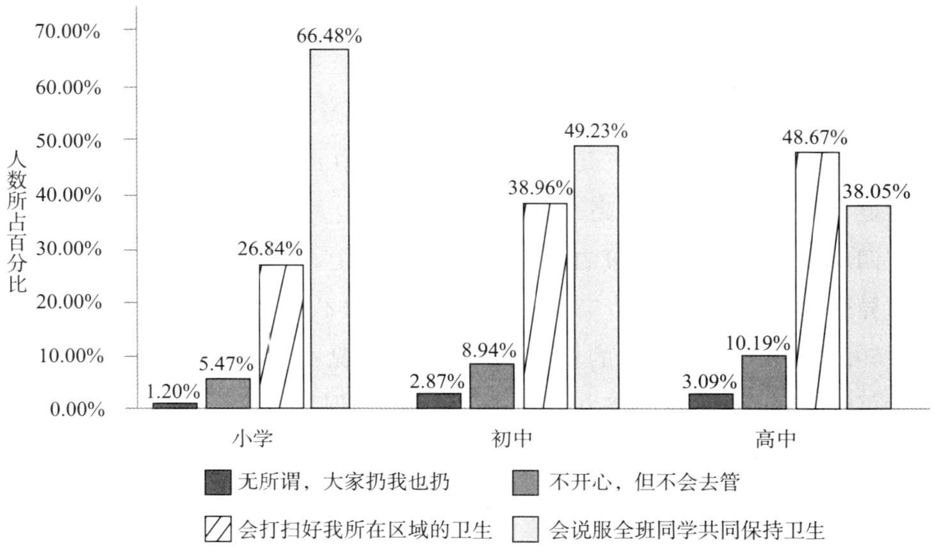

图2－16　集体责任感与儿童年段分布图

不同年段的儿童各选项百分比如图2-16所示，经进一步统计分析发现：

在“会说服全班同学共同保持卫生”、“会打扫好我所在区域的卫生”、“不开心，但不会去管”、“无所谓，大家扔我也扔”选项上，小学和高中年段差异非常显著（$|AR|>2.58$）。在“会说服全班同学共同保持卫生”选项上，小学年段人数比例最高，人数比例基本上随着年段的上升呈逐渐下降趋势；在“会打扫好我所在区域的卫生”选项上，高中年段人数比例最高，人数比例基本上随着年段的上升呈逐渐上升趋势；在“不开心，但不会去管”选项上，高中年段人数比例最高，人数比例基本上随着年段的上升呈逐渐上升趋势；在“无所谓，大家扔我也扔”选项上，高中年段人数比例最高，人数比例基本上随着年段的上升呈逐渐上升趋势。

在“会说服全班同学共同保持卫生”、“会打扫好我所在区域的卫生”、“不开心，但不会去管”、“无所谓，大家扔我也扔”选项上，初中生与小学生、高中生相比不存在显著差异（$|AR|\leqslant 1.96$）。

经差异检验发现，本省不同年级的儿童在集体责任感上总体存在非常显著的差异（卡方值＝823.540，$P\leqslant 0.01$）。

不同年级的儿童各选项百分比如图2-17所示，经进一步统计分析发现：

在维持班集体卫生的行动方面，低年级儿童比高年级儿童更加积极主动，集体责任感表现得更为突出。随着年级的升高，选择“会说服全班同学共同保持卫生”的比例呈波动下降的趋势，其中四年级儿童选择“会说服全班同学共同保持卫生”的比例最高，高三儿童的比例最低，且在此选项上，各年级之间差异非常显著（$|AR|>2.58$）。高三儿童选择“无所谓，大家扔我也扔”的比例最高，高于四年级儿童和其他年级的儿童，且在此选项上，四年级儿童和高三儿童之间差异非常显著（$|AR|>2.58$）。高三儿童选择“不开心，但不会去管”的比例（13.59%）也高于其他年级的儿童。教室卫生情况不太好的情况下，低年级的儿童更倾向于通过自己的努力说服全班同学共同保持卫生，而高年级的儿童更倾向于维护好自己所在区域的卫生或不去管或自己也跟着扔，且随着年级的逐渐升高选择“无所谓，大家扔我也扔”和选择“不开心，但不会去管”的比例，整体呈波动上升的趋势。

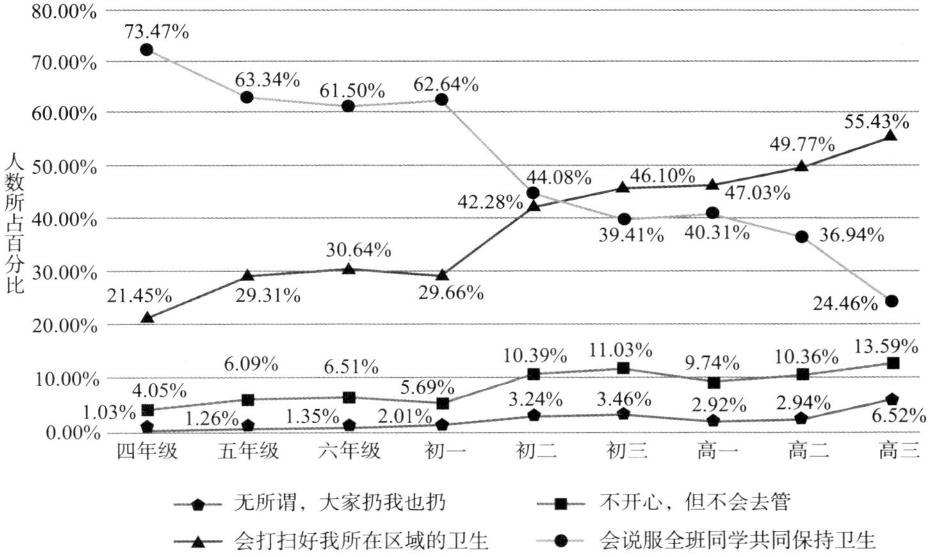

图 2－17 集体责任感与儿童年级变化趋势图

(2) 性别差异。

经差异检验发现，本省不同性别的儿童在集体责任感上总体存在非常显著的差异(卡方值＝97.282，$P\leqslant 0.01$)。

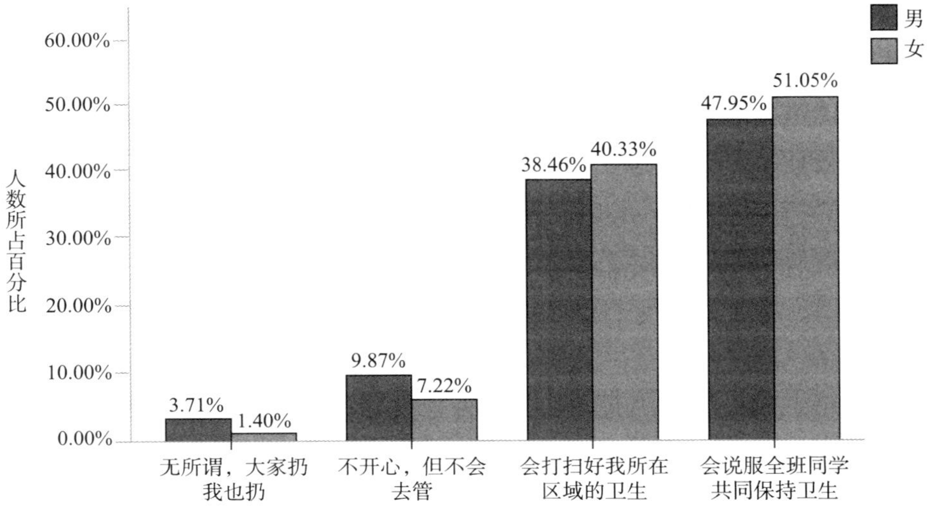

图 2－18 集体责任感与儿童性别分布图

不同性别的儿童各选项百分比如图2－18所示，经进一步统计分析发现：

男生和女生在维护班级卫生方面，女生的集体责任感明显高于男生。

在“无所谓，大家扔我也扔”、“会说服全班同学共同保持卫生”、“不开心，但不会去管”选项上，男女生差异非常显著（$|AR|>2.58$）。

在“会打扫好我所在区域的卫生”选项上，男女生差异比较显著（$1.96<|AR|\leqslant 2.58$）。

（3）生活满意度差异。

经差异检验发现，本省不同生活满意度的儿童在集体责任感上总体存在非常显著的差异（卡方值＝774.081，$P\leqslant 0.01$）。

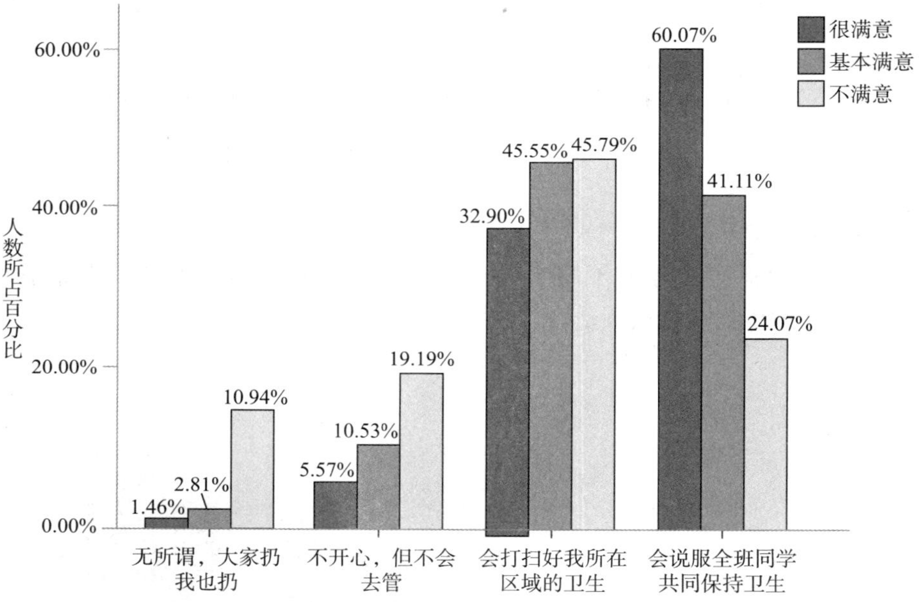

图2－19　集体责任感与儿童生活满意度分布图

生活满意度不同的儿童各选项百分比如图2－19所示，经进一步统计分析发现：

在“会打扫好我所在区域的卫生”、“会说服全班同学共同保持卫生”选项上，生活满意度不同的儿童之间差异非常显著（$|AR|>2.58$）。在“会打扫好我所在区域的卫生”选项上，人数比例基本随着生活满意度的下降呈逐渐上升的趋势；在“会说服全班同学共同保持卫生”选项上，人数比例基本随着生活满意

度的下降呈逐渐下降的趋势。

在“无所谓，大家扔我也扔”、“不开心，但不会去管”选项上，对生活很满意和对生活不满意的儿童之间差异非常显著（$|AR|>2.58$）。在“无所谓，大家扔我也扔”选项上，对生活不满意的占比最高，人数比例基本随着生活满意度的下降呈逐渐上升的趋势；在“不开心，但不会去管”选项上，对生活不满意的占比最高，人数比例基本随着生活满意度的下降呈逐渐上升的趋势。

在“无所谓，大家扔我也扔”、“不开心，但不会去管”选项上，对生活基本满意的儿童与对生活很满意、对生活不满意的儿童相比，不存在显著差异（$|AR|\leqslant 1.96$）。

(4) 城乡差异。

经差异检验发现，本省城乡儿童在集体责任感方面存在非常显著的差异（卡方值$=217.512$，$P\leqslant 0.01$）。

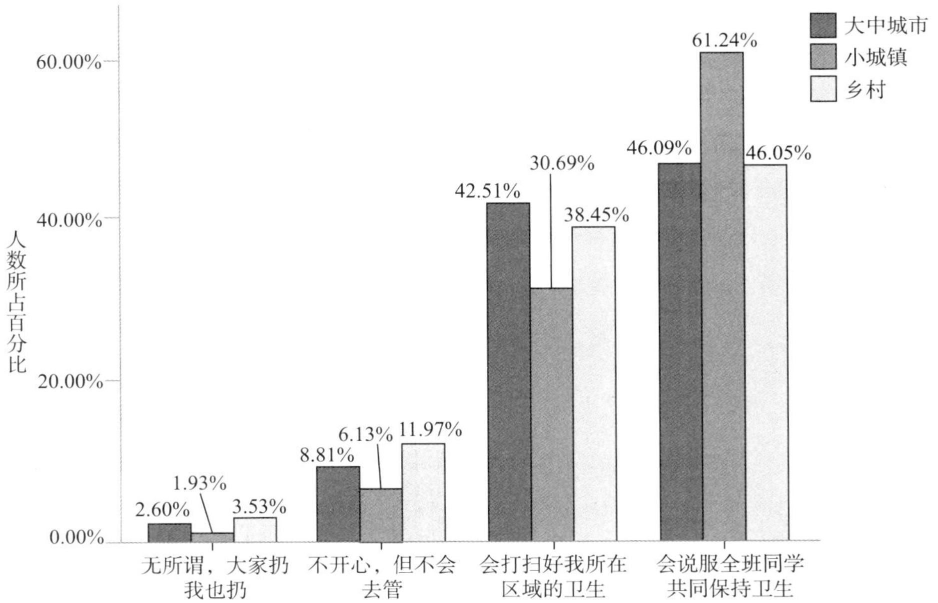

图 2－20 集体责任感与儿童城乡分布图

城乡儿童各选项百分比如图 2－20 所示，经进一步统计分析发现：

在“会说服全班同学共同保持卫生”选项上，城乡儿童间差异非常显著（$|AR|>2.58$），人数比例基本在大中城市、小城镇、乡村上呈倒 V 形趋势。

在“不开心，但不会去管”选项上，小城镇和乡村的儿童之间差异非常显著（$|AR|>2.58$），人数比例基本在大中城市、小城镇、乡村上呈V形趋势。

在“会打扫好我所在区域的卫生”选项上，大中城市和小城镇的儿童之间差异非常显著（$|AR|>2.58$），人数比例基本在大中城市、小城镇、乡村上呈V形趋势。

在“无所谓，大家扔我也扔”选项上，小城镇和乡村的儿童之间差异比较显著（$1.96<|AR|\leqslant 2.58$），人数比例基本在大中城市、小城镇、乡村上呈V形趋势。

在“不开心，但不会去管”选项上，大中城市儿童与小城镇、乡村的儿童相比，差异不显著（$|AR|\leqslant 1.96$）。

在“会打扫好我所在区域的卫生”选项上，乡村儿童与大中城市、小城镇的儿童相比，差异不显著（$|AR|\leqslant 1.96$）。

在“无所谓，大家扔我也扔”选项上，乡村儿童与大中城市儿童相比，差异不显著（$|AR|\leqslant 1.96$）。

（5）家庭生活方式差异。

经差异检验发现，本省不同家庭生活方式的儿童在集体责任感上总体存在非常显著的差异（卡方值$=122.352$，$P\leqslant 0.01$）。

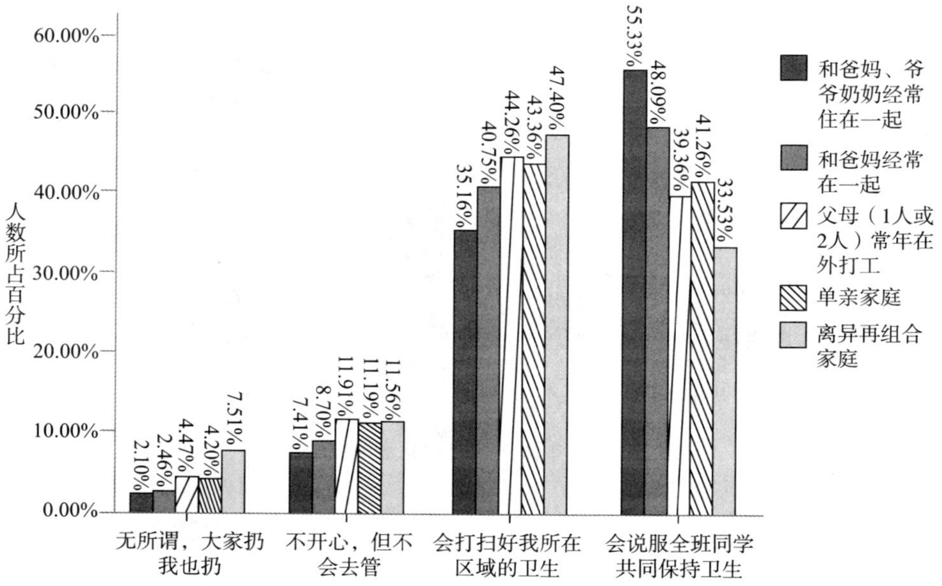

图2－21　集体责任感与儿童家庭生活方式分布图

不同家庭生活方式的儿童各选项百分比如图 2－21 所示，经进一步统计分析发现：

在“会说服全班同学共同保持卫生”选项上，不同家庭生活方式的儿童间差异非常显著（$|AR|>2.58$），人数比例基本在“和爸妈、爷爷奶奶经常住在一起”、“和爸妈经常在一起”、“单亲家庭”、“父母（1 人或 2 人）常年在外打工”、“离异再组合家庭”上呈逐渐下降趋势。

在“会打扫好我所在区域的卫生”选项上，“和爸妈、爷爷奶奶经常住在一起”与“和爸妈经常在一起”的儿童间差异非常显著（$|AR|>2.58$）。

在“不开心，但不会去管”选项上，“父母（1 人或 2 人）常年在外打工”与“和爸妈、爷爷奶奶经常住在一起”的儿童间差异非常显著（$|AR|>2.58$）。

在“无所谓，大家扔我也扔”选项上，“离异再组合家庭”与“父母（1 人或 2 人）常年在外打工”的儿童间差异非常显著（$|AR|>2.58$）。

在“会打扫好我所在区域的卫生”选项上，“单亲家庭”、“父母（1 人或 2 人）常年在外打工”、“离异再组合家庭”与“和爸妈、爷爷奶奶经常住在一起”、“和爸妈经常在一起”的儿童相比，差异不显著（$|AR|\leqslant 1.96$）。

在“不开心，但不会去管”选项上，“和爸妈经常在一起”、“离异再组合家庭”、“单亲家庭”与“父母（1 人或 2 人）常年在外打工”、“和爸妈、爷爷奶奶经常住在一起”的儿童相比，差异不显著（$|AR|\leqslant 1.96$）。

在“无所谓，大家扔我也扔”选项上，“和爸妈经常在一起”、“和爸妈、爷爷奶奶经常住在一起”、“单亲家庭”与“离异再组合家庭”、“父母（1 人或 2 人）常年在外打工” 的儿童相比，差异不显著（$|AR|\leqslant 1.96$）。

2.4 自尊感

统计显示，河北省 87.76％的中小学儿童自尊感普遍表现强烈，76.96％的儿童在犯错误被老师当众批评后，都会决心日后要改正，找回尊严；10.80％的儿童觉得当众被老师批评很丢人，没面子；还有 7.92％的儿童受到老师的当众批评，表示很难过，并认为老师不应该当众批评自己；仅有 4.31％的儿童在受到老师的当众批评时，觉得无所谓，反正又不只自己受过批评。（见图 2－22）

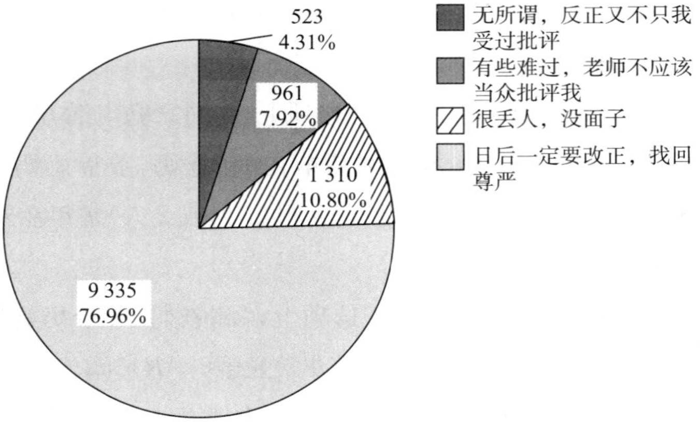

图 2－22　自尊感与儿童人数分布图

(1) 年段差异。

经差异检验发现，本省不同年段的儿童在自尊感上总体存在非常显著的差异(卡方值＝290.805，$P\leqslant 0.01$)。

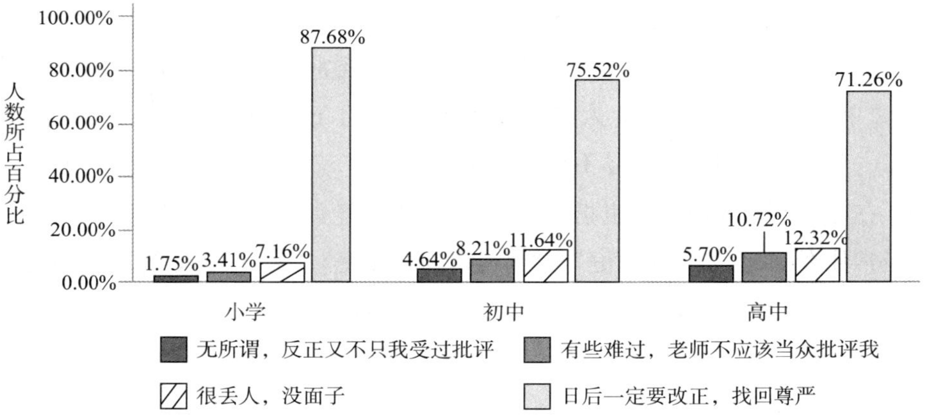

图 2－23　自尊感与儿童年段分布图

不同年段的儿童各选项百分比如图 2－23 所示，经进一步统计分析发现：

在“日后一定要改正，找回尊严”选项上，小学生、初中生、高中生间差异非常显著($|AR|>2.58$)，人数比例基本随着年段的上升呈下降趋势。

在“很丢人，没面子”、“有些难过，老师不应该当众批评我”、“无所谓，反正

又不只我受过批评”选项上，小学和高中年段间差异非常显著（$|AR|>2.58$），高中生的人数比例最高，基本随着年段的上升呈上升趋势。

在“很丢人，没面子”、“有些难过，老师不应该当众批评我”、“无所谓，反正又不只我受过批评”选项上，初中生与小学生和高中生相比，不存在显著差异（$|AR|\leqslant 1.96$）。

经差异检验发现，本省不同年级的儿童在自尊感上总体存在非常显著的差异（卡方值$=461.804$，$P\leqslant 0.01$）。

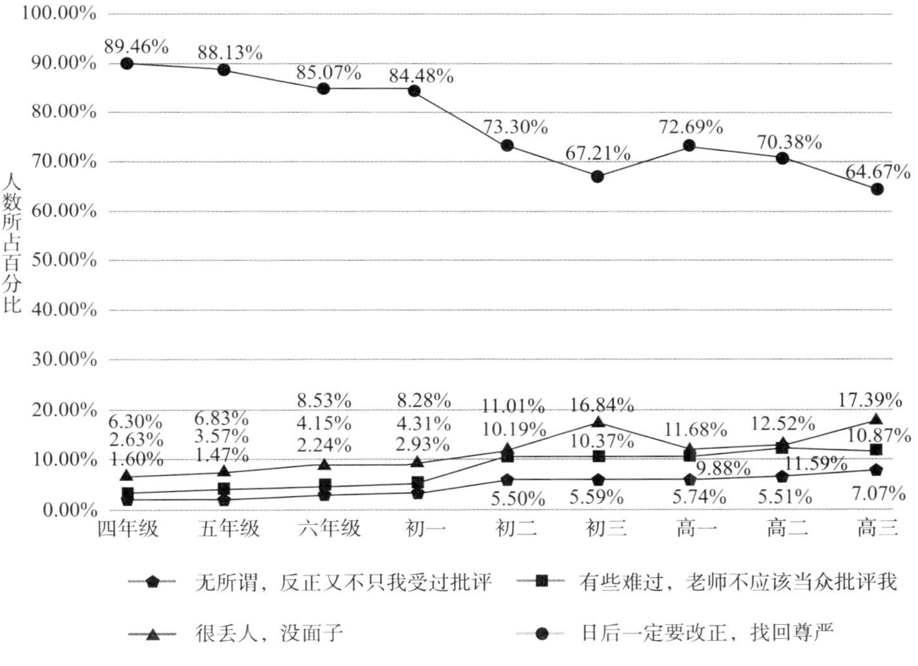

图 2-24　自尊感与儿童年级变化趋势图

不同年级的儿童各选项百分比如图 2-24 所示，经进一步统计分析发现：

各年级儿童都有强烈的自尊感，每个年级都有超过一半的儿童在老师当众批评时会改正错误找回尊严。对比不同年级儿童自尊感的表现发现，年级越低的儿童，自尊感表现得越明显（小学阶段的各年级占比均在 85%以上），且随着年级的升高，选择“日后一定要改正，找回尊严”的比例整体呈波动下降的趋势。随着年级的上升，选择“无所谓，反正又不只我受过批评”和选择“有些难过，老师不应该当众批评我”，以及“很丢人，没面子”的比例，整体都呈波动上升的趋势。

（2）性别差异。

经差异检验发现，本省不同性别的儿童在自尊感上总体存在非常显著的差异（卡方值＝105.598，$P \leqslant 0.01$）。

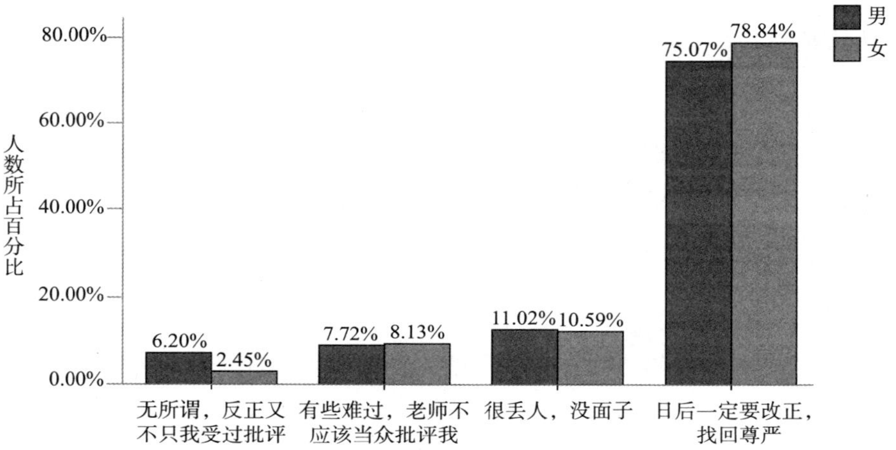

图2－25　自尊感与儿童性别分布图

不同性别的儿童各选项百分比如图2－25所示，经进一步统计分析发现：

在“无所谓，反正又不只我受过批评”、“日后一定要改正，找回尊严”选项上，男女生差异非常显著（$|AR|>2.58$）。

在“有些难过，老师不应该当众批评我”、“很丢人，没面子”选项上，男女生差异不显著（$|AR| \leqslant 1.96$）。

（3）生活满意度差异。

经差异检验发现，本省不同生活满意度的儿童在自尊感上总体存在非常显著的差异（卡方值＝698.057，$P \leqslant 0.01$）。

不同生活满意度的儿童各选项百分比如图2－26所示，经进一步统计分析发现：

在“无所谓，反正又不只我受过批评”、“有些难过，老师不应该当众批评我”、“很丢人，没面子”、“日后一定要改正，找回尊严”选项上，不同生活满意度

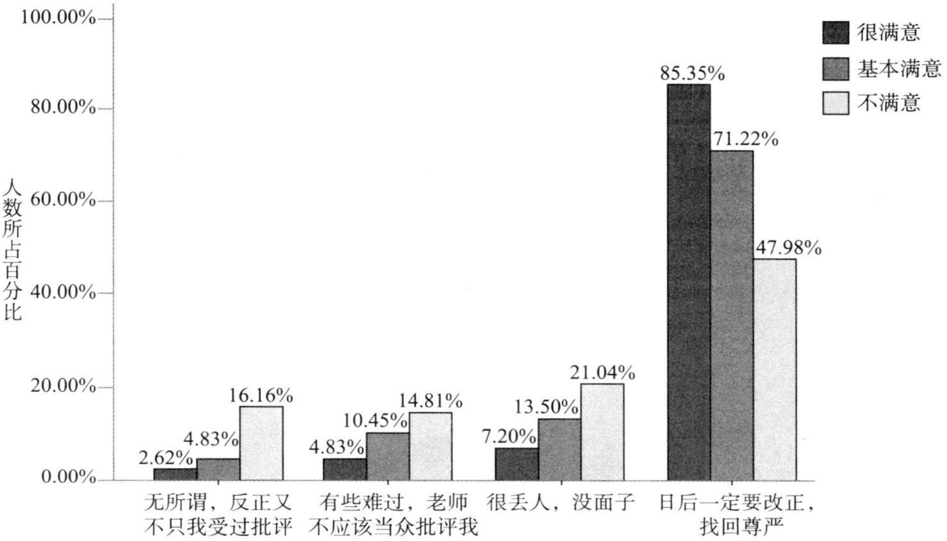

图 2－26　自尊感与儿童生活满意度分布图

的儿童间差异非常显著(|*AR*|>2.58)。在“无所谓，反正又不只我受过批评”选项上，对生活很满意的儿童占比最低，人数比例基本随着生活满意度的下降呈上升趋势；在“有些难过，老师不应该当众批评我”选项上，对生活很满意的儿童占比最低，人数比例基本随着生活满意度的下降呈上升趋势；在“很丢人，没面子”选项上，对生活很满意的儿童占比最低，人数比例基本随着生活满意度的下降呈上升趋势；在“日后一定要改正，找回尊严”选项上，对生活很满意的儿童占比最高，人数比例基本随着生活满意度的下降呈下降趋势。

(4) 城乡差异。

经差异检验发现，本省城乡儿童在自尊感上总体存在非常显著的差异(卡方值=135.078，$P\leqslant 0.01$)。

城乡儿童各选项百分比如图 2－27 所示，经进一步统计分析发现：

在“很丢人，没面子”、“日后一定要改正，找回尊严”选项上，大中城市、小城镇、乡村的儿童间差异非常显著(|*AR*|>2.58)。在“很丢人，没面子”选项上，乡村儿童的人数比例最高，人数比例基本在大中城市、小城镇和乡村上呈 V 形趋势；在“日后一定要改正，找回尊严”选项上，小城镇儿童的人数比例最高，人

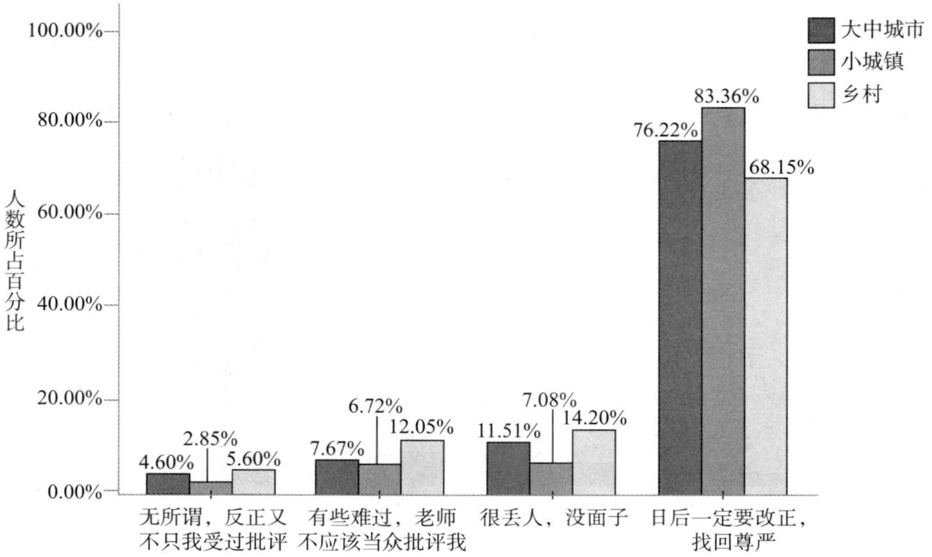

图 2－27　自尊感与儿童城乡分布图

数比例基本在大中城市、小城镇和乡村上呈倒V形趋势。

在“有些难过，老师不应该当众批评我”选项上，乡村和小城镇间差异非常显著（$|AR|>2.58$），人数比例基本在大中城市、小城镇和乡村上呈V形趋势。

在“无所谓，反正又不只我受过批评”选项上，城乡儿童间不存在显著差异（$|AR|\leqslant 1.96$）。

在“有些难过，老师不应该当众批评我”选项上，大中城市儿童与乡村、小城镇的儿童相比，差异不显著（$|AR|\leqslant 1.96$）。

（5）家庭生活方式差异。

经差异检验发现，本省不同家庭生活方式的儿童在自尊感上总体存在非常显著的差异（卡方值＝111.102，$P\leqslant 0.01$）。

不同家庭生活方式的儿童各选项百分比如图2－28所示，经进一步统计分析发现：

在“无所谓，反正又不只我受过批评”选项上，“和爸妈、爷爷奶奶经常住在一起”、“单亲家庭”和“离异再组合家庭”的儿童间差异非常显著（$|AR|>2.58$）；在“有些难过，老师不应该当众批评我”选项上，“和爸妈、爷爷奶奶经常住在一起”、

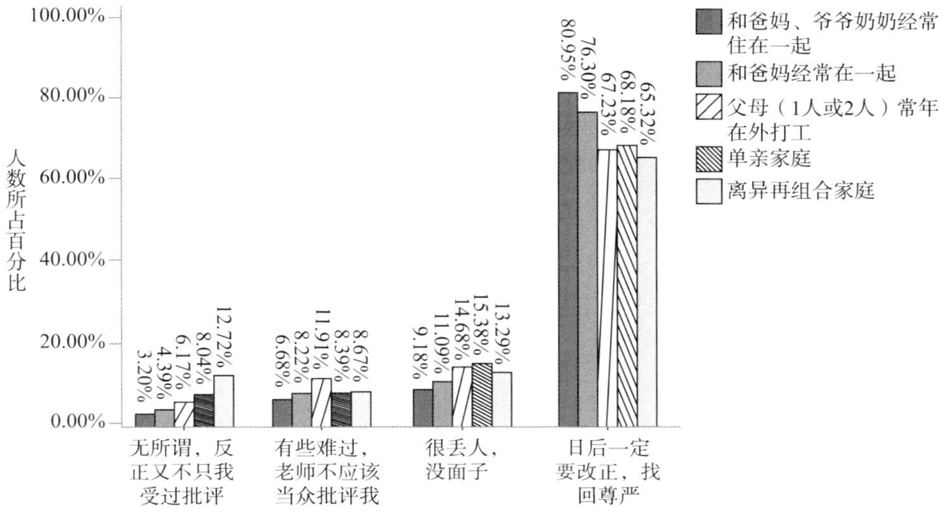

图 2-28 自尊感与儿童家庭生活方式分布图

“父母(1 人或 2 人)常年在外打工”的儿童之间差异非常显著(|AR|>2.58)；在“很丢人，没面子”选项上，“父母(1 人或 2 人)常年在外打工”、“和爸妈、爷爷奶奶经常住在一起”的儿童之间差异非常显著(|AR|>2.58)；在“日后一定要改正，找回尊严”选项上，“和爸妈、爷爷奶奶经常住在一起”、“单亲家庭”、“离异再组合家庭”、“父母(1 人或 2 人)常年在外打工”的儿童之间差异非常显著(|AR|>2.58)。

在“无所谓，反正又不只我受过批评”选项上，“父母(1 人或 2 人)常年在外打工”、“和爸妈经常在一起”的儿童与其他家庭生活方式的儿童相比，差异不显著(|AR|≤1.96)；在“有些难过，老师不应该当众批评我”选项上，“和爸妈经常在一起”、“单亲家庭”、“离异再组合家庭”的儿童与其他家庭生活方式的儿童相比，差异不显著(|AR|≤1.96)；在“很丢人，没面子”选项上，“和爸妈经常在一起”、“单亲家庭”、“离异再组合家庭”的儿童与其他家庭生活方式的儿童相比，差异不显著(|AR|≤1.96)；在“日后一定要改正，找回尊严”选项上，“和爸妈经常在一起”的儿童与其他家庭生活方式的儿童相比，差异不显著(|AR|≤1.96)。

2.5 羞耻感

统计显示，河北省儿童普遍具有很强的羞耻感。49.06%的儿童会为自己因作弊得到高分受到表扬而感到羞耻；29.53%的儿童认为抄袭是作弊，以后不能这么做了；还有 19.09%的儿童处于纠结状态，有些高兴，又有些害怕；只有 2.33%的儿童因作弊得到高分受到表扬而很开心，并且以后有机会还这么做。（见图 2－29）

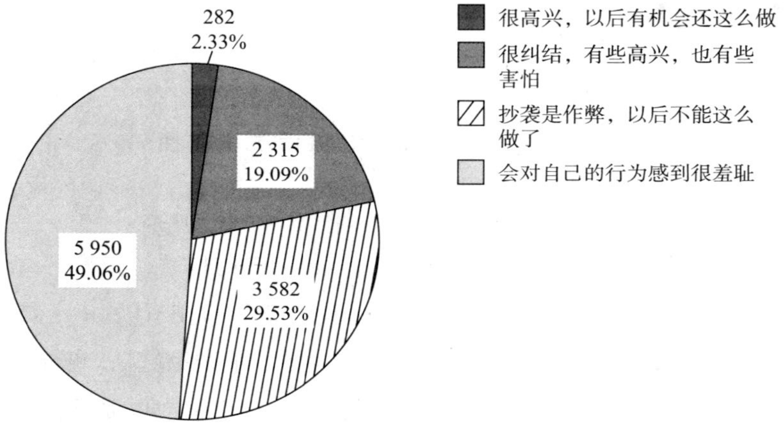

图 2－29　羞耻感与儿童人数百分比分布图

(1) 年段差异。

经差异检验发现，本省不同年段的儿童在羞耻感上总体存在非常显著的差异（卡方值=287.746，$P \leqslant 0.01$）。

不同年段的儿童各选项百分比如图 2－30 所示，经进一步统计分析发现：

在“很纠结，有些高兴，也有些害怕”、“抄袭是作弊，以后不能这么做了”选项上，三个年段之间差异非常显著（$|AR|>2.58$）。在“很纠结，有些高兴，也有些害怕”选项上，人数比例基本随着年段的上升呈上升趋势；在“抄袭是作弊，以后不能这么做了”选项上，人数比例基本随着年段的上升呈下降趋势。

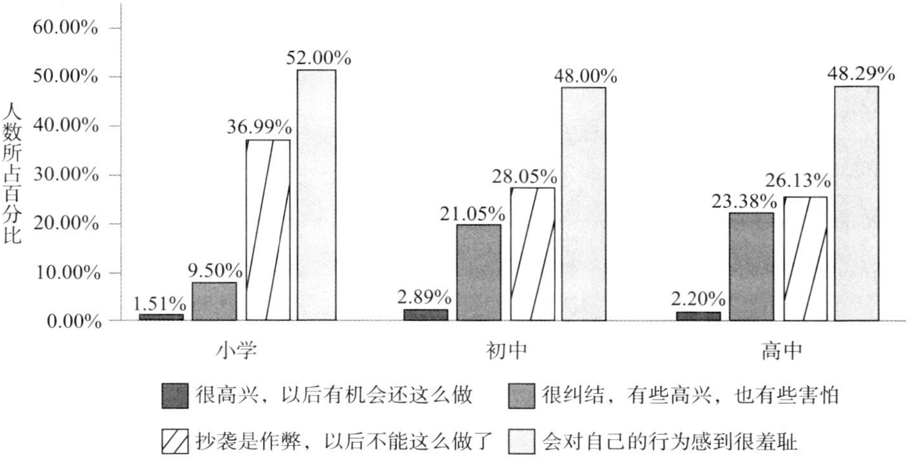

图 2－30 羞耻感与儿童年段分布图

在“很高兴，以后有机会还这么做”选项上，小学生和初中生差异非常显著（$|AR|>2.58$），人数比例基本随着年段的上升呈倒 V 形趋势。

在“会对自己的行为感到很羞耻”选项上，高中生和初中生差异比较显著（$1.96<|AR|\leqslant 2.58$），人数比例基本随着年段的上升呈 V 形趋势。

在“很高兴，以后有机会还这么做”选项上，高中生与小学生、初中生相比，差异不显著（$|AR|\leqslant 1.96$）。

在“会对自己的行为感到羞耻”选项上，小学生与高中生、初中生相比，差异不显著（$|AR|\leqslant 1.96$）。

经差异检验发现，本省不同年级的儿童在羞耻感上总体存在非常显著的差异（卡方值$=352.294$，$P\leqslant 0.01$）。

统计显示，小学年段的儿童的羞耻感总体表现得比初中和高中年段的儿童强烈。选择“很高兴，以后有机会还这么做”的比例，随着年级的升高整体呈波动上升的趋势，其中高三年级的占比最高。对作弊行为感到很羞耻的比例随着年级的升高基本没变，其中五年级选择“会对自己的行为感到很羞耻”的比例最高，初二年级的比例最低，且高中年段之间的差异不显著（$|AR|\leqslant 1.96$）。

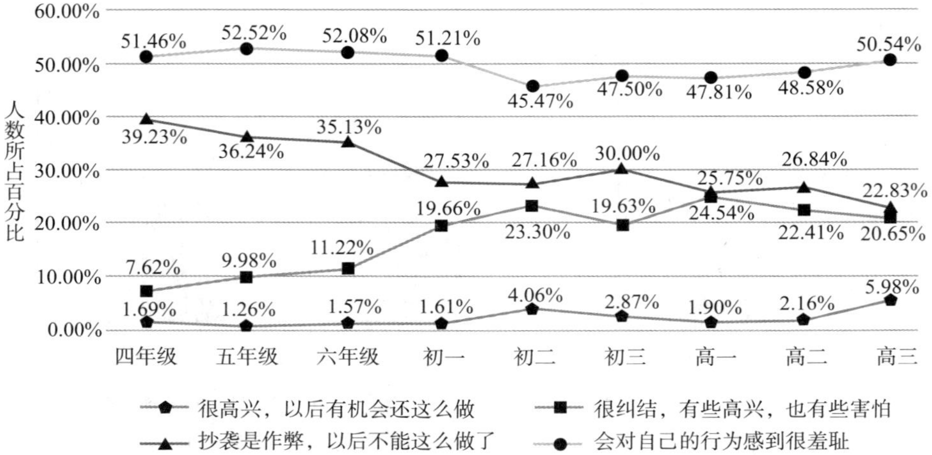

图 2-31　羞耻感与儿童年级变化趋势图

（2）性别差异。

经差异检验发现，本省不同性别的儿童在羞耻感上总体差异非常显著（卡方值=120.135，$P\leqslant 0.01$）。

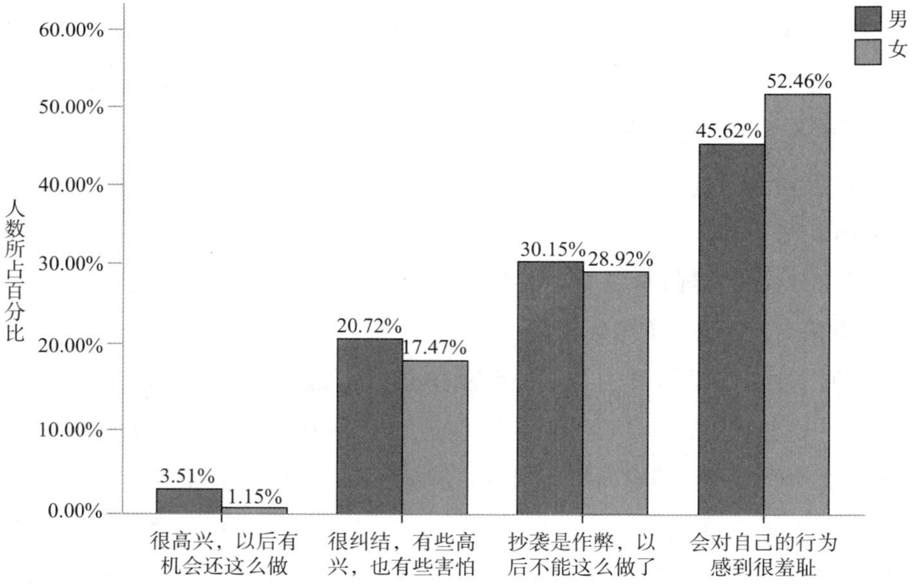

图 2-32　羞耻感与儿童性别分布图

不同性别的儿童各选项百分比如图 2-32 所示，经进一步统计分析发现：

在“会对自己的行为感到很羞耻”、“很纠结，有些高兴，也有些害怕”、“很高兴，以后有机会还这么做”选项上，男女生差异非常显著（$|AR|>2.58$）。

在“抄袭是作弊，以后不能这么做了”选项上，男女生差异不显著（$|AR|\leqslant 1.96$）。

(3) 生活满意度差异。

经差异检验发现，本省不同生活满意度的儿童在羞耻感上总体存在非常显著的差异（卡方值=503.437，$P\leqslant 0.01$）。

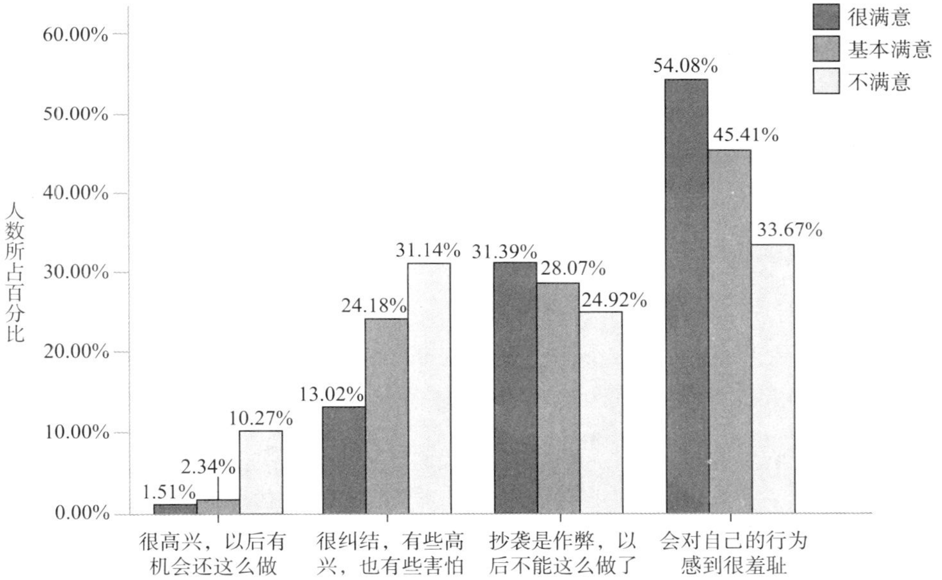

图 2-33　羞耻感与儿童生活满意度分布图

不同生活满意度的儿童各选项百分比如图 2-33 所示，经进一步统计分析发现：

在“很纠结，有些高兴，也有些害怕”、“会对自己的行为感到很羞耻”选项上，不同生活满意度儿童间差异非常显著（$|AR|>2.58$）。在“很纠结，有些高兴，也有些害怕”选项上，对生活很满意的人数比例最低，人数比例基本随着生活满意度的下降呈上升趋势；在“会对自己的行为感到很羞耻”选项上，人数比例基本随着生活满意度的下降呈下降趋势。

在“很高兴，以后有机会还这么做”选项上，对生活很满意的儿童和对生活不满意的儿童之间差异非常显著（$|AR|>2.58$），人数比例基本随着生活满意度的下降呈上升趋势。

在“抄袭是作弊，以后不能这么做了”选项上，对生活很满意和对生活基本满意的儿童之间差异非常显著（$|AR|>2.58$），人数比例基本随着生活满意度的下降呈下降趋势。

在“很高兴，以后有机会还这么做”选项上，对生活基本满意的儿童与对生活很满意的儿童、对生活不满意的儿童相比，差异不显著（$|AR|\leqslant 1.96$）。

在“抄袭是作弊，以后不能这么做了”选项上，对生活不满意的儿童与对生活基本满意的儿童相比，差异不显著（$|AR|\leqslant 1.96$）。

(4) 城乡差异。

经差异检验发现，本省城乡儿童在羞耻感上总体存在非常显著的差异（卡方值＝166.638，$P\leqslant 0.01$）。

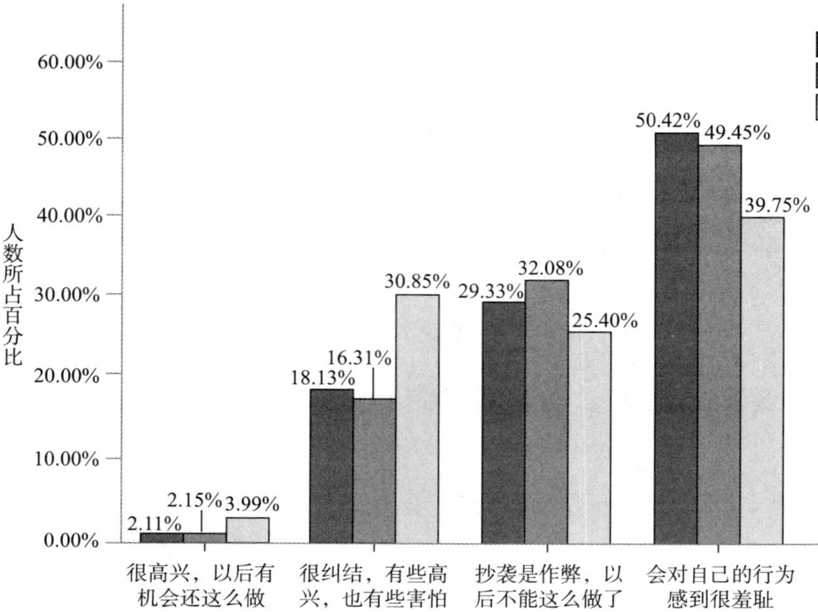

图 2-34　羞耻感与儿童城乡分布图

城乡儿童各选项百分比如图 2-34 所示，经进一步统计分析发现：

在“很纠结，有些高兴，也有些害怕”选项上，城乡儿童之间的差异非常显著（$|AR|>2.58$），人数比例基本在大中城市、小城镇、乡村上呈 V 形趋势。

在“会对自己的行为感到很羞耻”选项上，大中城市和乡村的儿童之间差异非常显著（$|AR|>2.58$），人数比例基本在大中城市、小城镇、乡村上呈下降趋势。

在“抄袭是作弊，以后不能这么做了”选项上，小城镇和乡村的儿童之间差异非常显著（$|AR|>2.58$），人数比例基本在大中城市、小城镇、乡村上呈倒 V 形趋势。

在“很高兴，以后有机会还这么做”选项上，城乡儿童间差异不显著（$|AR|\leqslant 1.96$）。

在“会对自己的行为感到很羞耻”选项上，小城镇儿童与大中城市、乡村的儿童相比，差异均不显著（$|AR|\leqslant 1.96$）。

在“抄袭是作弊，以后不能这么做了”选项上，大中城市儿童与小城镇、乡村的儿童相比，差异均不显著（$|AR|\leqslant 1.96$）。

（5）家庭生活方式差异。

经差异检验发现，本省不同家庭生活方式的儿童在羞耻感上总体存在非常显著的差异（卡方值 $=38.126$，$P\leqslant 0.01$）。

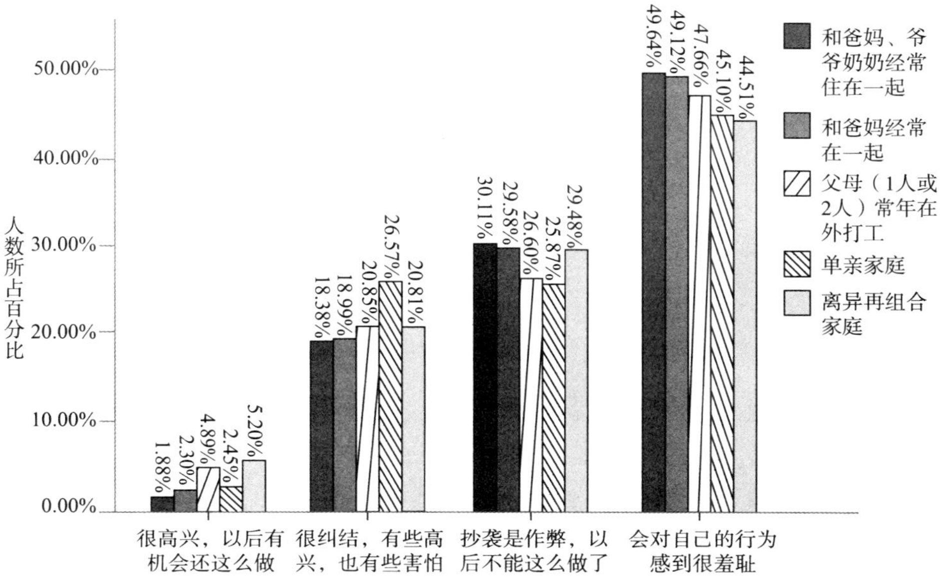

图 2－35　羞耻感与儿童家庭生活方式分布图

不同家庭生活方式的儿童各选项百分比如图 2-35 所示，经进一步统计分析发现：

在“很高兴，以后有机会还这么做”选项上，不同家庭生活方式儿童间差异不显著（$|AR| \leqslant 1.96$），“离异再组合家庭”的人数比例最高，“和爸妈、爷爷奶奶经常住在一起”的人数比例最低。

在“很纠结，有些高兴，也有些害怕”选项上，不同家庭生活方式儿童间差异不显著（$|AR| \leqslant 1.96$），“单亲家庭”的人数比例最高，“和爸妈、爷爷奶奶经常住在一起”的人数比例最低。

在“抄袭是作弊，以后不能这么做了”选项上，不同家庭生活方式儿童间差异不显著（$|AR| \leqslant 1.96$），“和爸妈、爷爷奶奶经常住在一起”的人数比例最高。

在“会对自己的行为感到很羞耻”选项上，不同家庭生活方式儿童间差异不显著（$|AR| \leqslant 1.96$），“和爸妈、爷爷奶奶经常住在一起”的人数比例最高，“离异再组合家庭”的人数比例最低。

3 河北省儿童道德理性发展状况

3.1 儿童道德判断水平发展状况

本维度选取了吉姆·莱斯特(Jim Rest)确定问题测验法(Defining Issues Test,DIT)修订版中一个"饥饿的农民(李德)能否偷为富不仁的富翁的粮食"的两难故事,只保留原测验中故事评定一个题目,并将其中对故事评定的3点量表方式改编为选择题形式(即"支持"、"不支持"、"不知道是否支持"道德判断三个选项),然后针对三种不同的评定分别设置一道理由追问题,理由追问题的选项对应科尔伯格道德发展理论中的三水平六阶段。根据科尔伯格"两难问题"道德判断评定方法,回答支持与否不作为道德判断水平的判定标准,因为任一水平或阶段的儿童都有回答"支持"、"不支持"和"不知道是否支持"的可能,主要判别依据是作出选择的理由,即"为什么支持"、"为什么不支持"和"为什么不知道是否支持"。我们主要从作答的理由来对不同年段的儿童进行道德判断水平的发展状况分析。

"支持"即"肯定性"道德判断的理由有五项,其包含的内容以及相对应的发展阶段分别是:第一项为"偷来粮食可以救自己家人的命",选择此选项的儿童处于道德判断水平的阶段二"以个人的功利主义和交换为价值取向";第二项为"好父亲应该为家人想出解决问题的办法",选择此选项的儿童处于阶段三"以协调人际关系为价值取向";第三项为"如果法律不合理,就不用遵守法律",选择此选项的儿童处于阶段四"以法律与秩序为价值取向";第四项为"富人不仁(吝惜自己的粮食),穷人就可以不义(违法)",选择此选项的儿童处于阶段五

“以社会契约为价值取向”；第五项为“生命最重要，其他都可以不考虑”，选择此选项的儿童处于阶段六“以普遍伦理原则为价值取向”。

“不支持”即“否定性”道德判断的理由有五项，其包含的内容以及相对应的发展阶段分别是：第一项为“偷粮食会被惩罚”，选择此选项的儿童处于道德判断水平的阶段一“以惩罚与服从为价值取向”；第二项为“他成了小偷，就不是好爸爸了”，选择此选项的儿童处于阶段三“以协调人际关系为价值取向”；第三项为“偷东西是违反法律和道德的”，选择此选项的儿童处于阶段四“以法律与秩序为价值取向”；第四项为“富人不道德，但这不是穷人违反法律的理由”，选择此选项的儿童处于阶段五“以社会契约为价值取向”；第五项为“不管怎么样，好人不能偷东西”，选择此选项的儿童处于阶段六“以普遍伦理原则为价值取向”。

“不知道是否支持”即“两难性”道德判断的理由有六项，其包含的内容以及相对应的发展阶段分别是：第一项为“家人饿死，李德会很伤心；但偷东西，可能会被抓住受惩罚”，选择此选项的儿童处于道德判断水平的阶段一“以惩罚与服从为价值取向”；第二项为“偷东西可以让家人活下来；但如果被抓住，他就不能再照顾家人”，选择此选项的儿童处于道德判断水平的阶段二“以个人的功利主义和交换为价值取向”；第三项为“救家人是好父亲；但偷东西就成了坏人”，选择此选项的儿童处于阶段三“以协调人际关系为价值取向”；第四项为“法律没有保护穷人；但做事不能违反法律”，选择此选项的儿童处于阶段四“以法律与秩序为价值取向”；第五项为“一个好父亲应当照顾好家人；但如果人人都这么做，天下会大乱”，选择此选项的儿童处于阶段五“以社会契约为价值取向”；第六项为“不能救自己家人的生命，良心会过意不去；但是偷别人的东西，即使没被抓住，还是会觉得人生有了污点”，选择此选项的儿童处于阶段六“以普遍伦理原则为价值取向”。

3.1.1 儿童能否作出道德判断的情况

41.67%的河北省儿童表示不支持李德去偷粮食；33.25%的儿童表示不知道是否支持李德偷粮食；明确表示支持李德偷粮食的儿童占25.08%。（见图3-1）

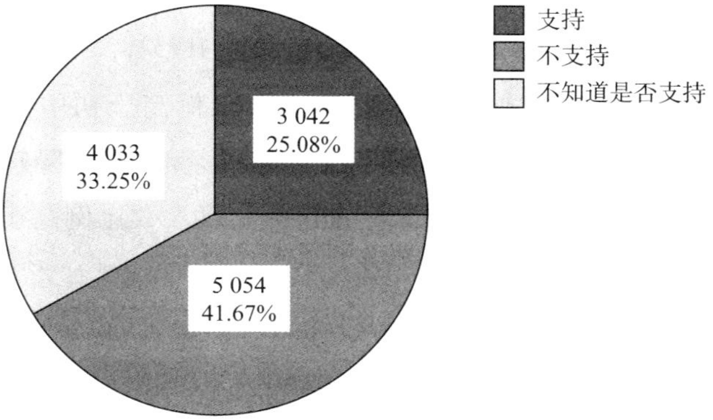

图 3-1　道德判断倾向与儿童人数百分比分布图

(1) 年段差异。

经差异检验发现，本省不同年段儿童的道德判断情况总体上存在非常显著的差异(卡方值=254.231，$P\leqslant 0.01$)。

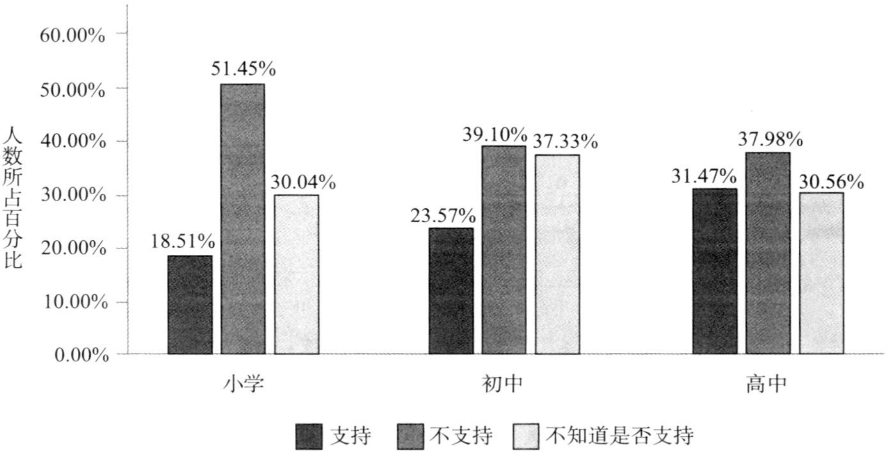

图 3-2　道德判断倾向与儿童年段分布图

不同年段儿童各选项百分比如图 3-2 所示，经进一步统计分析发现：

在选择“支持”、“不支持”、“不知道是否支持”的被试中，小学生、初中生和高中生间均表现出显著差异($|AR|>2.58$)。

在选择“支持”的被试中，高中儿童人数比例高于小学、初中儿童（|AR|>2.58），人数比例基本上随着年段的上升而呈逐渐上升趋势。

在选择“不支持”的被试中，小学儿童人数比例高于初中、高中人数比例（|AR|>2.58），人数比例基本上随着年段的上升而呈逐渐下降趋势。

在选择“不知道是否支持”的被试中，初中儿童人数比例高于小学、高中儿童（|AR|>2.58），人数比例基本上随着年段的上升而呈倒 V 形趋势。

从道德判断倾向与儿童年级变化趋势图可以看出，小学四年级至高中三年级儿童选择不支持李德偷粮食的人数比例随着儿童年龄的增长总体上有所下降，选择支持李德偷粮食的人数比例则逐渐上升。从小学四年级至初中一年级，选择不知道是否支持李德偷粮食的人数比例逐渐上升，但从初中二年级至高中三年级儿童，选择不知道是否支持李德偷粮食的人数比例逐渐下降。（见图 3－3）

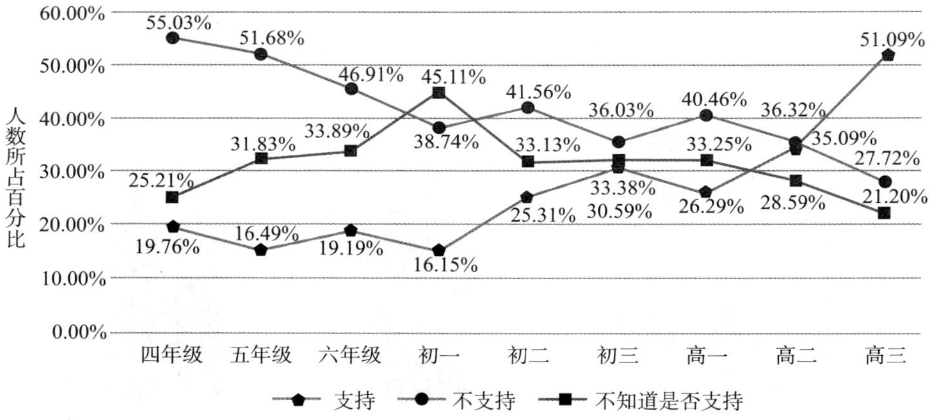

图 3－3　道德判断倾向与儿童年级变化趋势图

（2）性别差异。

经差异检验发现，本省不同性别儿童的道德判断情况总体上存在非常显著的差异（卡方值＝176.066，$P \leqslant 0.01$）。

男女生各选项百分比如图 3－4 所示，经进一步统计分析发现：

在选择“支持”和“不知道是否支持”的被试中，男女生之间存在显著差异（|AR|>2.58）。在选择“支持”的被试中，男生人数比例高于女生；在选择“不

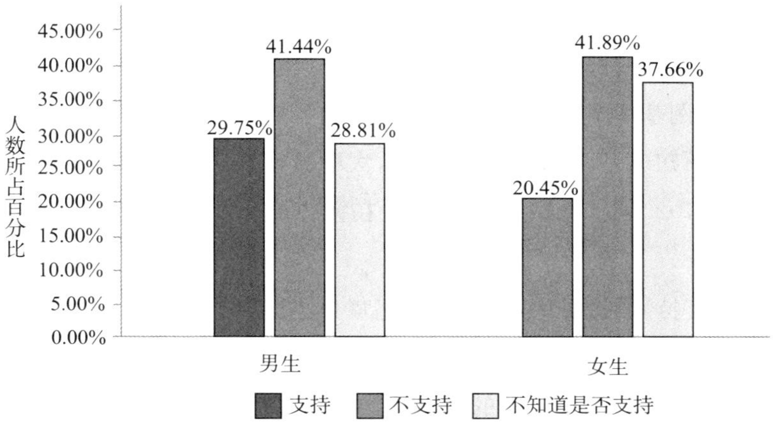

图 3-4 道德判断倾向与儿童性别分布图

知道是否支持”的被试中,女生人数比例高于男生。

在选择“不支持”的被试中,男女生之间不存在显著差异($|AR| \leqslant 1.96$)。

(3) 城乡差异。

经差异检验发现,本省城乡儿童的道德判断情况总体上存在非常显著的差异(卡方值$=82.823$,$P \leqslant 0.01$)。

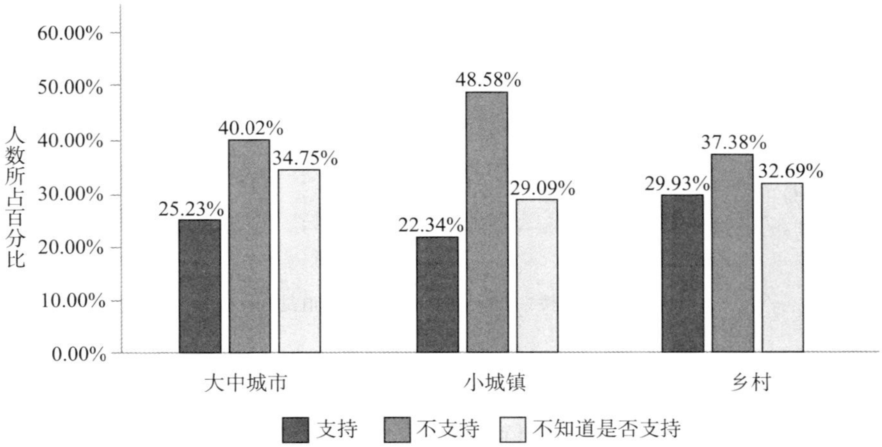

图 3-5 道德判断倾向与儿童城乡分布图

城乡儿童各选项百分比如图 3-5 所示,经进一步统计分析发现:

在选择“不支持”的被试中,大中城市、小城镇、乡村的儿童之间存在显著差异

（$|AR|>2.58$），人数比例基本上在大中城市、小城镇和乡村上呈倒V形趋势。

在选择“支持”的被试中，乡村和小城镇的儿童之间存在显著差异（$|AR|>2.58$），人数比例基本上在大中城市、小城镇和乡村上呈V形趋势。

在选择“不知道是否支持”的被试中，大中城市和小城镇的儿童之间存在显著差异（$|AR|>2.58$），人数比例基本上在大中城市、小城镇和乡村上呈V形趋势。

在选择“支持”的被试中，大中城市儿童与小城镇、乡村的儿童相比，均不存在显著差异（$|AR|\leqslant1.96$）。

在选择“不知道是否支持”的被试中，乡村儿童与大中城市、小城镇的儿童相比，均不存在显著差异（$|AR|\leqslant1.96$）。

（4）生活满意度差异。

经差异检验发现，本省不同生活满意度的儿童的道德判断情况总体上存在非常显著的差异（卡方值＝236.350，$P\leqslant0.01$）。

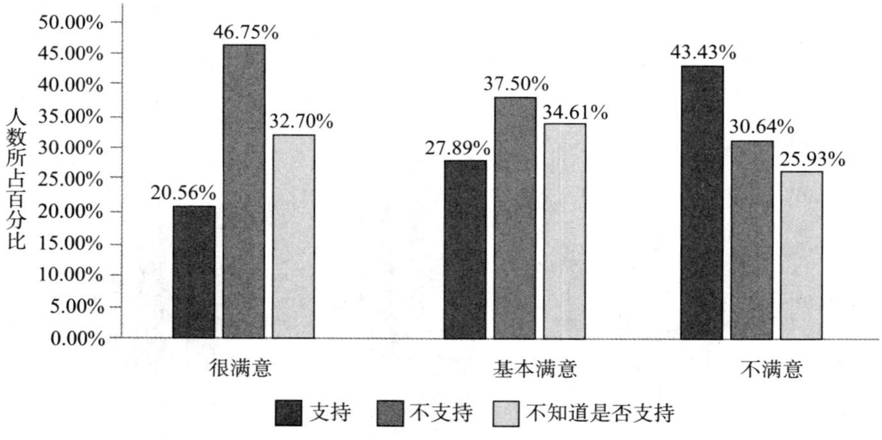

图3-6　道德判断倾向与儿童生活满意度分布图

不同生活满意度儿童各选项百分比如图3-6所示，经进一步统计分析发现：

在选择“支持”、“不支持”的被试中，不同生活满意度的儿童都呈现出显著差异（$|AR|>2.58$）。在选择“支持”的被试中，对生活不满意的儿童人数比例

高于对生活很满意、对生活基本满意的儿童，人数比例基本上随着生活满意度的下降而呈现逐渐增长的趋势；在选择“不支持”的被试中，对生活很满意的儿童人数比例高于对生活基本满意、对生活不满意的儿童，人数比例基本上随着生活满意度的下降而呈现逐渐下降的趋势。

在选择“不知道是否支持”的被试中，对生活基本满意的儿童人数比例高于对生活不满意的儿童，且差异非常显著（$|AR|>2.58$），人数比例基本随着生活满意度的下降而呈现倒V形趋势。

在选择“不知道是否支持”的被试中，对生活很满意的儿童与对生活基本满意、对生活不满意的儿童相比，不存在显著差异（$|AR|\leqslant 1.96$）。

（5）家庭生活方式差异。

经差异检验发现，本省不同家庭生活方式儿童的道德判断情况总体上不存在显著的差异（卡方值$=20.594$，$P=0.08>0.05$）。

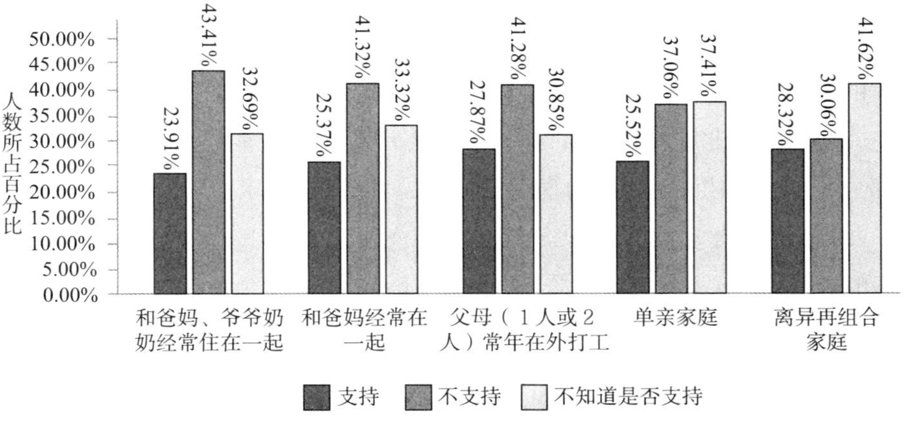

图 3－7　道德判断倾向与儿童家庭生活方式分布图

不同家庭生活方式儿童各选项百分比如图 3－7 所示，经进一步统计分析发现：

在三种不同的选择上，不同家庭生活方式儿童之间均不存在显著差异（$|AR|\leqslant 1.96$）。在选择“支持”的被试中，人数比例基本在“离异再组合家庭”、“父母（1 人或 2 人）常年在外打工”、“单亲家庭”、“和爸妈、爷爷奶奶经常住在一起”选项上呈下降趋势；在选择“不支持”的被试中，人数比例基本在“和爸妈、爷

爷奶奶经常住在一起”、“和爸妈经常在一起”、“父母(1人或2人)常年在外打工”、“单亲家庭”、“离异再组合家庭”选项上呈下降趋势;在选择“不知道是否支持”的被试中,人数比例基本在“离异再组合家庭”、“单亲家庭”、“和爸妈经常在一起”、“和爸妈、爷爷奶奶经常住在一起”、“父母(1人或2人)常年在外打工”选项上呈下降趋势。

3.1.2 儿童“肯定性”道德判断理由与水平

43.56%的河北省儿童支持偷粮,认为“偷来粮食可以救自己家人的命”,表明这部分儿童的道德判断水平可能处于阶段二“以个人的功利主义与交换为价值取向”。

26.30%的河北省儿童认为“富人不仁(吝惜自己的粮食),穷人就可以不义(违法)”,表明这部分儿童的道德判断水平可能处于阶段五“以社会契约为价值取向”。

12.82%的河北省儿童认为“生命最重要,其他都可以不考虑”,表明这部分儿童的道德判断水平可能处于阶段六“以普遍伦理原则为价值取向”。

9.40%的河北省儿童认为“好父亲应该为家人想出解决问题的办法”,表明这部分儿童的道德判断水平可能处于阶段三“以协调人际关系为价值取向”。

7.92%的河北省儿童认为“如果法律不合理,就不用遵守法律”,表明这部分儿童的道德判断水平可能处于阶段四“以法律与秩序为价值取向”。(见图3-8)

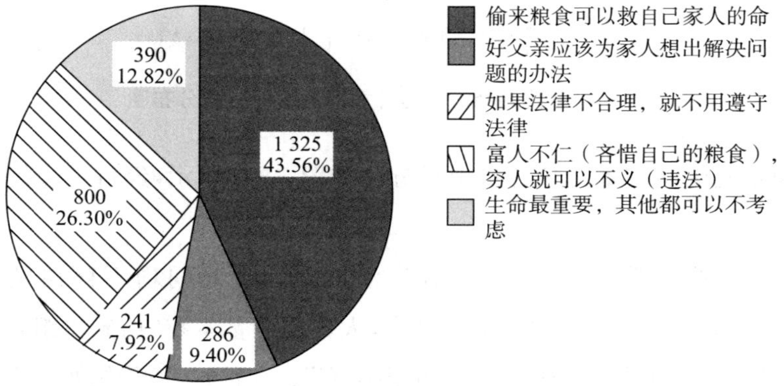

图3-8 “肯定性”道德判断水平与儿童人数百分比分布图

(1) 年段差异。

经差异检验发现，本省不同年段儿童的“肯定性”道德判断水平总体上存在非常显著的差异(卡方值＝144.755，$P \leqslant 0.01$)。

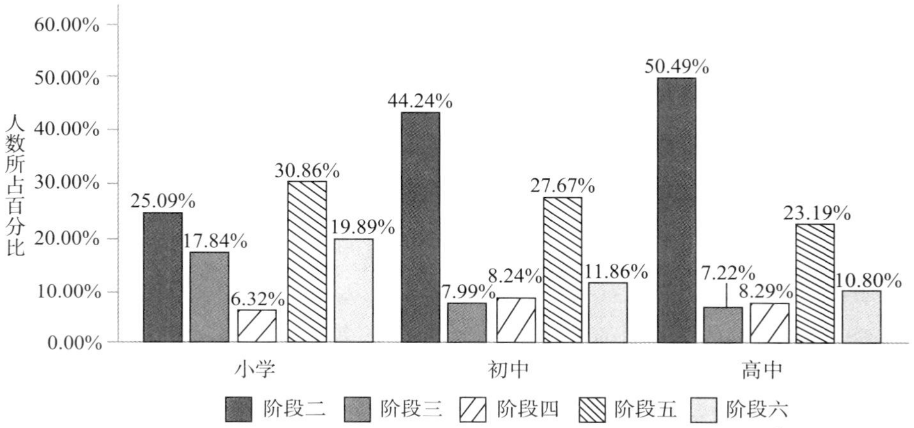

图 3－9　“肯定性”道德判断水平与儿童年段分布图

不同年段儿童各选项百分比如图 3－9 所示，经进一步统计分析发现：

认为“偷来粮食可以救自己家人的命”，即道德判断水平处于阶段二的高中生和小学生之间存在显著差异($|AR|>2.58$)，人数比例基本上随着年段的上升呈上升趋势。

认为“好父亲应该为家人想出解决问题的办法”，即道德判断水平处于阶段三的小学生、初中生和高中生间存在比较显著的差异($1.96<|AR|\leqslant 2.58$)，人数比例基本上随着年段的上升呈下降趋势。

认为“富人不仁(吝惜自己的粮食)，穷人就可以不义(违法)”，即道德判断水平处于阶段五的小学生和高中生间存在显著差异($|AR|>2.58$)，人数比例基本上随着年段的上升呈下降趋势。

认为“生命最重要，其他都可以不考虑”，即道德判断水平处于阶段六的小学生和高中生间存在显著差异($|AR|>2.58$)，人数比例基本上随着年段的上升呈 V 形趋势。

认为“偷来粮食可以救自己家人的命”，即道德判断水平处于阶段二的初中生与小学生、高中生相比，不存在显著差异($|AR|\leqslant 1.96$)。

认为"如果法律不合理，就不用遵守法律"，即道德判断水平处于阶段四的小学、初中、高中年段儿童之间不存在显著差异（$|AR|\leqslant 1.96$）。

认为"富人不仁（吝惜自己的粮食），穷人就可以不义（违法）"，即道德判断水平处于阶段五的初中儿童与小学、高中儿童相比，不存在显著差异（$|AR|\leqslant 1.96$）。

认为"生命最重要，其他都可以不考虑"，即道德判断水平处于阶段六的初中儿童与小学、高中儿童相比，不存在显著差异（$|AR|\leqslant 1.96$）。

从"肯定性"道德判断水平与儿童年级变化趋势图可以看出，不同年段儿童处于阶段三、阶段四、阶段六的人数比例均不高，并且整体上随年龄增长而发生变化的趋势和幅度都比较小。从小学四年级至高中三年级儿童处于道德判断水平阶段二的人数比例随着年龄的增长而逐渐上升，初中二年级至高中三年级阶段变化幅度比较小，处于阶段五的人数比例随着儿童年龄的增长整体上有所下降。（见图 3－10）

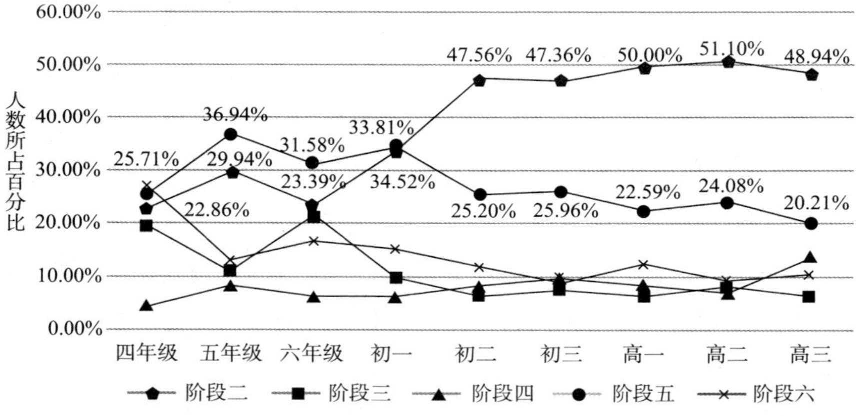

图 3－10 "肯定性"道德判断水平与儿童年级变化趋势图

（2）性别差异。

经差异检验发现，本省不同性别儿童的"肯定性"道德判断水平总体上存在非常显著的差异（卡方值＝19.163，$P=0.001\leqslant 0.01$）。

男女生各选项百分比如图 3－11 所示，经进一步统计分析发现：

认为"偷来粮食可以救自己家人的命"即道德判断水平处于阶段二，认为"生命最重要，其他都可以不考虑"即道德判断水平处于阶段六的男女生之间差

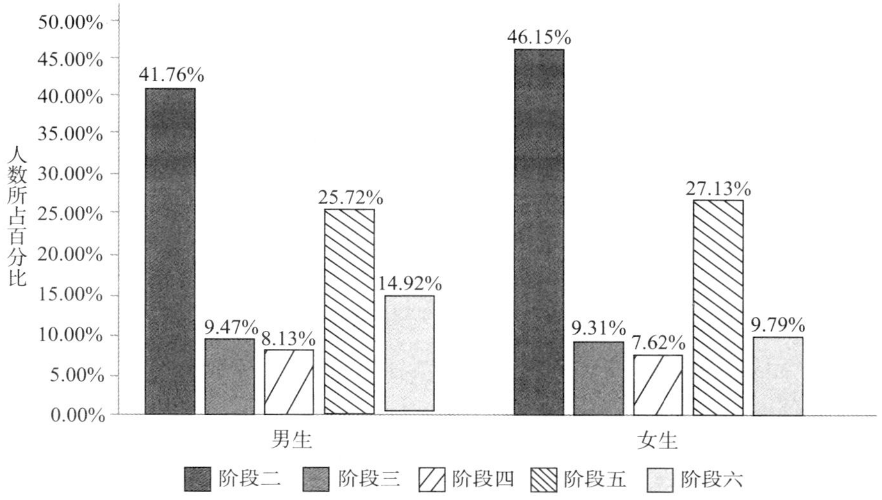

图 3-11　"肯定性"道德判断水平与儿童性别分布图

异非常显著(|AR|>2.58)。

在其他道德判断水平阶段,男女生之间均不存在显著差异(|AR|≤1.96)。

(3) 城乡差异。

经差异检验发现,本省城乡儿童的"肯定性"道德判断水平总体上不存在显著差异(卡方值=11.511,P=0.174>0.05)。

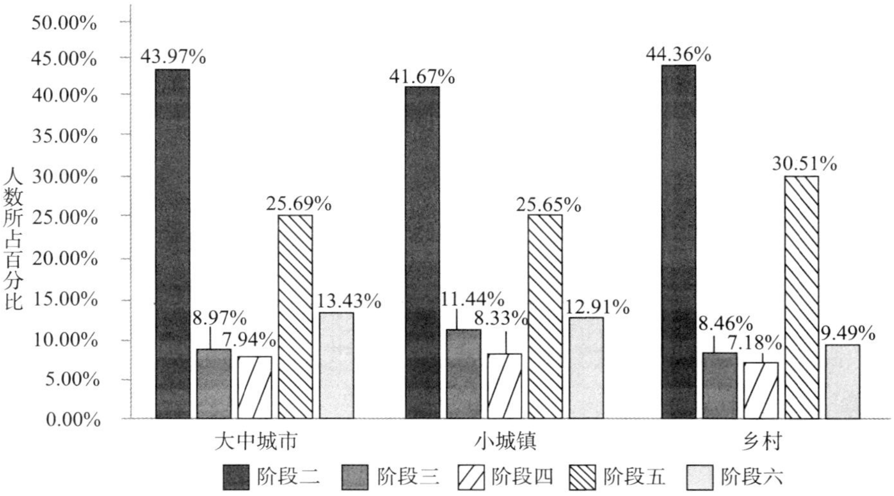

图 3-12　"肯定性"道德判断水平与儿童城乡分布图

城乡儿童各选项百分比如图3-12所示，经进一步统计分析发现：

在道德判断水平阶段二、阶段三、阶段四、阶段五、阶段六上，大中城市、小城镇、乡村儿童之间均不存在显著差异（$|AR|\leqslant 1.96$）。

认为“偷来粮食可以救自己家人的命”，即道德判断水平处于阶段二的大中城市、小城镇、乡村儿童人数比例呈V形趋势。

认为“好父亲应该为家人想出解决问题的办法”，即道德判断水平处于阶段三的大中城市、小城镇、乡村儿童人数比例呈倒V形趋势。

认为“如果法律不合理，就不用遵守法律”，即道德判断水平处于阶段四的大中城市、小城镇、乡村儿童人数比例呈倒V形趋势。

认为“富人不仁（吝惜自己的粮食），穷人就可以不义（违法）”，即道德判断水平处于阶段五的大中城市、小城镇、乡村儿童人数呈V形趋势。

认为“生命最重要，其他都可以不考虑”，即道德判断水平处于阶段六的大中城市、小城镇、乡村儿童人数比例呈下降趋势。

（4）生活满意度差异。

经差异检验发现，本省不同生活满意度儿童的“肯定性”道德判断水平总体上存在比较显著的差异（卡方值=17.438，$P=0.026\leqslant 0.05$）。

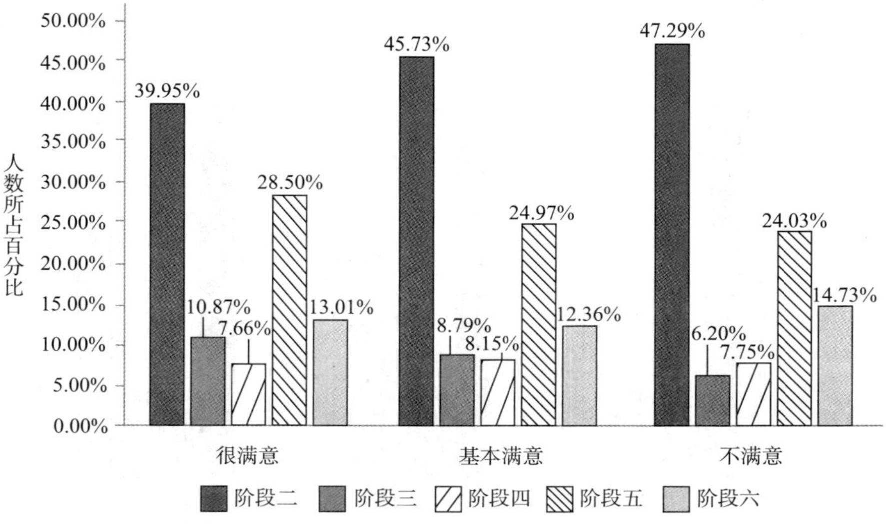

图3-13 “肯定性”道德判断水平与儿童生活满意度分布图

不同生活满意度儿童各选项百分比如图 3－13 所示，经进一步统计分析发现：

认为“偷来粮食可以救自己家人的命”，即道德判断水平处于阶段二的对生活基本满意的儿童与对生活很满意的儿童相比，存在比较显著的差异（$1.96 < |AR| \leqslant 2.58$），前者人数比例高于后者，人数比例基本上在很满意、基本满意和不满意之间呈上升趋势。

在其他道德判断水平阶段，不同生活满意度的儿童之间均不存在显著差异（$|AR| \leqslant 1.96$）。

（5）家庭生活方式差异。

经差异检验发现，本省不同家庭生活方式儿童的“肯定性”道德判断水平总体上不存在显著差异（卡方值＝13.917，$P=0.605>0.05$）。

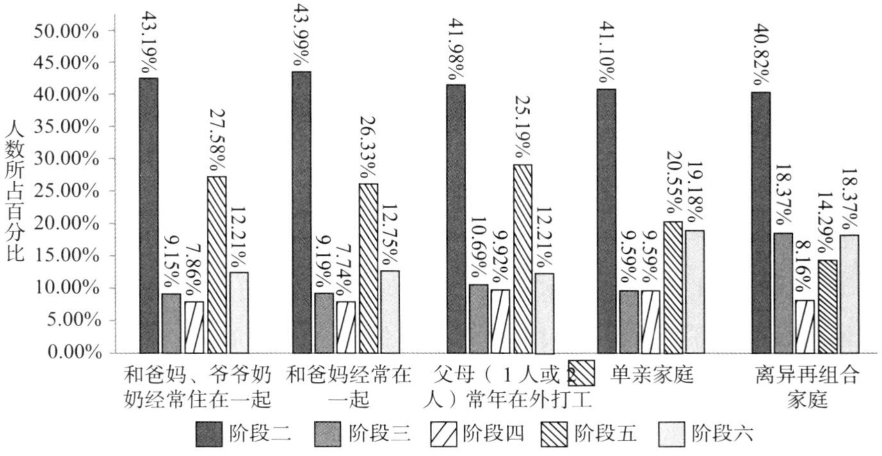

图 3－14 “肯定性”道德判断水平与儿童家庭生活方式分布图

不同家庭生活方式儿童各选项百分比如图 3－14 所示，经进一步统计分析发现：

在道德判断水平阶段二、阶段三、阶段四、阶段五、阶段六上，不同家庭生活方式儿童之间均不存在显著差异（$|AR| \leqslant 1.96$）。

认为“偷来粮食可以救自己家人的命”，即道德判断水平处于阶段二的“和爸妈经常在一起”的儿童人数比例最高，“离异再组合家庭”儿童人数比例最低。

认为“好父亲应该为家人想出解决问题的办法”，即道德判断水平处于阶段三的“和爸妈、爷爷奶奶经常住在一起”的儿童人数比例最低，“离异再组合家庭”的儿童人数比例最高。

认为“如果法律不合理，就不用遵守法律”，即道德判断水平处于阶段四的“和爸妈经常在一起”的儿童人数比例最低，“父母（1 人或 2 人）常年在外打工”的儿童人数比例最高。

认为“富人不仁（吝惜自己的粮食），穷人就可以不义（违法）”，即道德判断水平处于阶段五的“和爸妈、爷爷奶奶经常住在一起”的儿童人数比例最高，“离异再组合家庭”的儿童人数比例最低。

认为“生命最重要，其他都可以不考虑”，即道德判断水平处于阶段六的“单亲家庭”的儿童人数比例最高。

3.1.3 儿童“否定性”道德判断理由与水平

44.20％的河北省儿童认为“富人不道德，但这不是穷人违反法律的理由”，表明这部分儿童的道德判断水平可能处于阶段五“以社会契约为价值取向”。

39.91％的河北省儿童认为“偷东西都是违反法律和道德的”，表明这部分儿童的道德判断水平可能处于阶段四“以法律与秩序为价值取向”。

8.41％的河北省儿童认为“不管怎样，好人不能偷东西”，表明这部分儿童的道德判断水平可能达到了阶段六“以普遍伦理原则为价值取向”。

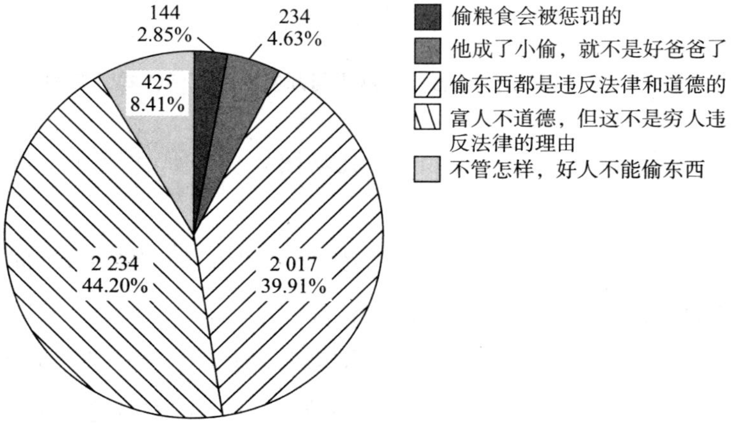

图 3－15 “否定性”道德判断水平与儿童人数百分比分布图

4.63%的河北省儿童认为“他成了小偷，就不是好爸爸了”，表明这部分儿童的道德判断水平可能处于阶段三“以协调人际关系为价值取向”。

2.85%的河北省儿童认为“偷粮食会被惩罚的”，表明这部分儿童的道德判断水平可能处于阶段一“以惩罚和服从为价值取向”。（见图 3－15）

(1) 年段差异。

经差异检验发现，本省不同年段儿童的“否定性”道德判断水平总体上存在非常显著的差异（卡方值＝449.036，$P\leqslant 0.01$）。

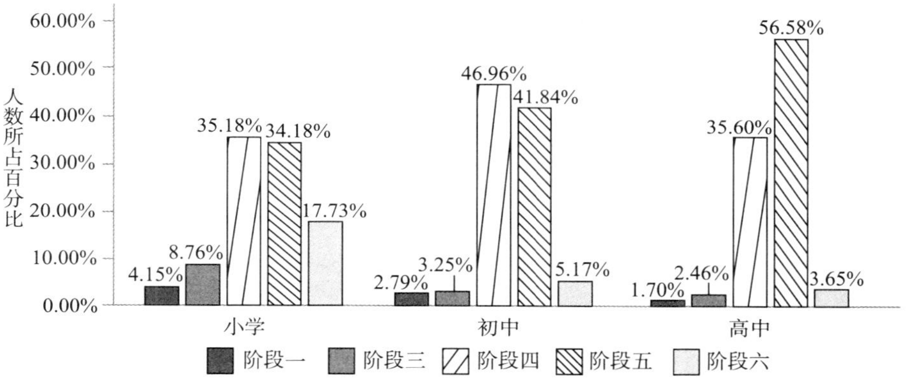

图 3－16 “否定性”道德判断水平与儿童年段分布图

不同年段儿童各选项百分比如图 3－16 所示，经进一步统计分析发现：

认为“他成了小偷，就不是好爸爸了”，即道德判断水平处于阶段三的小学生、初中生、高中生间存在显著差异（$|AR|>2.58$），人数比例基本上随着年段的上升呈逐渐下降的趋势；认为“偷东西都是违反法律和道德的”，即道德判断水平处于阶段四的小学生、初中生、高中生间存在显著差异（$|AR|>2.58$），人数比例基本上随着年段的上升呈倒 V 形趋势；认为“富人不道德，但这不是穷人违反法律的理由”，即道德判断水平处于阶段五的小学生、初中生、高中生间存在显著差异（$|AR|>2.58$），人数比例基本上随着年段的上升呈逐渐上升的趋势；认为“不管怎样，好人不能偷东西”，即道德判断水平处于阶段六的小学生、初中生、高中生间存在显著差异（$|AR|>2.58$），人数比例基本上随着年段的上升呈下降趋势。

认为“偷粮食会被惩罚的”，即道德判断水平处于阶段一的小学生和高中生之间存在显著差异（$|AR|>2.58$），人数比例基本上随着年段的上升呈逐渐下降的趋势。

认为“偷粮食会被惩罚的”，即道德判断水平处于阶段一的初中生与小学生、高中生相比，不存在显著差异（$|AR|\leqslant 1.96$）。

从年级变化趋势图可以看出，小学四年级至高中三年级儿童道德判断水平随着年龄的增长，处于阶段五的人数比例逐渐增加，处于阶段四的人数比例整体上有所下降，处于阶段三、阶段六的儿童人数比例整体上也呈下降趋势。（见图 3－17）

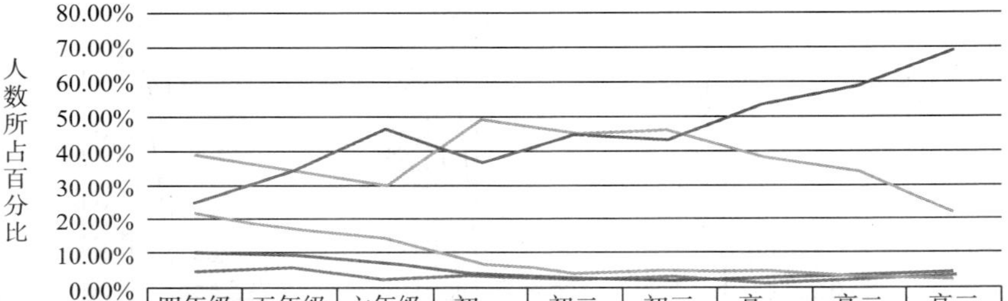

	四年级	五年级	六年级	初一	初二	初三	高一	高二	高三
阶段一	4.44%	5.08%	2.63%	3.26%	2.23%	3.06%	1.44%	1.84%	3.92%
阶段三	9.74%	9.35%	6.70%	3.56%	3.59%	2.24%	2.53%	2.27%	3.92%
阶段四	39.49%	34.35%	30.14%	40.26%	45.30%	46.53%	38.03%	33.76%	21.57%
阶段五	25.13%	34.35%	46.65%	37.09%	44.80%	43.47%	53.91%	58.87%	68.63%
阶段六	21.20%	16.87%	12.88%	6.82%	4.08%	4.69%	4.09%	3.26%	1.96%

阶段一　阶段三　阶段四　阶段五　节制六

图 3－17　“否定性”道德判断水平与儿童年级变化趋势图

（2）性别差异。

经差异检验发现，本省不同性别儿童的“否定性”道德判断水平总体上存在非常显著的差异（卡方值＝39.180，$P\leqslant 0.01$）。

男女生各选项百分比如图 3－18 所示，经进一步统计分析发现：

认为“偷粮食会被惩罚的”，即道德判断水平处于阶段一的男女生之间存在显著差异（$|AR|>2.58$），男生人数比例高于女生；认为“偷东西都是违反法律和道德的”，即道德判断水平处于阶段四的男女生之间存在显著差异（$|AR|>2.58$），女生人数比例高于男生；认为“不管怎样，好人不能偷东西”，即道德判断水平处于阶段六的男女生之间存在显著差异（$|AR|>2.58$），男生人数比例高于女生。

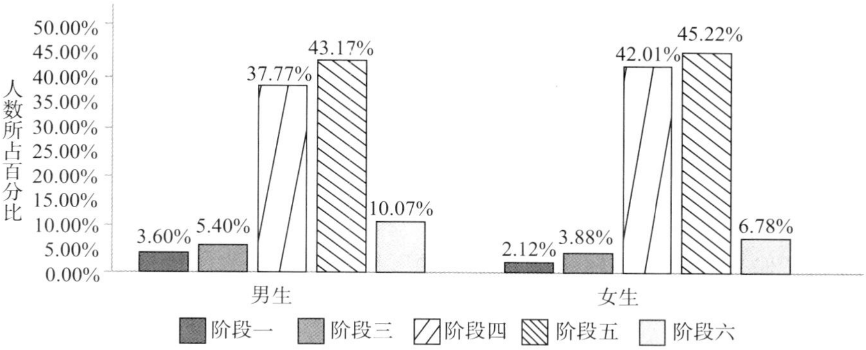

图 3-18 "否定性"道德判断水平与儿童性别分布图

认为"他成了小偷,就不是好爸爸了",即道德判断水平处于阶段三的男女生之间存在比较显著的差异(1.96＜|AR|≤2.58),男生人数比例高于女生。

认为"富人不道德,但这不是穷人违反法律的理由",即道德判断水平处于阶段五的男女生之间不存在显著差异(|AR|≤1.96)。

(3) 城乡差异。

经差异检验发现,本省城乡儿童的"否定性"道德判断水平总体上存在非常显著的差异(卡方值＝35.270,$P \leqslant 0.01$)。

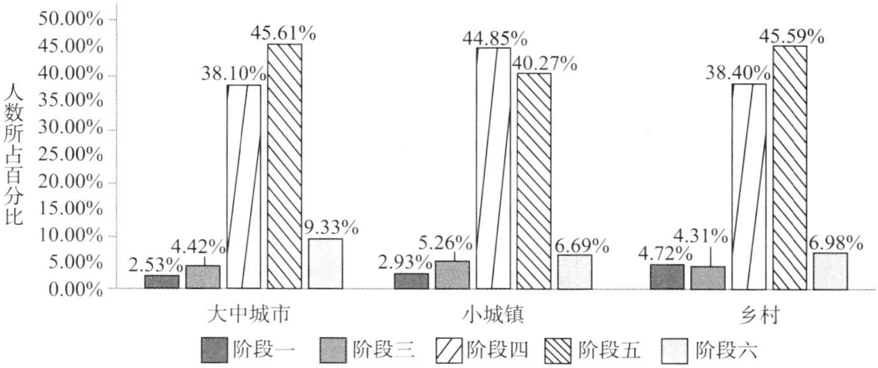

图 3-19 "否定性"道德判断水平与儿童城乡分布图

城乡儿童各选项百分比如图 3-19 所示,经进一步统计分析发现:

认为"偷东西都是违反法律和道德的",即道德判断水平处于阶段四的小城镇和大中城市的儿童之间存在显著差异(|AR|＞2.58),人数比例基本在大中城市、小城镇、乡村上呈倒 V 形趋势;认为"富人不道德,但这不是穷人违反法律

的理由”，即道德判断水平处于阶段五的大中城市和小城镇的儿童之间存在显著差异（$|AR|>2.58$），人数比例基本在大中城市、小城镇、乡村上呈V形趋势；认为“不管怎样，好人不能偷东西”，即道德判断水平处于阶段六的大中城市和小城镇儿童之间存在显著差异（$|AR|>2.58$），人数比例基本在大中城市、小城镇、乡村上呈V形趋势。

认为“偷东西都是违反法律和道德的”，即道德判断水平处于阶段四的乡村儿童与大中城市、小城镇的儿童相比，不存在显著差异（$|AR|\leqslant 1.96$）；认为“富人不道德，但这不是穷人违反法律的理由”，即道德判断水平处于阶段五的乡村儿童与大中城市、小城镇的儿童相比，不存在显著差异（$|AR|\leqslant 1.96$）；认为“不管怎样，好人不能偷东西”，即道德判断水平处于阶段六的乡村儿童与大中城市、小城镇的儿童相比，不存在显著差异（$|AR|\leqslant 1.96$）。

在道德判断水平阶段一、阶段三上，城乡儿童之间均不存在显著差异（$|AR|\leqslant 1.96$）。

（4）生活满意度差异。

经差异检验发现，本省不同生活满意度儿童的“否定性”道德判断水平总体上存在非常显著的差异（卡方值=91.509，$P\leqslant 0.01$）。

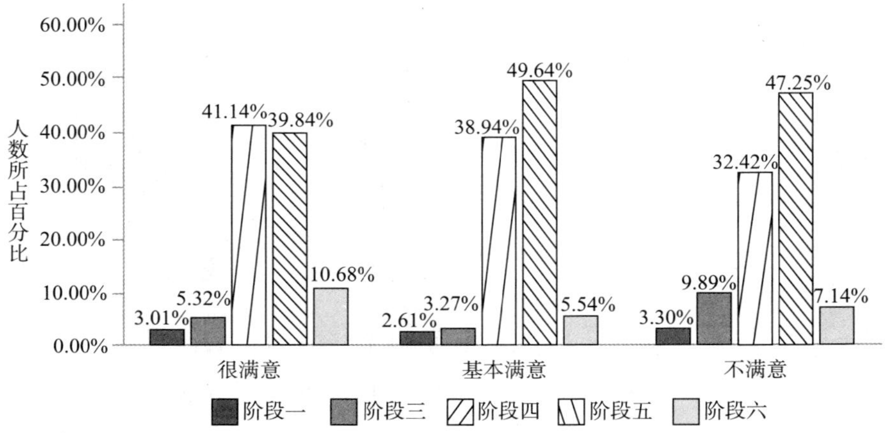

图3-20 “否定性”道德判断水平与儿童生活满意度分布图

不同生活满意度儿童各选项百分比如图3-20所示，经进一步统计分析发现：

认为“他成了小偷，就不是好爸爸了”，即道德判断水平处于阶段三的对生活很满意、对生活基本满意、对生活不满意的儿童之间存在显著差异（$|AR|>2.58$），人数比例基本上在很满意、基本满意和不满意上呈V形趋势。

认为“富人不道德，但这不是穷人违反法律的理由”，即道德判断水平处于阶段五的对生活基本满意和对生活很满意的儿童之间存在显著差异（$|AR|>2.58$），人数比例基本上在很满意、基本满意和不满意上呈倒V形趋势；认为“不管怎样，好人不能偷东西”，即道德判断水平处于阶段六的对生活很满意和对生活基本满意的儿童之间存在显著差异（$|AR|>2.58$），人数比例基本上在很满意、基本满意和不满意上呈V形趋势。

认为“富人不道德，但这不是穷人违反法律的理由”，即道德判断水平处于阶段五的对生活不满意的儿童与对生活很满意、对生活基本满意的儿童相比，不存在显著差异（$|AR|\leqslant 1.96$）；认为“不管怎样，好人不能偷东西”，即道德判断水平处于阶段六的对生活不满意的儿童与对生活很满意、对生活基本满意的儿童相比，不存在显著差异（$|AR|\leqslant 1.96$）。

在道德判断水平阶段一、阶段四上，不同生活满意度儿童之间均不存在显著差异（$|AR|\leqslant 1.96$）。

（5）家庭生活方式差异。

经差异检验发现，本省不同家庭生活方式儿童的“否定性”道德判断水平总体上不存在显著差异（卡方值$=16.097$，$P=0.446>0.05$）。

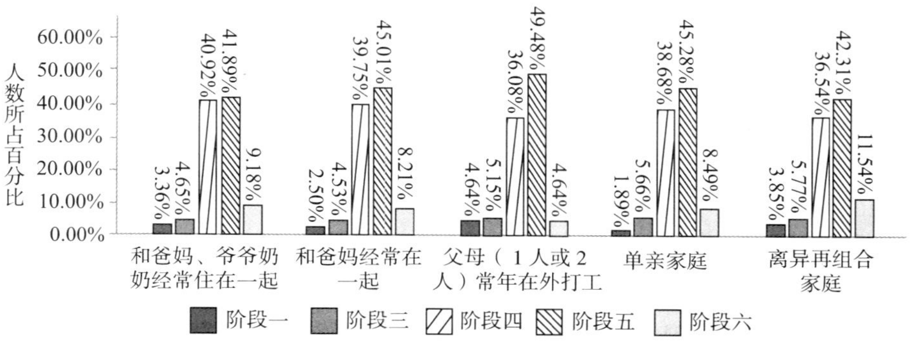

图3-21 “否定性”道德判断水平与儿童家庭生活方式分布图

不同家庭生活方式儿童各选项百分比如图3-21所示，经进一步统计分析发现：

在道德判断水平阶段一、阶段三、阶段四、阶段五、阶段六上，不同家庭生活方式儿童之间均不存在显著差异（$|AR| \leqslant 1.96$）。

认为“偷粮食会被惩罚的”，即道德判断水平处于阶段一的“父母（1 人或 2 人）常年在外打工”的儿童人数比例最高，“单亲家庭”的儿童人数比例最低；认为“他成了小偷，就不是好爸爸了”，即道德判断水平处于阶段三的“离异再组合家庭”的儿童人数比例最高，“和爸妈经常在一起”的儿童人数比例最低；认为“偷东西都是违反法律和道德的”，即道德判断水平处于阶段四的“和爸妈、爷爷奶奶经常住在一起”的儿童人数比例最高，“父母（1 人或 2 人）常年在外打工”的儿童人数比例最低；认为“富人不道德，但这不是穷人违反法律的理由”，即道德判断水平处于阶段五的“父母（1 人或 2 人）常年在外打工”的儿童人数比例最高，“和爸妈、爷爷奶奶经常住在一起”的儿童人数比例最低；认为“不管怎样，好人不能偷东西”，即道德判断水平处于阶段六的“离异再组合家庭”的儿童人数比例最高，“父母（1 人或 2 人）常年在外打工”的儿童人数比例最低。

3.1.4 儿童“两难性”道德判断理由与水平

30.00％的河北省儿童不知道是否该支持李德偷粮食，认为“不能救自己家人的生命，良心会过意不去；但是偷别人的东西，即使没被抓住，还是会觉得人生有了污点”，表明这部分儿童的道德判断水平可能达到了阶段六“以普遍伦理原则为价值取向”。

17.13％的河北省儿童认为“家人饿死，李德会很伤心；但偷东西，可能会被抓住受惩罚”，表明这部分儿童的道德判断水平可能处于阶段一“以惩罚和服从为价值取向”。

16.94％的河北省儿童认为“偷东西可以让家人活下来；但如果被抓住，他就不能再照顾家人”，表明这部分儿童的道德判断水平可能处于阶段二“以个人的功利主义与交换为价值取向”。

13.51％的河北省儿童认为“救家人是好父亲；但偷东西就成了坏人”，表明这部分儿童的道德判断水平可能处于阶段三“以协调人际关系为价值取向”。

10.17％的河北省儿童认为“法律没有保护穷人；但做事不能违反法律”，表明这部分儿童的道德判断水平可能处于阶段四“以法律与秩序为价值取向”。

9.99%的河北省儿童认为“一个好父亲应当照顾好家人;但如果人人都这么做,天下会大乱”,表明这部分儿童的道德判断水平可能处于阶段五“以社会契约为价值取向”。(见图3-22)

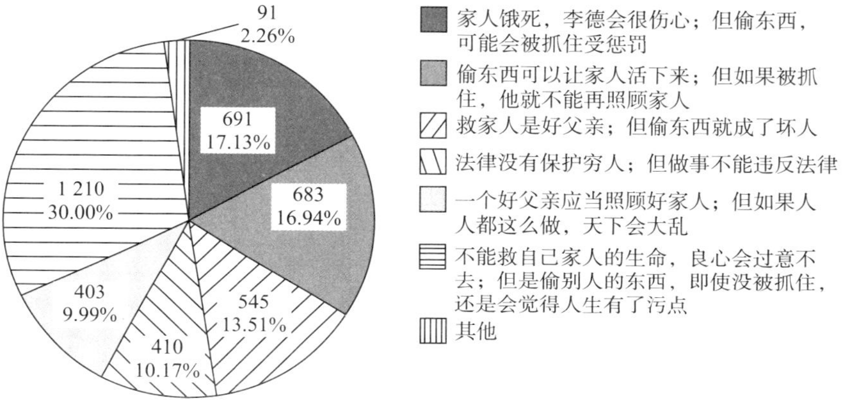

图3-22 “两难性”道德判断水平与儿童人数百分比分布图

(1) 年段差异。

经差异检验发现,本省不同年段儿童的“两难性”道德判断水平总体上存在非常显著的差异(卡方值=78.471,$P \leqslant 0.01$)。

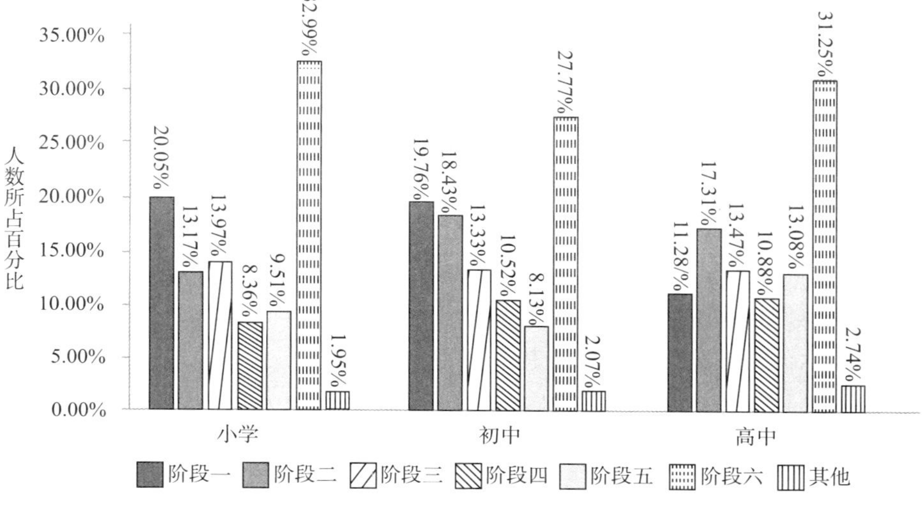

图3-23 “两难性”道德判断水平与儿童年段分布图

不同年段的儿童各选项百分比如图3－23所示，经进一步统计分析发现：

认为“家人饿死，李德会很伤心；但偷东西，可能会被抓住受惩罚”，即道德判断水平处于阶段一的小学生、初中生、高中生之间存在显著差异（$|AR|>2.58$），人数比例基本随着年段的上升呈下降趋势。

认为“一个好父亲应当照顾好家人；但如果人人都这么做，天下会大乱”，即道德判断水平处于阶段五的高中生和初中生之间存在显著差异（$|AR|>2.58$），人数比例基本随着年段的上升呈V形趋势。

认为“偷东西可以让家人活下来；但如果被抓住，他就不能再照顾家人”，即道德判断水平处于阶段二的初中生与小学生之间存在显著差异（$|AR|>2.58$），人数比例基本随着年段的上升呈倒V形趋势。

认为“不能救自己家人的生命，良心会过意不去；但是偷别人的东西，即使没被抓住，还是会觉得人生有了污点”，即道德判断水平处于阶段六的小学生与初中生之间存在显著差异（$|AR|>2.58$），人数比例基本随着年段的上升呈V形趋势。

认为“一个好父亲应当照顾好家人；但如果人人都这么做，天下会大乱”，即道德判断水平处于阶段五的小学生与初中生、高中生相比，不存在显著差异（$|AR|\leqslant1.96$）。

认为“偷东西可以让家人活下来；但如果被抓住，他就不能再照顾家人”，即道德判断水平处于阶段二的高中生与小学生、初中生相比，不存在显著差异（$|AR|\leqslant1.96$）。

认为“不能救自己家人的生命，良心会过意不去；但是偷别人的东西，即使没被抓住，还是会觉得人生有了污点”，即道德判断水平处于阶段六的高中生与小学生、初中生相比，不存在显著差异（$|AR|\leqslant1.96$）。

在道德判断水平阶段三、阶段四，不同年段儿童之间均不存在显著差异（$|AR|\leqslant1.96$）。

从年级变化趋势图可以看出，小学四年级至高中三年级儿童处于道德判断水平阶段六的人数比例高于处于其他水平的人数比例；处于阶段二、阶段四、阶段五的人数比例整体上略呈上升趋势；处于阶段一的人数比例整体上略有下降；处于阶段三的儿童人数比例从初中二年级至高中三年级呈逐渐下降的趋势。（见图3－24）

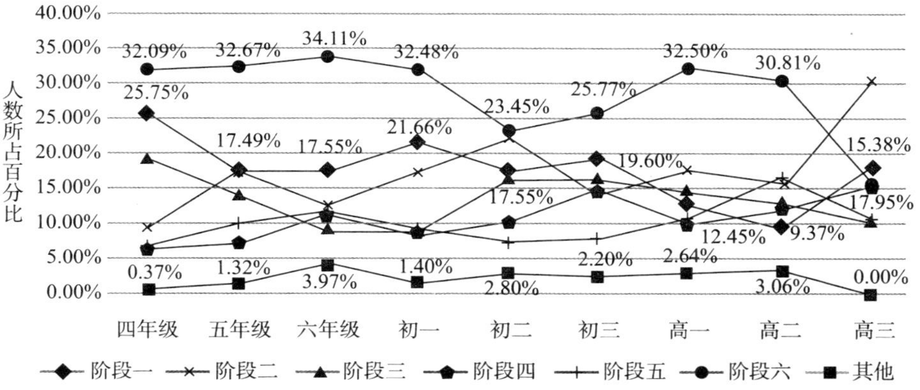

图 3－24 “两难性”道德判断水平与儿童年级变化趋势图

(2) 性别差异。

经差异检验发现，本省不同性别儿童的“两难性”道德判断水平总体上不存在显著的差异(卡方值＝12.372，$P=0.054>0.05$)。

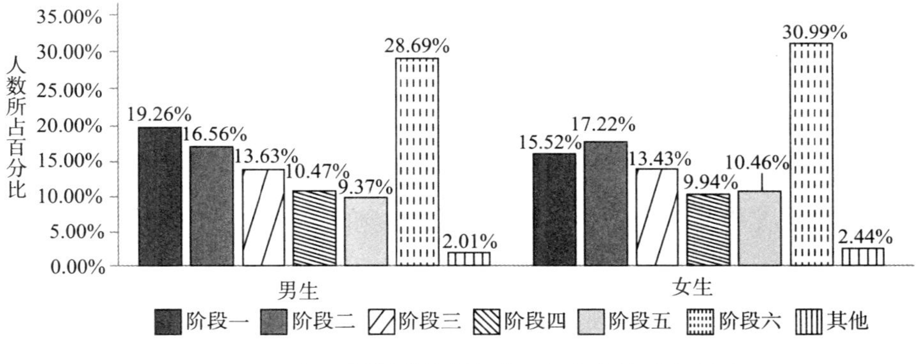

图 3－25 “两难性”道德判断水平与儿童性别分布图

男女生各选项百分比如图 3－25 所示，经进一步统计分析发现：

在道德判断水平阶段一、阶段二、阶段三、阶段四、阶段五、阶段六上，男女生之间均不存在显著差异($|AR|\leqslant 1.96$)。

(3) 城乡差异。

经差异检验发现，本省城乡儿童的“两难性”道德判断水平总体上存在比较显著的差异(卡方值＝25.375，$P=0.013\leqslant 0.05$)。

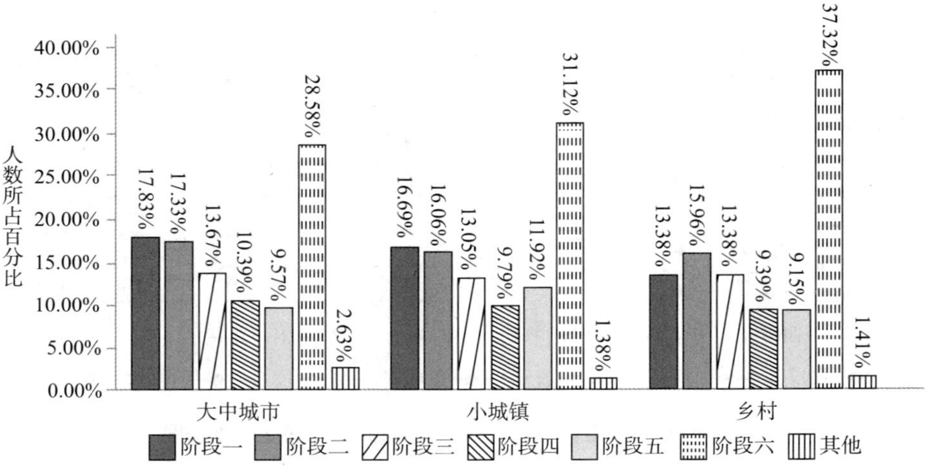

图 3－26 “两难性”道德判断水平与儿童城乡分布图

城乡儿童各选项百分比如图 3－26 所示，经进一步统计分析发现：

认为“不能救自己家人的生命，良心会过意不去；但是偷别人的东西，即使没被抓住，还是会觉得人生有了污点”，即道德判断水平处于阶段六的乡村儿童与大中城市儿童间差异非常显著（$|AR|>2.58$），人数比例基本在大中城市、小城镇、乡村上呈上升趋势。

认为“不能救自己家人的生命，良心会过意不去；但是偷别人的东西，即使没被抓住，还是会觉得人生有了污点”，即道德判断水平处于阶段六的小城镇儿童与大中城市、乡村的相比，不存在显著差异（$|AR|\leqslant 1.96$）。

在道德判断水平阶段一、阶段二、阶段三、阶段四、阶段五上，城乡儿童之间均不存在显著差异（$|AR|\leqslant 1.96$）。

（4）生活满意度差异。

经差异检验发现，本省不同生活满意度儿童的“两难性”道德判断水平总体上不存在显著差异（卡方值$=15.996$，$P=0.191>0.05$）。

不同生活满意度儿童各选项百分比如图 3－27 所示，经进一步统计分析发现：

在道德判断水平阶段一、阶段二、阶段三、阶段四、阶段五、阶段六上，不同生活满意度儿童之间均不存在显著差异（$|AR|\leqslant 1.96$）。

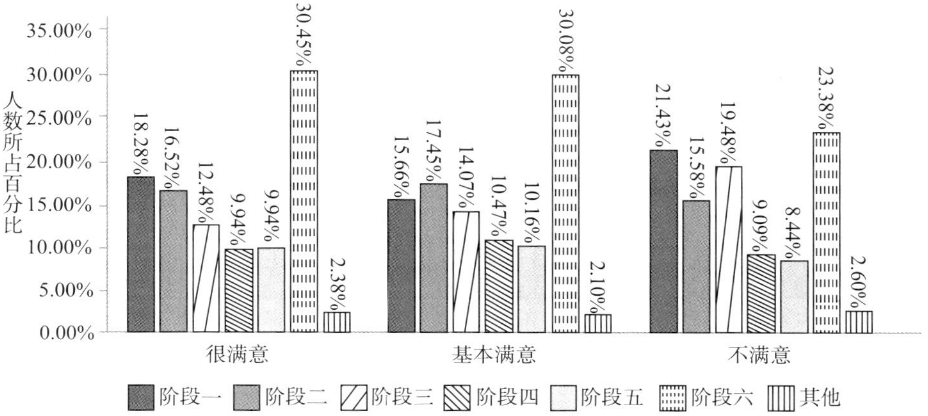

图 3－27 “两难性”道德判断水平与儿童生活满意度分布图

认为“家人饿死，李德会很伤心；但偷东西，可能会被抓住受惩罚”，即道德判断水平处于阶段一的对生活不满意的儿童人数比例最高，人数比例基本随着生活满意度的下降呈 V 形趋势；认为“偷东西可以让家人活下来；但如果被抓住，他就不能再照顾家人”，即道德判断水平处于阶段二的对生活基本满意的儿童人数比例最高，人数比例基本随着生活满意度的下降呈倒 V 形趋势；认为“救家人是好父亲；但偷东西就成了坏人”，即道德判断水平处于阶段三的对生活不满意的儿童人数比例最高，人数比例基本随着生活满意度的下降呈上升趋势；认为“法律没有保护穷人；但做事不能违反法律”，即道德判断水平处于阶段四的对生活基本满意的儿童人数比例最高，人数比例基本随着生活满意度的下降呈倒 V 形趋势；认为“一个好父亲应当照顾好家人；但如果人人都这么做，天下会大乱”，即道德判断水平处于阶段五的对生活基本满意的儿童人数比例最高，人数比例基本随着生活满意度的下降呈倒 V 形趋势；认为“不能救自己家人的生命，良心会过意不去；但是偷别人的东西，即使没被抓住，还是会觉得人生有了污点”，即道德判断水平处于阶段六的对生活很满意的儿童人数比例最高，人数比例基本随着生活满意度的下降呈下降趋势。

(5) 家庭生活方式差异。

经差异检验发现，本省不同家庭生活方式儿童的“两难性”道德判断水平总体上不存在显著差异(卡方值＝28.689，P＝0.232＞0.05)。

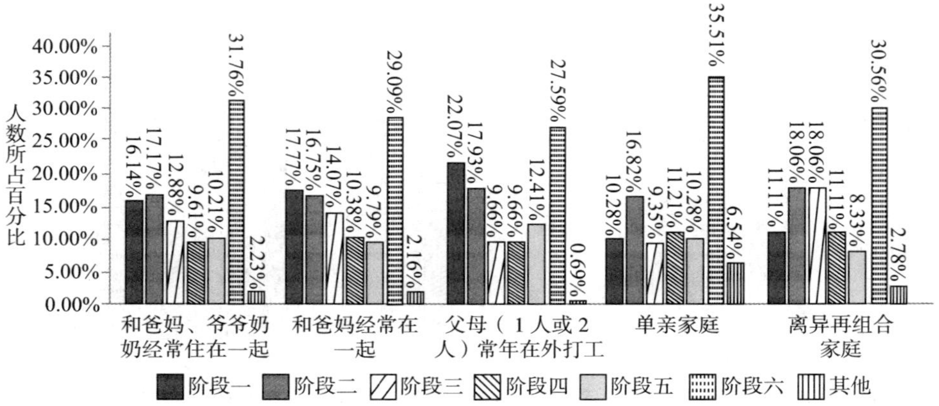

图 3－28 "两难性"道德判断水平与儿童家庭生活方式分布图

不同家庭生活方式儿童各选项百分比如图 3－28 所示，经进一步统计分析发现：

在不同的道德判断水平阶段，不同家庭生活方式的儿童之间均不存在显著差异（$|AR|\leqslant 1.96$）。

认为"家人饿死，李德会很伤心；但偷东西，可能会被抓住受惩罚"，即道德判断水平处于阶段一的"父母（1 人或 2 人）常年在外打工" 儿童的人数比例最高；认为"偷东西可以让家人活下来；但如果被抓住，他就不能再照顾家人"，即道德判断水平处于阶段二的"离异再组合家庭"儿童的人数比例最高；认为"救家人是好父亲；但偷东西就成了坏人"，即道德判断水平处于阶段三的"离异再组合家庭"儿童的人数比例最高；认为"法律没有保护穷人；但做事不能违反法律"，即道德判断水平处于阶段四的"单亲家庭"儿童的人数比例最高；认为"一个好父亲应当照顾好家人；但如果人人都这么做，天下会大乱"，即道德判断水平处于阶段五的"父母（1 人或 2 人）常年在外打工"儿童的人数比例最高；认为"不能救自己家人的生命，良心会过意不去；但是偷别人的东西，即使没被抓住，还是会觉得人生有了污点"，即道德判断水平处于阶段六的"单亲家庭"儿童的人数比例最高。

3.2 儿童道德行为理由

本维度的设计意在对当前儿童的道德行为依据进行调查。在调查问卷中，我们设计了这样的问题"刘晓同学总是坚持自觉排队，我觉得他这样做最主要是因为……"，提供了六个选项，分别为"老师和爸妈都教过他要自觉排队"、"经常看到自己尊敬的校长自觉排队打饭，所以自己要排队"、"排队可以得到表扬"、"排队效率更高"、"排队是一种文明行为"、"其他(需自己填写)"。

调查结果显示：

81.55%的河北省儿童选择"排队是一种文明行为"，表明这部分儿童道德行为的依据更倾向于社会普遍认可的规范或观念；6.27%的儿童选择"老师和爸妈都教过他要自觉排队"，表明这部分儿童道德行为的依据更倾向于权威力量的要求；4.64%的河北省儿童选择"排队效率更高"，表明这部分儿童道德行为的依据可能是集体效率；4.44%的河北省儿童选择"经常看到自己尊敬的校长自觉排队打饭，所以自己要排队"，表明这部分儿童道德行为动力更可能来自于道德榜样；1.79%的河北省儿童选择"排队可以得到表扬"，表明这部分儿童道德行为的依据可能是个体功利。(见图 3-29)

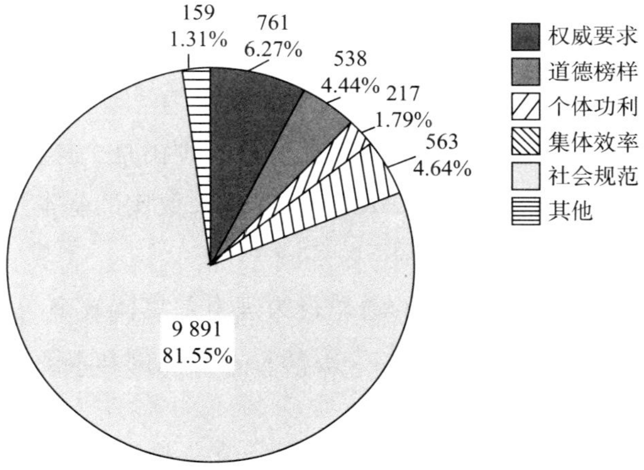

图 3-29　道德行为理由与儿童人数百分比分布图

（1）年段差异。

经差异检验发现，本省不同年段儿童认可的道德行为理由总体上存在非常显著的差异（卡方值=110.150，$P\leqslant 0.01$）。

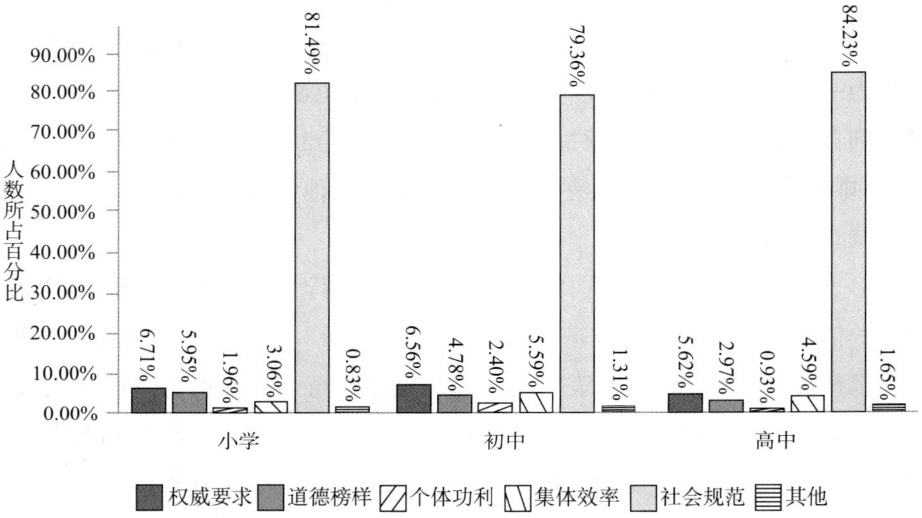

图 3-30　道德行为理由与儿童年段分布图

不同年段儿童各选项百分比如图 3-30 所示，经进一步统计分析发现：

在“经常看到自己尊敬的校长自觉排队打饭，所以自己要排队”，即认可的道德行为理由是道德榜样的选项上，小学生和高中生之间存在显著差异（$|AR|>2.58$），人数比例基本随着年段的上升呈下降趋势。

在“排队可以得到表扬”，即认可的道德行为理由是个体功利的选项上，初中和高中生之间存在显著差异（$|AR|>2.58$），人数比例基本随着年段的上升呈倒 V 形趋势。

在“排队效率更高”，即认可的道德行为理由是集体效率的选项上，初中生和小学生之间存在显著差异（$|AR|>2.58$），人数比例基本随着年段的上升呈倒 V 形趋势。

在“排队是一种文明行为”，即认可的道德行为理由是社会规范的选项上，高中生与初中生之间存在显著差异（$|AR|>2.58$），人数比例基本随着年段的上升呈 V 形趋势。

在“经常看到自己尊敬的校长自觉排队打饭，所以自己要排队”，即认可的道德行为理由是道德榜样的选项上，初中生与小学生、高中生相比，不存在显著差异（$|AR| \leqslant 1.96$）。

在“排队可以得到表扬”，即认可的道德行为理由是个体功利的选项上，小学生与初中生、高中生相比，不存在显著差异（$|AR| \leqslant 1.96$）。

在“排队效率更高”，即认可的道德行为理由是集体效率的选项上，高中生与小学生、初中生相比，不存在显著差异（$|AR| \leqslant 1.96$）。

在“老师和爸妈都教过他要自觉排队”，即认可的道德行为理由是权威力量要求的选项上，不同年段儿童之间均不存在显著差异（$|AR| \leqslant 1.96$）。

在“排队是一种文明行为”，即认可的道德行为理由是社会规范的选项上，小学生与初中生、高中生相比，不存在显著差异（$|AR| \leqslant 1.96$）。

从道德行为理由与儿童年级变化趋势图可以看出，不同年段儿童普遍认可的道德行为理由是社会规范。儿童认可的道德行为理由基本上不随年龄的变化而发生大幅度变化。（见图 3 - 31）

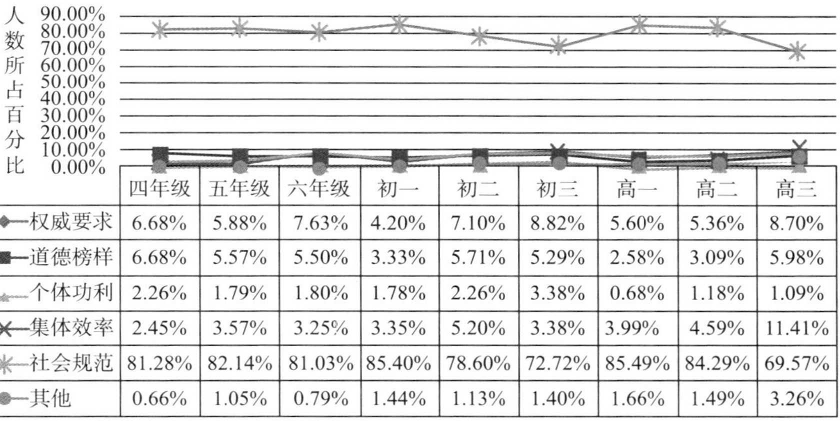

	四年级	五年级	六年级	初一	初二	初三	高一	高二	高三
权威要求	6.68%	5.88%	7.63%	4.20%	7.10%	8.82%	5.60%	5.36%	8.70%
道德榜样	6.68%	5.57%	5.50%	3.33%	5.71%	5.29%	2.58%	3.09%	5.98%
个体功利	2.26%	1.79%	1.80%	1.78%	2.26%	3.38%	0.68%	1.18%	1.09%
集体效率	2.45%	3.57%	3.25%	3.35%	5.20%	3.38%	3.99%	4.59%	11.41%
社会规范	81.28%	82.14%	81.03%	85.40%	78.60%	72.72%	85.49%	84.29%	69.57%
其他	0.66%	1.05%	0.79%	1.44%	1.13%	1.40%	1.66%	1.49%	3.26%

权威要求　道德榜样　个体功利　集体效率　社会规范　其他

图 3 - 31　道德行为理由与儿童年级变化趋势图

（2）性别差异。

经差异检验发现，本省不同性别儿童认可的道德行为理由总体上存在非常显著的差异（卡方值$=117.665$，$P \leqslant 0.01$）。

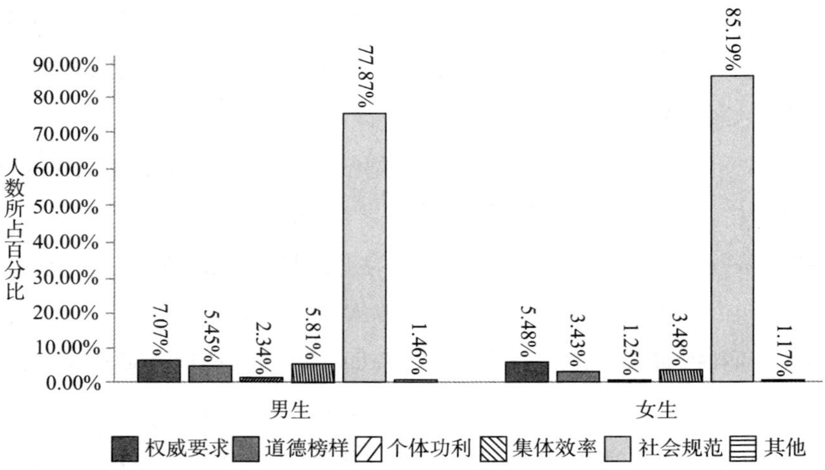

图 3－32　道德行为理由与儿童性别分布图

男女生各选项百分比如图 3－32 所示，经进一步统计分析发现：

在“老师和爸妈都教过他要自觉排队”即认可的道德行为理由是权威力量要求，“经常看到自己尊敬的校长自觉排队打饭，所以自己要排队”即认可的道德行为理由是道德榜样，“排队可以得到表扬”即认可的道德行为理由是个体功利，“排队效率更高”即认可的道德行为理由是集体效率，“排队是一种文明行为”即认可的道德行为理由是社会规范这些选项上，男女生之间存在非常显著的差异（$|AR|>2.58$）。

（3）城乡差异。

经差异检验发现，本省城乡儿童认可的道德行为理由总体上存在非常显著的差异（卡方值＝38.697，$P\leqslant 0.01$）。

城乡儿童各选项百分比如图 3－33 所示，经进一步统计分析发现：

在“老师和爸妈都教过他要自觉排队”，即认可的道德行为理由是权威力量要求选项上，大中城市儿童和小城镇儿童之间存在非常显著的差异（$|AR|>2.58$），人数比例基本在大中城市、小城镇、乡村上呈 V 形趋势。

在“排队可以得到表扬”，即认可的道德行为理由是个体功利的选项上，乡村儿童与大中城市儿童之间存在非常显著的差异（$|AR|>2.58$），人数比例基本在大中城市、小城镇、乡村上呈上升趋势。

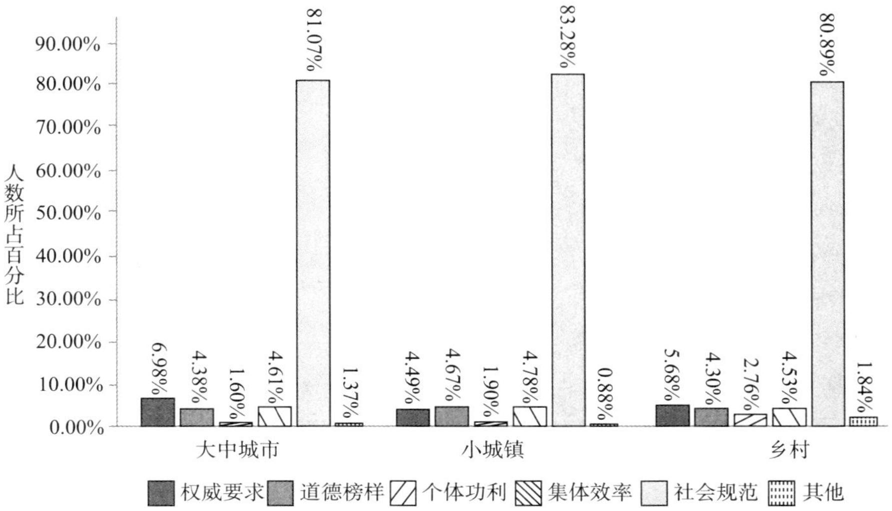

图 3－33　道德行为理由与儿童城乡分布图

在“老师和爸妈都教过他要自觉排队”，即认可的道德行为理由是权威力量要求选项上，乡村儿童与大中城市、小城镇的儿童相比，不存在显著差异（$|AR|\leqslant 1.96$）。

在“排队可以得到表扬”，即认可的道德行为理由是个体功利的选项上，小城镇儿童与大中城市、乡村的儿童相比，不存在显著差异（$|AR|\leqslant 1.96$）。

在“经常看到自己尊敬的校长自觉排队打饭，所以自己要排队”，即认可的道德行为理由是道德榜样，“排队是一种文明行为”，即认可的道德行为理由是社会规范，“排队效率更高”，即认可的道德行为理由是集体效率选项上，城乡儿童之间均不存在显著差异（$|AR|\leqslant 1.96$）。

（4）生活满意度差异。

经差异检验发现，本省不同生活满意度儿童认可的道德行为理由总体上存在非常显著的差异（卡方值＝92.061，$P\leqslant 0.01$）。

不同生活满意度儿童各选项百分比如图 3－34 所示，经进一步统计分析发现：

在“排队可以得到表扬”，即认可的道德行为理由是个体功利选项上，对生活不满意的儿童和对生活很满意儿童之间存在非常显著的差异（$|AR|>$

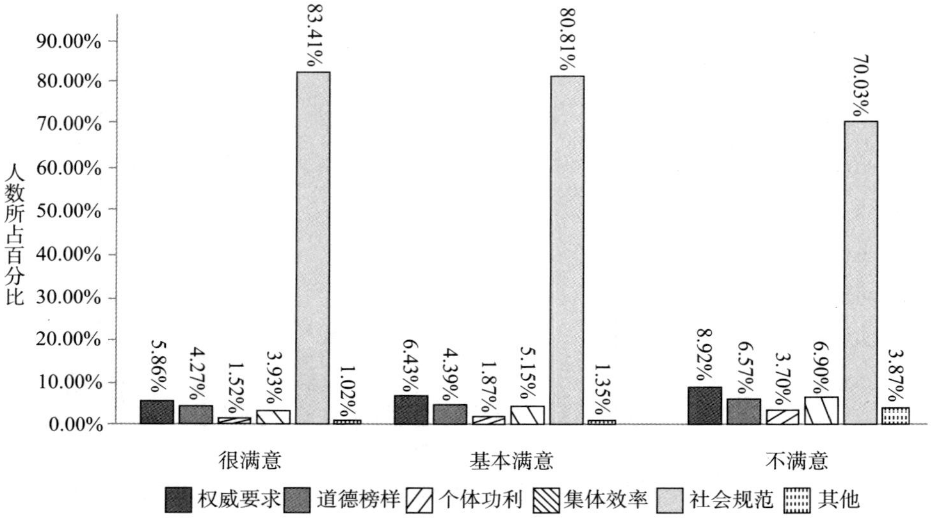

图 3－34　道德行为理由与儿童生活满意度分布图

2.58)，人数比例基本随着生活满意度的下降呈上升趋势。

在“排队是一种文明行为”，即认可的道德行为理由是社会规范选项上，对生活很满意的儿童和对生活不满意的儿童之间存在非常显著的差异（$|AR|>2.58$），人数比例基本随着生活满意度的下降呈下降趋势。

在“排队效率更高”，即认可的道德行为理由是集体效率选项上，不同生活满意度儿童之间存在比较显著的差异（$1.96<|AR|\leqslant 2.58$），人数比例基本随着生活满意度的下降呈上升趋势。

在“排队可以得到表扬”，即认可的道德行为理由是个体功利选项上，对生活基本满意的儿童与对生活很满意、对生活不满意的儿童相比，不存在显著差异（$|AR|\leqslant 1.96$）。

在“排队是一种文明行为”，即认可的道德行为理由是社会规范选项上，对生活基本满意的儿童与对生活很满意、对生活不满意的儿童相比，不存在显著差异（$|AR|\leqslant 1.96$）。

在“老师和爸妈都教过他要自觉排队”，即认可的道德行为理由是权威力量要求；“经常看到自己尊敬的校长自觉排队打饭，所以自己要排队”，即认可的道德行为理由是道德榜样选项上，不同生活满意度儿童之间均不存在显著差异

(|AR|≤1.96)。

(5) 家庭生活方式差异。

经差异检验发现，本省不同家庭生活方式儿童认可的道德行为理由总体上存在非常显著的差异(卡方值=61.101，P≤0.01)。

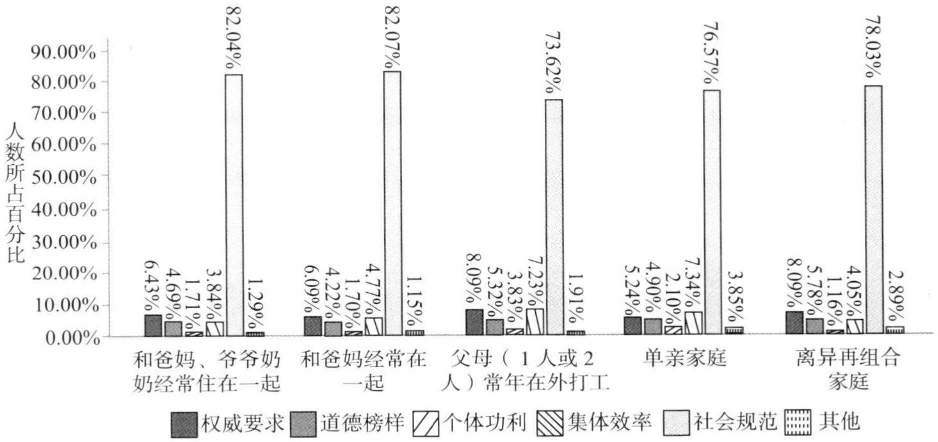

图 3-35　道德行为理由与儿童家庭生活方式分布图

不同家庭生活方式儿童各选项百分比如图 3-35 所示，经进一步统计分析发现：

在“排队效率更高”，即认可的道德行为理由是集体效率选项上，“父母(1 人或 2 人)常年在外打工”、“和爸妈、爷爷奶奶经常住在一起”、“单亲家庭”的儿童之间存在比较显著的差异(1.96<|AR|≤2.58)。

在“排队是一种文明行为”，即认可的道德行为理由是社会规范选项上，“单亲家庭”、“父母(1 人或 2 人)常年在外打工”的儿童之间存在比较显著的差异(1.96<|AR|≤2.58)。

在“排队效率更高”，即认可的道德行为理由是集体效率选项上，“和爸妈经常在一起”、“离异再组合家庭”的儿童与其他家庭生活方式的儿童之间不存在显著差异(|AR|≤1.96)。

在“排队是一种文明行为”，即认可的道德行为理由是社会规范选项上，“和爸妈、爷爷奶奶经常住在一起”、“和爸妈经常在一起”、“离异再组合家庭”的儿

童与其他家庭生活方式的儿童之间不存在显著差异（$|AR| \leqslant 1.96$）。

在“老师和爸妈都教过他要自觉排队”，即认可的道德行为理由是权威力量要求；“经常看到自己尊敬的校长自觉排队打饭，所以自己要排队”，即认可的道德行为理由是道德榜样；“排队可以得到表扬”，即认可的道德行为理由是个体功利选项上，不同家庭生活方式儿童之间均不存在显著差异（$|AR| \leqslant 1.96$）。

4 河北省儿童道德行为发展状况

4.1 个人诚信行为

整体上看，河北省儿童行为的诚信度高，诚信行为表现良好。

调查结果显示，90.39%的河北省儿童表示买东西多找钱时，会主动“告诉卖家，退回多找的钱”，诚信度较高；6.00%的河北省儿童会因为“后来才发现，懒得回去，就算了”；另外3.61%的河北省儿童则表示“假装不知道，赶紧离开”。(见图4-1)

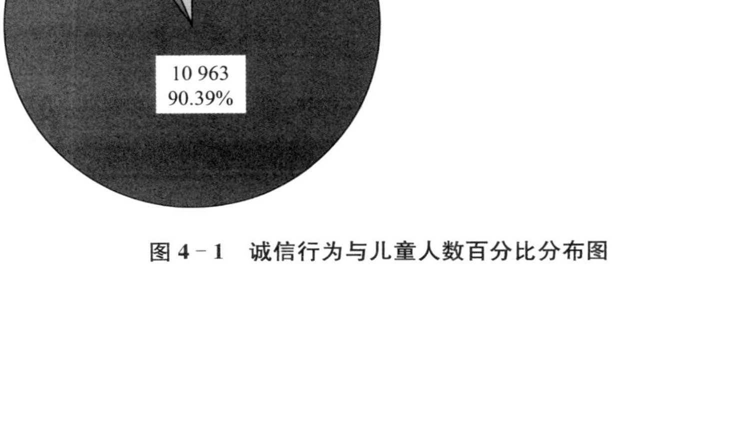

图4-1 诚信行为与儿童人数百分比分布图

(1) 年段差异。

经差异检验发现，本省不同年段儿童的诚信行为总体上存在非常显著的差异（卡方值=198.659，$P \leqslant 0.01$）。

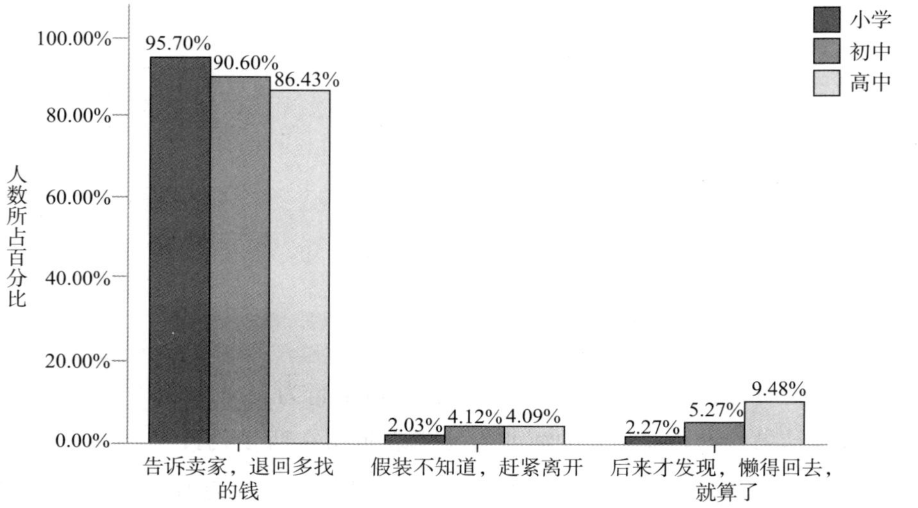

图 4-2　诚信行为与儿童年段分布图

不同年段儿童各选项百分比如图 4-2 所示，经进一步统计分析发现：

在选择“后来才发现，懒得回去，就算了”的被试中，小学生、初中生和高中生之间表现出显著差异（$|AR| > 2.58$），人数比例基本上随着年段的上升而呈上升趋势。

在选择“告诉卖家，退回多找的钱”的被试中，小学生与高中生间差异非常显著（$|AR| > 2.58$），人数比例基本上随着年段的上升而呈下降趋势。

在选择“假装不知道，赶紧离开”的被试中，小学生、初中生和高中生之间表现出比较显著的差异（$1.96 < |AR| \leqslant 2.58$）。

在选择“告诉卖家，退回多找的钱”的被试中，初中生与小学生、高中生相比，不存在显著差异（$|AR| \leqslant 1.96$）。

经差异检验发现，本省不同年级儿童的诚信行为总体上存在非常显著的差异（卡方值=257.293，$P \leqslant 0.01$）。

不同年级儿童各选项百分比如图 4-3 所示，经进一步统计分析发现：

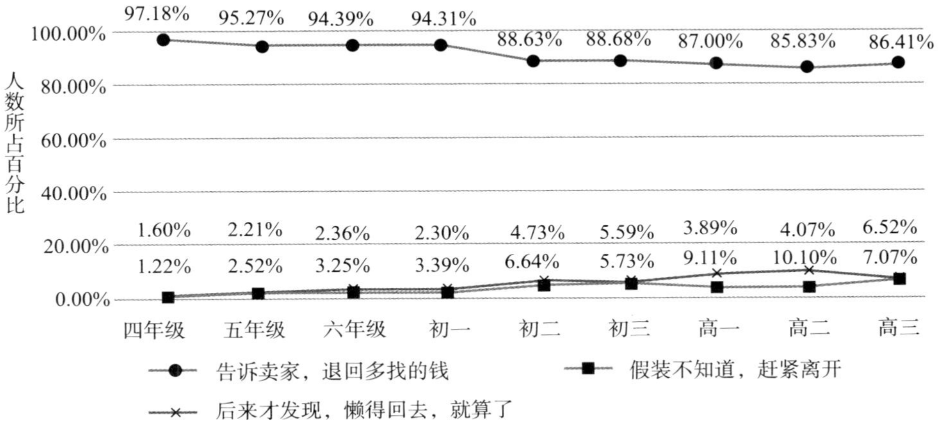

图 4-3　诚信行为与儿童年级变化趋势图

随着年级的上升，儿童中能保持诚信行为的人数比例呈下降趋势，儿童诚信度逐渐降低，小学、初中、高中各个年级的儿童之间差异非常显著（$|AR|>2.58$）。

（2）性别差异。

经差异检验发现，本省不同性别儿童的诚信行为总体上存在非常显著的差异（卡方值$=46.085$，$P\leqslant 0.01$）。

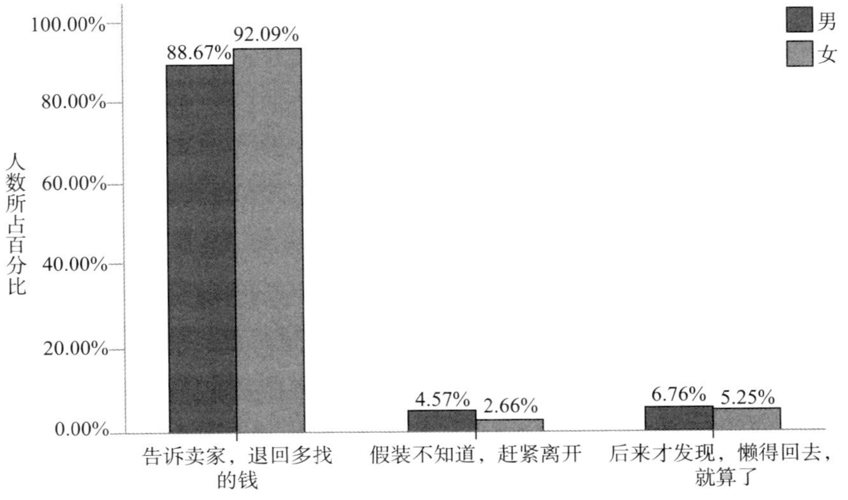

图 4-4　诚信行为与儿童性别分布图

不同性别儿童各选项百分比如图4－4所示，经进一步统计分析发现：

在选择“告诉卖家，退回多找的钱”，“假装不知道，赶紧离开”，“后来才发现，懒得回去，就算了”的被试中，男女生之间的差异非常显著（$|AR|>2.58$）。

（3）城乡差异。

经差异检验发现，本省城乡儿童的诚信行为总体上存在非常显著的差异（卡方值＝100.113，$P\leqslant 0.01$）。

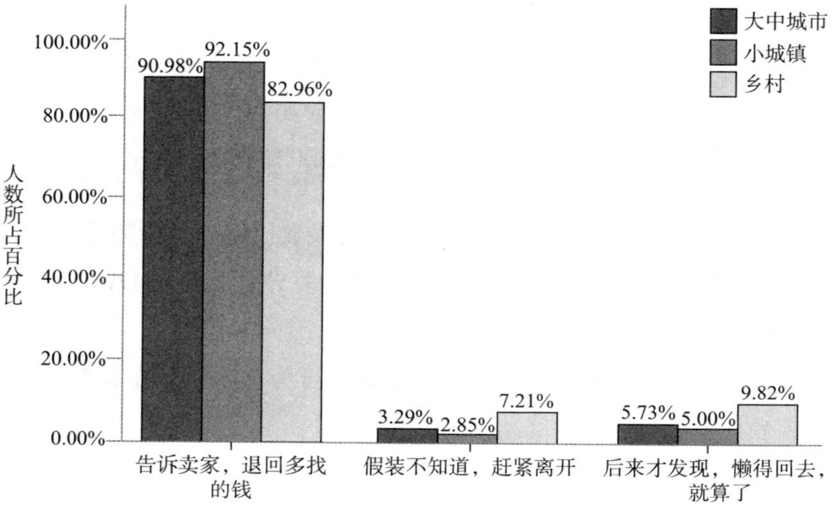

图4－5　诚信行为与儿童城乡分布图

城乡儿童各选项百分比如图4－5所示，经进一步统计分析发现：

在选择“告诉卖家，退回多找的钱”的被试中，大中城市儿童、小城镇儿童和乡村儿童之间表现出显著差异（$|AR|>2.58$），人数比例基本上在大中城市、小城镇和乡村的儿童之间呈倒V形趋势。

在选择“假装不知道，赶紧离开”的被试中，大中城市和乡村的儿童间的差异非常显著（$|AR|>2.58$），人数比例基本上在大中城市、小城镇和乡村之间呈V形趋势。

在选择“假装不知道，赶紧离开”的被试中，小城镇儿童与大中城市、乡村的儿童相比，不存在显著差异（$|AR|\leqslant 1.96$）。

在选择“后来才发现，懒得回去，就算了”的被试中，大中城市、小城镇、乡村

的儿童间不存在显著差异（$|AR| \leqslant 1.96$）。

(4) 生活满意度差异。

经差异检验发现，本省不同生活满意度儿童的诚信行为总体上存在非常显著的差异（卡方值=551.710，$P \leqslant 0.01$）。

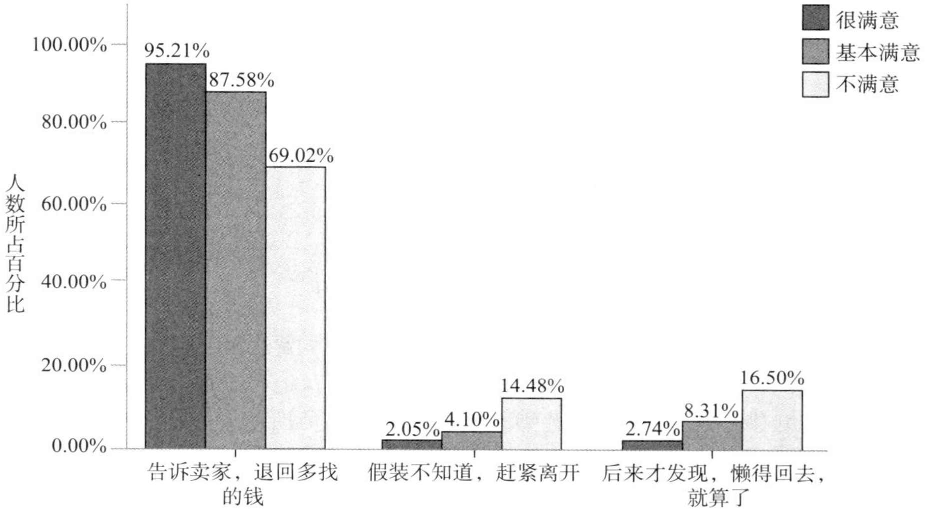

图 4-6 诚信行为与儿童生活满意度分布图

不同生活满意度儿童各选项百分比如图 4-6 所示，经进一步统计分析发现：

在三种选择上，不同生活满意度的儿童都呈现出显著差异（$|AR| > 2.58$）。在选择"告诉卖家，退回多找的钱"的被试中，对生活很满意的儿童人数比例高于对生活基本满意和不满意的儿童，人数比例基本上随着生活满意程度的下降而呈现逐渐消减的趋势；在选择"假装不知道，赶紧离开"的被试中，对生活不满意的儿童人数比例高于对生活基本满意和很满意的儿童，人数比例基本上随着生活满意程度的下降而呈现逐渐增长的趋势；在选择"后来才发现，懒得回去，就算了"的被试中，对生活不满意的儿童人数比例高于对生活基本满意和很满意的儿童，人数比例基本上随着生活满意程度的下降而呈现逐渐增长的趋势。

(5) 家庭生活方式差异。

经差异检验发现，本省不同家庭生活方式儿童的诚信行为总体上存在非常显著的差异（卡方值＝35.312，$P\leqslant0.01$）。

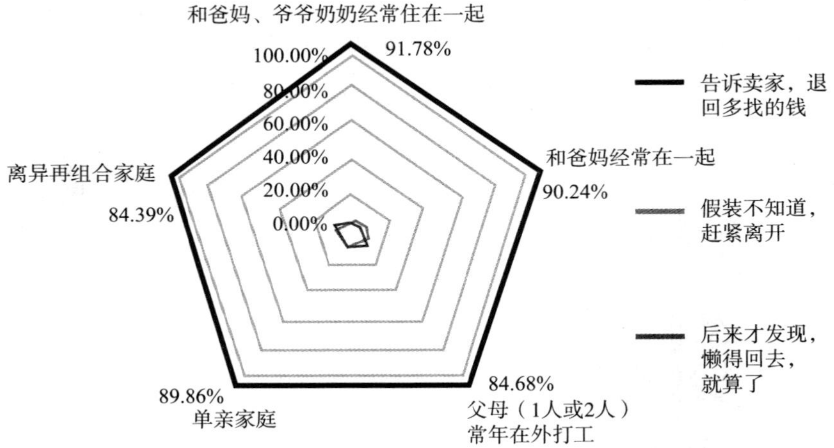

图 4－7　诚信行为与儿童家庭生活方式雷达图

不同家庭生活方式儿童各选项百分比如图 4－7 所示，经进一步统计分析发现：

“和爸妈、爷爷奶奶经常住在一起”的儿童中，91％以上的人都能做到诚信，高于其他家庭生活方式下该项的占比；与“父母（1 人或 2 人）常年在外打工”、“离异再组合家庭”的儿童间的差异非常显著（$|AR|>2.58$），其余家庭生活方式间的差异不显著（$|AR|\leqslant1.96$）。健全的家庭生活模式更有利于良好的道德行为的出现。

4.2　家庭感恩回报行为

对于家人的关心，84.15％的河北省儿童能够经常在家庭生活中有感恩行为，12.85％的河北省儿童偶尔记得并回报，另外还有 3.00％的河北省儿童常常忘记回应家人的关心，家庭感恩回报行为表现较差。（见图 4－8）

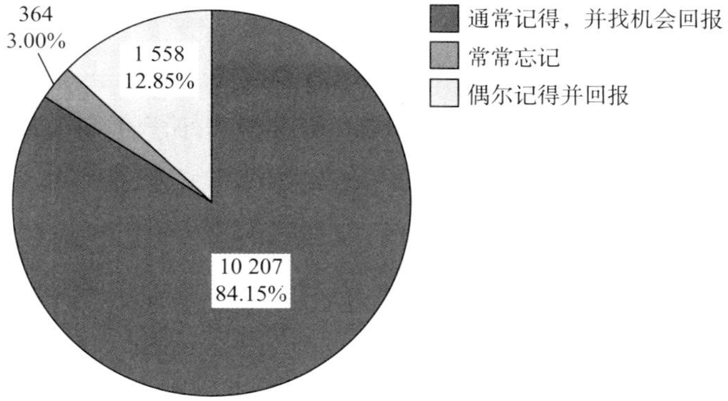

图 4-8 家庭感恩回报行为与儿童人数百分比分布图

(1) 年段差异。

经差异检验发现，本省不同年段儿童的家庭感恩回报行为总体上存在非常显著的差异（卡方值=31.128，$P \leqslant 0.01$）。

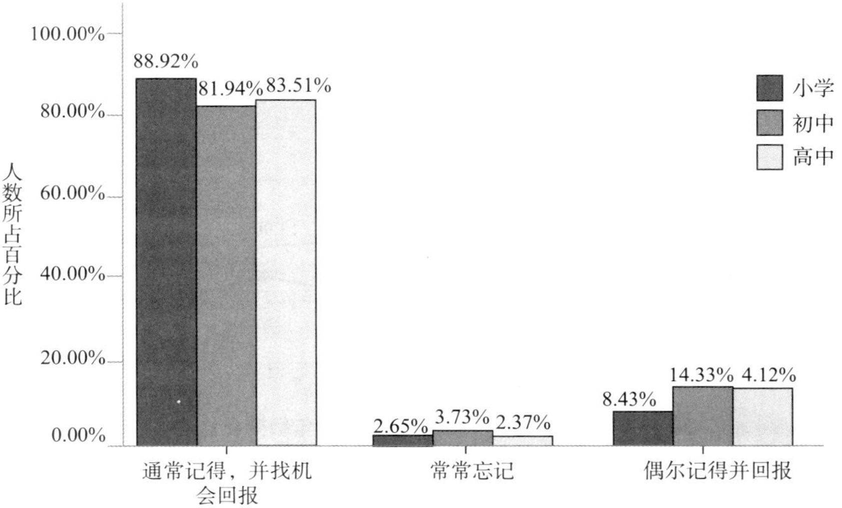

图 4-9 家庭感恩回报行为与儿童年段分布图

不同年段儿童各选项百分比如图 4-9 所示，经进一步统计分析发现：

在选择“常常忘记”的被试中，小学生、初中生、高中生间的差异非常显著（$|AR|>2.58$），人数比例基本上随着年段的上升而呈倒 V 形趋势。

在选择“通常记得，并找机会回报”的被试中，小学生与高中生间的差异非常显著（$|AR|>2.58$），人数比例基本上随着年段的上升而呈 V 形趋势。

在选择“偶尔记得并回报”的被试中，初中生与小学生间的差异非常显著（$|AR|>2.58$）。

在选择“通常记得，并找机会回报”的被试中，初中生与小学生、高中生相比，不存在显著差异（$|AR|\leqslant1.96$）。

在选择“偶尔记得并回报”的被试中，高中生与小学生、初中生相比，不存在显著差异（$|AR|\leqslant1.96$）。

经差异检验发现，本省不同年级儿童的家庭感恩回报行为总体上存在非常显著的差异（卡方值=257.293，$P\leqslant0.01$）。

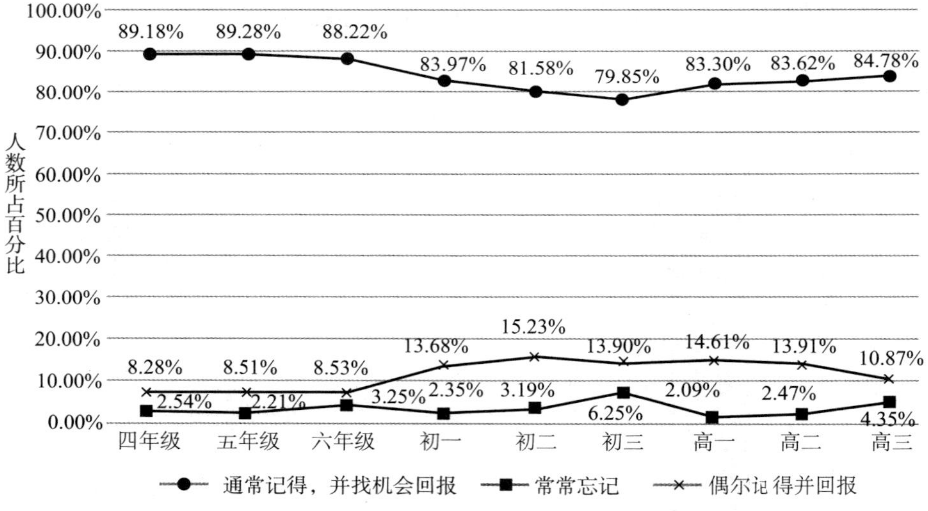

图 4-10　家庭感恩回报行为与儿童年级变化趋势图

不同年级儿童各选项百分比如图 4-10 所示，经进一步统计分析发现：

能保持家庭感恩回报行为的儿童人数比例整体呈小幅下降趋势，三个不同年段的儿童之间的差异非常显著（$|AR|>2.58$）；常常忘记回应家人关心的人数比例总体呈小幅上涨趋势，且小学高年级儿童与初中儿童之间的差异非常显著（$|AR|>2.58$）。

(2) 性别差异。

经差异检验发现,本省不同性别儿童的家庭感恩回报行为总体上存在非常显著的差异(卡方值=25.460,$P \leqslant 0.01$)。

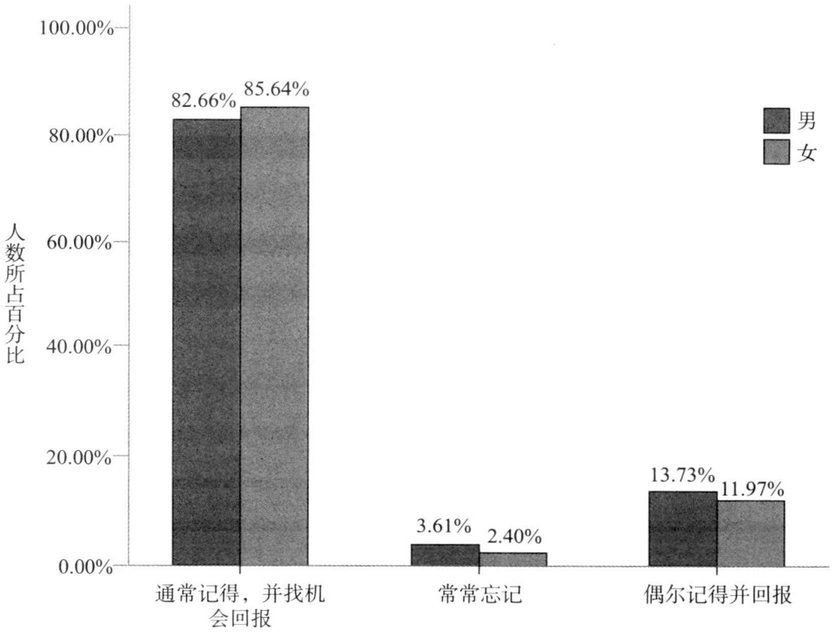

图 4-11 家庭感恩回报行为与儿童性别分布图

不同性别儿童各选项百分比如图 4-11 所示,经进一步统计分析发现:

在选择"通常记得,并找机会回报"和"常常忘记"的被试中,男女生之间差异非常显著($|AR|>2.58$)。

在选择"偶尔记得并回报"的被试中,男女生间不存在显著的差异($|AR|\leqslant 1.96$)。

(3) 城乡差异。

经差异检验发现,本省城乡儿童的家庭感恩回报行为总体上存在非常显著的差异(卡方值=65.982,$P \leqslant 0.01$)。

城乡儿童各选项百分比如图 4-12 所示,经进一步统计分析发现:

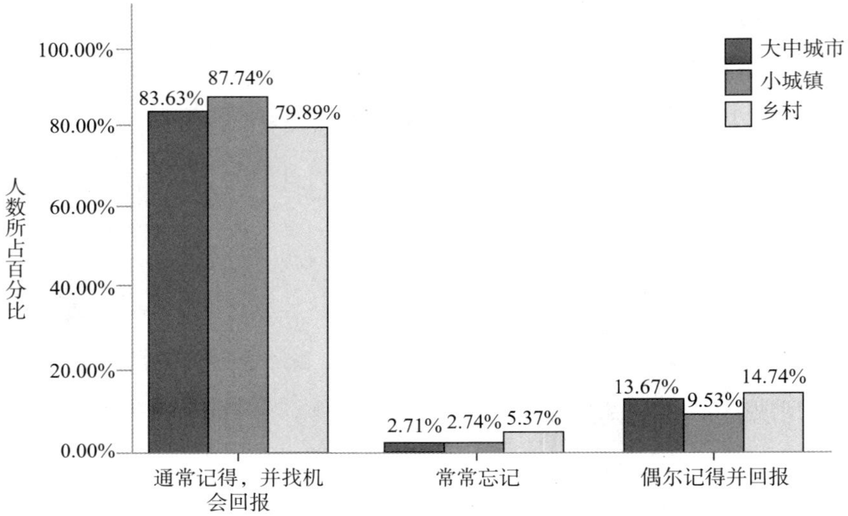

图 4－12　家庭感恩回报行为与儿童城乡分布图

在选择“通常记得，并找机会回报”、“偶尔记得并回报”的被试中，小城镇与乡村的儿童间差异非常显著（$|AR|>2.58$）。在选择“通常记得，并找机会回报”的被试中，小城镇儿童的人数比例最高，人数比例基本在大中城市、小城镇、乡村上呈倒V形趋势；在选择“偶尔记得并回报”的被试中，小城镇儿童的人数比例最低，人数比例基本在大中城市、小城镇、乡村上呈V形趋势。

在选择“常常忘记”的被试中，大中城市与乡村的儿童间差异非常显著（$|AR|>2.58$），人数比例基本在大中城市、小城镇、乡村上呈上升趋势。

在选择“常常忘记”的被试中，小城镇儿童与大中城市儿童、乡村儿童相比，不存在显著的差异（$|AR|\leqslant 1.96$）。

（4）生活满意度差异。

经差异检验发现，本省不同生活满意度儿童的家庭感恩回报行为总体上存在非常显著的差异（卡方值＝364.207，$P\leqslant 0.01$）。

不同生活满意度儿童各选项百分比如图4－13所示，经进一步统计分析发现：

在三种选择上，不同生活满意度的儿童都呈现出显著差异（$|AR|>2.58$）。在选择“通常记得，并找机会回报”的被试中，对生活很满意的儿童人数比例高

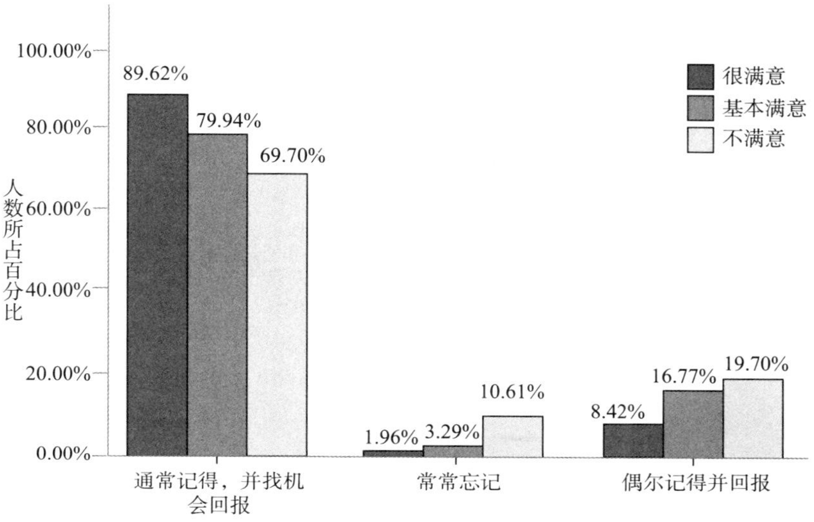

图 4－13　家庭感恩回报行为与儿童生活满意度分布图

于对生活基本满意和不满意的儿童，人数比例基本上随着生活满意程度的下降而呈现逐渐消减的趋势；在选择“常常忘记”的被试中，对生活不满意的儿童人数比例高于对生活基本满意和很满意的儿童，人数比例基本上随着生活满意程度的下降而呈现逐渐增长的趋势；在选择“偶尔记得并回报”的被试中，对生活不满意的儿童人数比例高于对生活基本满意和很满意的儿童，人数比例基本上随着生活满意程度的下降而呈现逐渐增长的趋势。

(5) 家庭生活方式差异。

经差异检验发现，本省不同家庭生活方式儿童的家庭感恩回报行为总体上存在非常显著的差异（卡方值＝104.590，$P \leqslant 0.01$）。

不同家庭生活方式儿童各选项百分比如图 4－14 所示，经进一步统计分析发现：

在“和爸妈、爷爷奶奶经常住在一起”的儿童中，86.70％的人会常常回应家人的爱和关心，在家庭生活中表现较为良好；其次是“和爸妈经常在一起”的儿童中，84.02％的人在家庭生活中表现较为良好；接着是“单亲家庭”（77.27％）、“父母（1 人或 2 人）常年在外打工”家庭（75.11％），最后是“离异再组合家庭”（73.41％）。除了“和爸妈经常在一起”的儿童外，其余三种家庭生活方式下儿

童的家庭感恩回报行为间存在非常显著的差异（$|AR|>2.58$）。

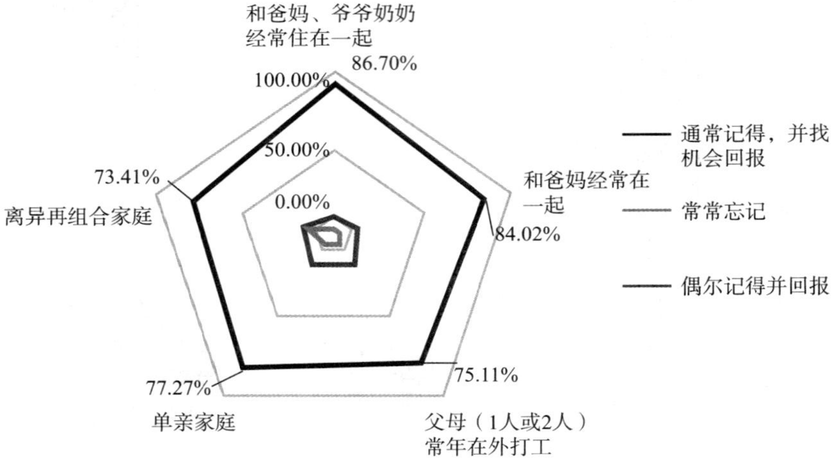

图4－14　家庭感恩回报行为与儿童家庭生活方式雷达图

4.3　同伴错误提醒行为

通过对问卷中"面对同伴犯错是否主动提醒他（她）"的数据的分析可知，69.97%的河北省儿童面对同伴犯错都会主动提醒，26.09%的河北省儿童有时会指出同伴的错误之处，还有3.93%的河北省儿童通常不会提醒犯错的同伴。（见图4－15）

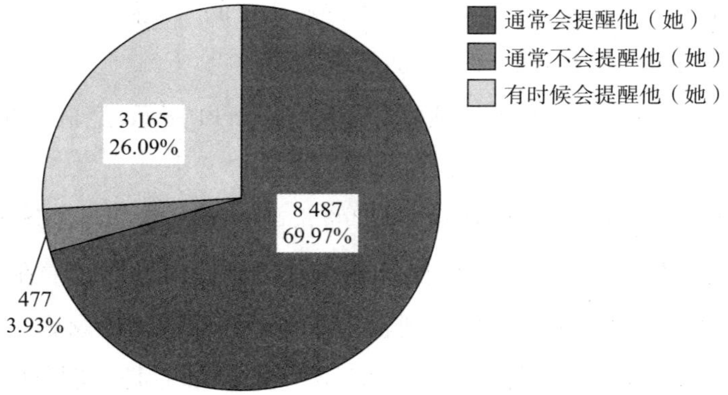

图4－15　同伴错误提醒行为与儿童人数百分比分布图

(1) 年段差异。

经差异检验发现，本省不同年段儿童的同伴错误提醒行为总体上存在非常显著的差异（卡方值＝189.548，$P\leqslant 0.01$）。

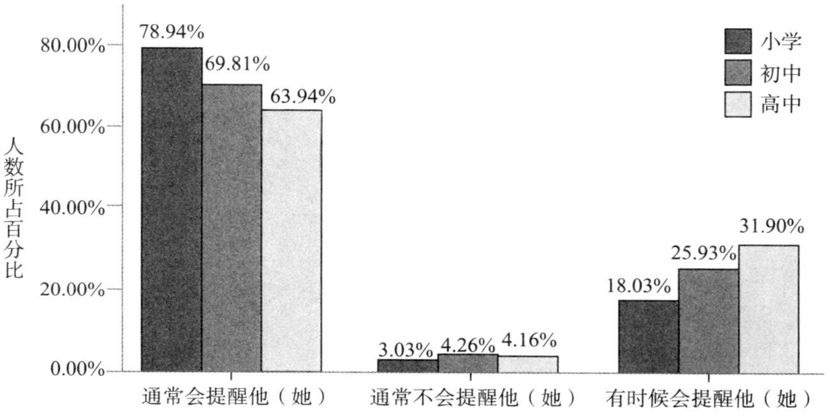

图 4－16　同伴错误提醒行为与儿童年段分布图

不同年段儿童各选项百分比如图 4－16 所示，经进一步统计分析发现：

在选择“通常会提醒他（她）”、“有时候会提醒他（她）”的被试中，小学生和高中生间的差异非常显著（$|AR|>2.58$）。在选择“通常会提醒他（她）”的被试中，小学生人数比例最高，人数比例基本上随着年段的上升而呈现逐渐消减的趋势；在选择“有时候会提醒他（她）”的被试中，小学生人数比例最低，人数比例基本上随着年段的上升而呈现逐渐上升的趋势。

在选择“通常会提醒他（她）”、“有时候会提醒他（她）”的被试中，初中生与小学生、高中生相比，不存在显著差异（$|AR|\leqslant 1.96$）。

在选择“通常不会提醒他（她）”的被试中，小学生、初中生、高中生间不存在显著差异（$|AR|\leqslant 1.96$）。

经差异检验发现，本省不同年级儿童的同伴错误提醒行为总体上存在非常显著的差异（卡方值＝253.649，$P\leqslant 0.01$）。

不同年级儿童各选项百分比如图 4－17 所示，经进一步统计分析发现：

随着年龄的增长，在同伴错误提醒行为中能直接指出同伴错误的人数比例整体呈下降趋势，且各年级间的差异非常显著（$|AR|>2.58$）；通常不提醒的人

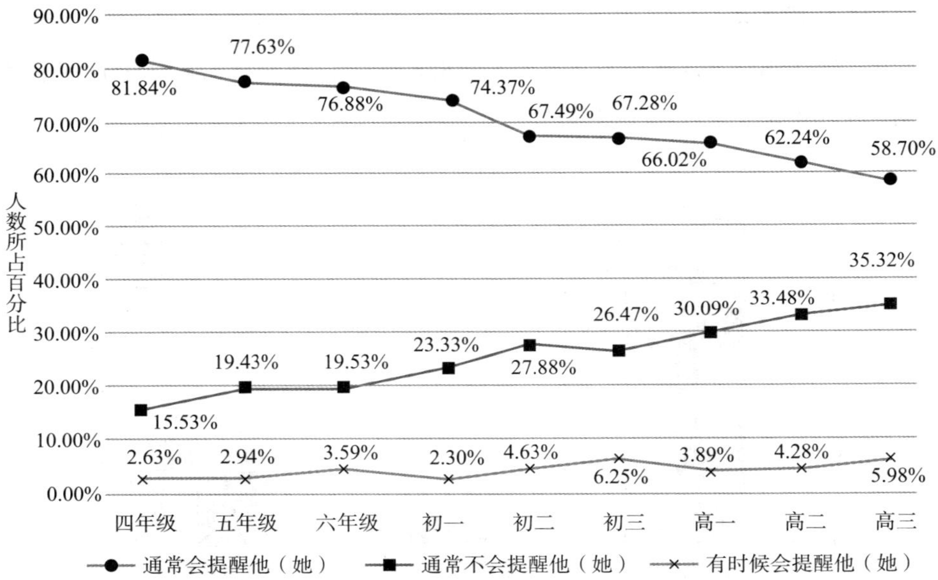

图 4-17　同伴错误提醒行为与儿童年级变化趋势图

数比例整体呈小幅上升趋势，除了初一和初三间的儿童，其他年级儿童差异非常显著（$|AR|>2.58$）外，其余不同年级间的差异不显著（$|AR|\leqslant1.96$）；有时提醒的人数比例整体呈明显上升趋势，且除初二、初三外，不同年级的儿童之间的差异非常显著（$|AR|>2.58$）。

（2）性别差异。

经差异检验发现，本省不同性别儿童的同伴错误提醒行为总体上存在非常显著的差异（卡方值$=31.070$，$P\leqslant0.01$）。

不同性别儿童各选项百分比如图 4-18 所示，经进一步统计分析发现：

在选择“通常不会提醒他（她）”的被试中，男生人数比例高于女生，且差异非常显著（$|AR|>2.58$）。

在选择“通常会提醒他（她）”的被试中，男女生之间存在比较显著的差异（$1.96<|AR|\leqslant2.58$）。

在选择“有时候会提醒他（她）”的被试中，男女生之间不存在显著的差异（$|AR|\leqslant1.96$）。

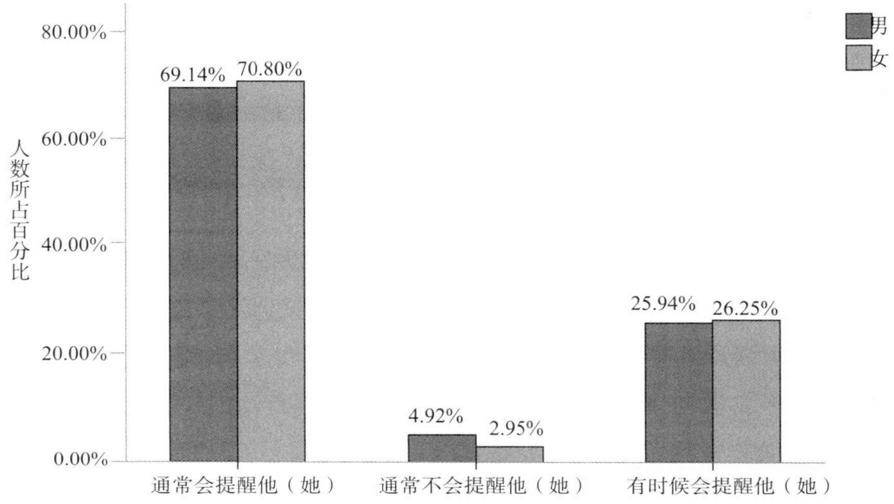

图 4-18　同伴错误提醒行为与儿童性别分布图

(3) 城乡差异。

经差异检验发现，本省城乡儿童的同伴错误提醒行为总体上存在非常显著的差异(卡方值=78.339，$P \leqslant 0.01$)。

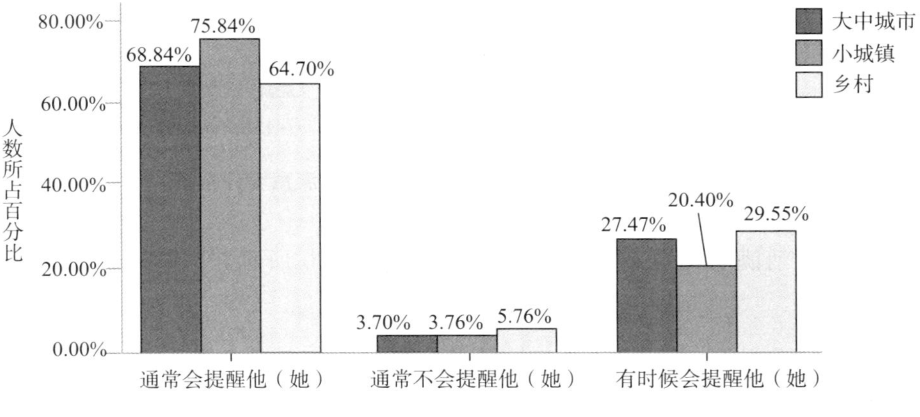

图 4-19　同伴错误提醒行为与儿童城乡分布图

城乡儿童各选项百分比如图 4-19 所示，经进一步统计分析发现：

在选择"通常会提醒他(她)"、"有时候会提醒他(她)"的被试中，大中城市和小城镇儿童间差异非常显著($|AR|>2.58$)。在选择"通常会提醒他(她)"的

被试中，小城镇人数比例最高，人数比例基本上在大中城市、小城镇和乡村之间呈倒V形趋势；在选择“有时候会提醒他(她)”的被试中，小城镇人数比例最低，人数比例基本上在大中城市、小城镇和乡村之间呈V形趋势。

在选择“通常会提醒他(她)”、“有时候会提醒他(她)”的被试中，乡村儿童与大中城市、小城镇的儿童相比，不存在显著差异($|AR|\leqslant 1.96$)。

在选择“通常不会提醒他(她)”的被试中，大中城市、小城镇和乡村儿童之间不存在显著差异($|AR|\leqslant 1.96$)。

(4) 生活满意度差异。

经差异检验发现，本省不同生活满意度儿童的同伴错误提醒行为总体上存在非常显著的差异(卡方值=434.733，$P\leqslant 0.01$)。

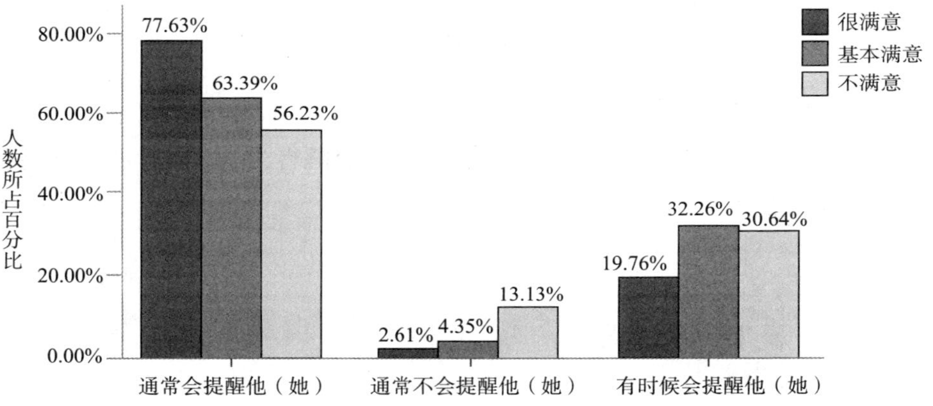

图4-20　同伴错误提醒行为与儿童生活满意度分布图

不同生活满意度儿童各选项百分比如图4-20所示，经进一步统计分析发现：

在三种选择上，不同生活满意度的儿童都呈现出显著差异($|AR|>2.58$)。在选择“通常会提醒他(她)”的被试中，对生活很满意的儿童人数比例高于对生活基本满意和不满意的儿童，人数比例基本上随着生活满意程度的下降而呈现逐渐消减的趋势；在选择“通常不会提醒他(她)”的被试中，对生活不满意的儿童人数比例高于对生活基本满意和很满意的儿童，人数比例基本上随着生活满意程度的下降而呈现逐渐增长的趋势；在“有时候会提醒他(她)”的被试中，对

生活不满意的儿童人数比例高于对生活基本满意和很满意的儿童，人数比例基本上随着生活满意程度的下降而呈现逐渐增长的趋势。

(5) 家庭生活方式差异。

经差异检验发现，本省不同家庭生活方式儿童的同伴错误提醒行为总体上存在非常显著的差异(卡方值=50.610，$P \leqslant 0.01$)。

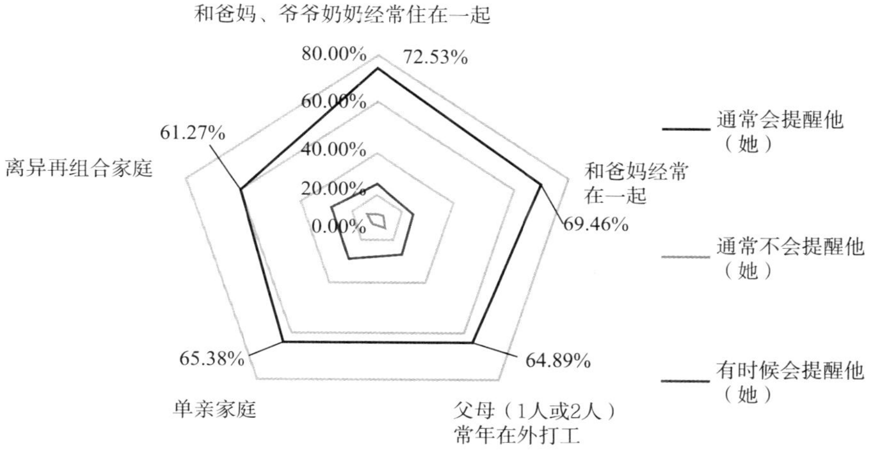

图 4-21　同伴错误提醒行为与儿童家庭生活方式雷达图

不同家庭生活方式儿童各选项百分比如图 4-21 所示，经进一步统计分析发现：

“和爸妈、爷爷奶奶经常住在一起”的儿童更乐于指出同伴的错误之处，提醒其改正，表现出较好的同伴错误提醒行为。“和爸妈、爷爷奶奶经常住在一起”的儿童中，在同伴共处中通常会指出对方错误之处的人数占 72.53%，比“和爸妈经常在一起”的此项占比(69.46%)略高，在该项上，除了“和爸妈经常在一起”的和“单亲家庭”的儿童不存在显著差异($|AR| \leqslant 1.96$)外，其余家庭生活方式间的差异非常显著($|AR| > 2.58$)。

4.4 公共生活行为

4.4.1 违反规则的行为

通过问卷数据的分析可知，53.69%的河北省儿童通常不会在公共生活中为一己私利破坏规则，26.84%的河北省儿童偶尔会为自己的利益逾越规则，19.47%的河北省儿童通常会首先考虑自己的利益，甚至很可能会因为自身的利益而破坏公共规则，损害他人利益。（见图 4－22）

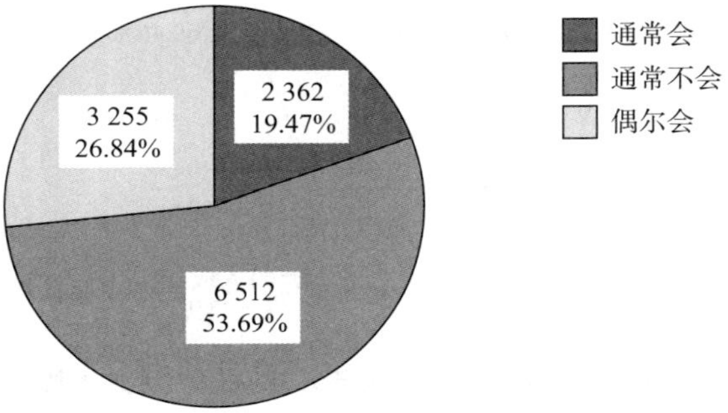

图 4－22　违反规则行为与儿童人数百分比分布图

(1) 年段差异。

经差异检验发现，本省不同年段儿童的违反规则行为总体上存在非常显著的差异（卡方值＝174.069，$P\leqslant0.01$）。

不同年段儿童各选项百分比如图 4－23 所示，经进一步统计分析发现：

在公共生活中通常会优先考虑公共利益而不是个人利益、偶尔会为个人利益破坏公共规则的被试中，小学生、初中生与高中生之间差异非常显著（$|AR|>2.58$）。在公共生活中通常会优先考虑公共利益而不是个人利益的被试中，高中生人数比例最高，人数比例基本随年段的上升呈上升趋势；在偶尔会为个人利益破坏公共规则的被试中，高中生人数比例最低，人数比例基本随年段的上升呈下降趋势。

在公共生活中通常会为一己之利不顾他人感受而破坏规则的被试中，小学生与高中生之间的差异非常显著（$|AR|>2.58$），人数比例基本随年段的上升呈下

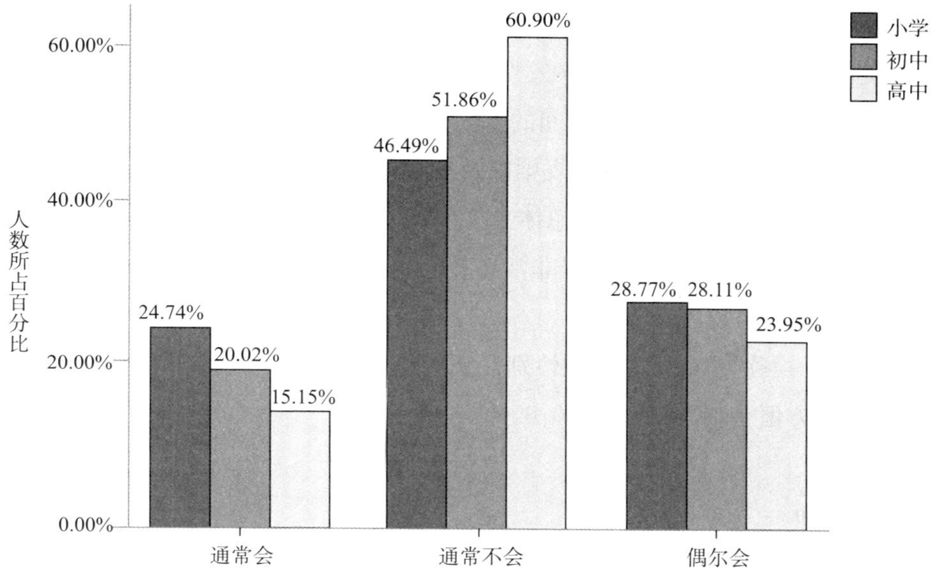

图 4－23　违反规则行为与儿童年段分布图

降趋势。

在公共生活中通常会为一己之利不顾他人感受而破坏规则的被试中，初中生与小学生、高中生相比，不存在显著差异（$|AR|\leqslant 1.96$）。

经差异检验发现，本省不同年级儿童的违反规则行为总体上存在非常显著的差异（卡方值＝197.788，$P\leqslant 0.01$）。

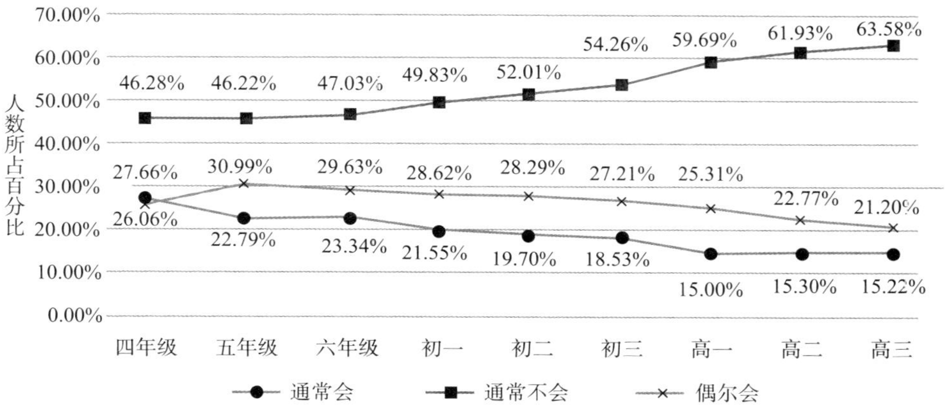

图 4－24　违反规则行为与儿童年级变化趋势图

不同年级儿童各选项百分比如图4-24所示，经进一步统计分析发现：

随着年级的升高，儿童不会在公共场合为一己之私违反规则的比例整体上在提高，小学高段与高中段儿童之间的差异非常显著（$|AR|>2.58$）。在公共生活行为中，儿童逐渐能够做到遵守规则以及照顾他人感受，偶尔会为个人利益不顾他人感受的比例呈下降趋势，但总体上三个年段间的差异不显著（$|AR|\leqslant 1.96$），五年级和高二儿的童之间的差异非常显著（$|AR|>2.58$）。

（2）性别差异。

经差异检验发现，本省不同性别儿童的违反规则行为总体上存在非常显著的差异（卡方值=245.704，$P\leqslant 0.01$）。

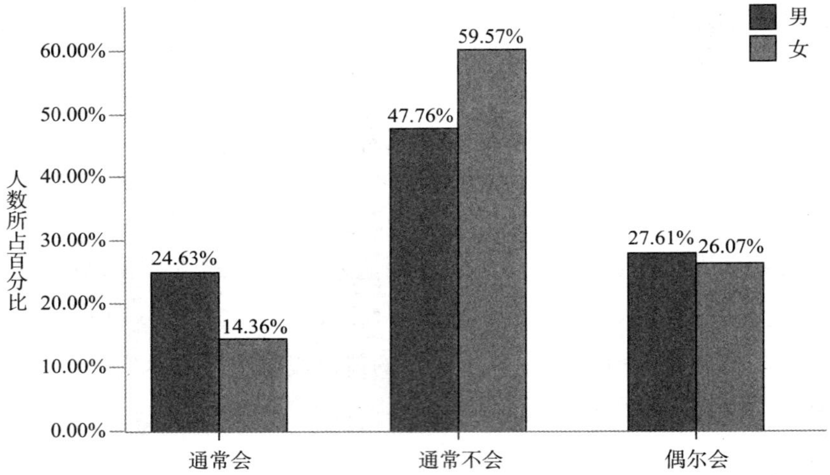

图4-25　违反规则行为与儿童性别分布图

不同性别儿童各选项百分比如图4-25所示，经进一步统计分析发现：

在公共生活中通常会为一己之利不顾他人感受而破坏规则、通常不会只顾私利的被试中，男女生间的差异非常显著（$|AR|>2.58$）。在公共生活中通常会为一己之利不顾他人感受而破坏规则的被试中，男生人数比例高于女生；在公共生活中通常不会只顾私利的被试中，女生人数比例高于男生。

在偶尔会为一己私利不顾他人感受的被试中，男女生间的差异不显著（$|AR|\leqslant 1.96$）。

(3) 城乡差异。

经差异检验发现,本省城乡儿童的违反规则行为总体上存在非常显著的差异(卡方值=13.789,$P \leqslant 0.01$)。

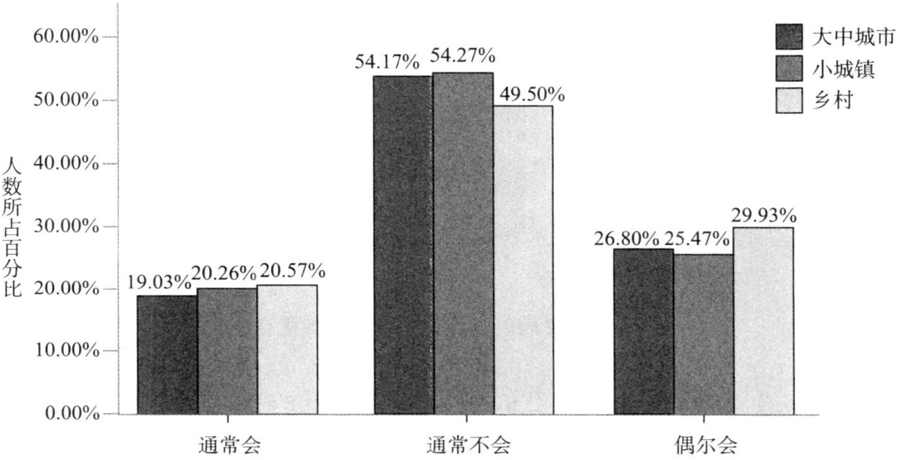

图 4-26 违反规则行为与儿童城乡分布图

城乡儿童各选项百分比如图 4-26 所示,经进一步统计分析发现:

在公共生活中通常会为一己之利不顾他人感受而破坏规则、通常会优先考虑公共利益而不是个人利益、偶尔会为一己私利不顾他人感受的被试中,大中城市、小城镇、乡村的儿童间均不存在显著差异($|AR| \leqslant 1.96$)。

(4) 生活满意度差异。

经差异检验发现,本省不同生活满意度儿童的违反规则行为总体上存在非常显著的差异(卡方值=62.645,$P \leqslant 0.01$)。

不同生活满意度儿童各选项百分比如图 4-27 所示,经进一步统计分析发现:

在公共生活中通常会为一己之利不顾他人感受、破坏规则的被试中,不同生活满意度的儿童之间呈现出显著差异($|AR| > 2.58$),人数比例基本上随着生活满意程度的下降而呈 V 形趋势。

在公共生活中通常不会只顾私利的被试中,对生活很满意的儿童和对生活基本满意的儿童间存在显著差异($|AR| > 2.58$),人数比例基本上随着生活满意程度的下降而呈下降趋势。

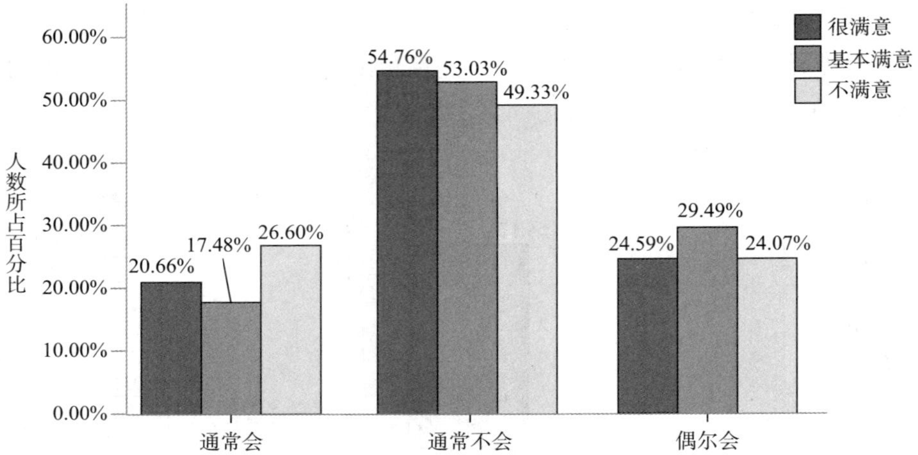

图4-27　违反规则行为与儿童生活满意度分布图

在公共生活中偶尔会为一己私利不顾他人感受的被试中，不同生活满意度的儿童间不存在显著的差异（$|AR|\leqslant 1.96$）。

（5）家庭生活方式差异。

经差异检验发现，本省不同家庭生活方式儿童的违反规则行为总体上不存在显著差异（卡方值=5.568，$P>0.05$）。

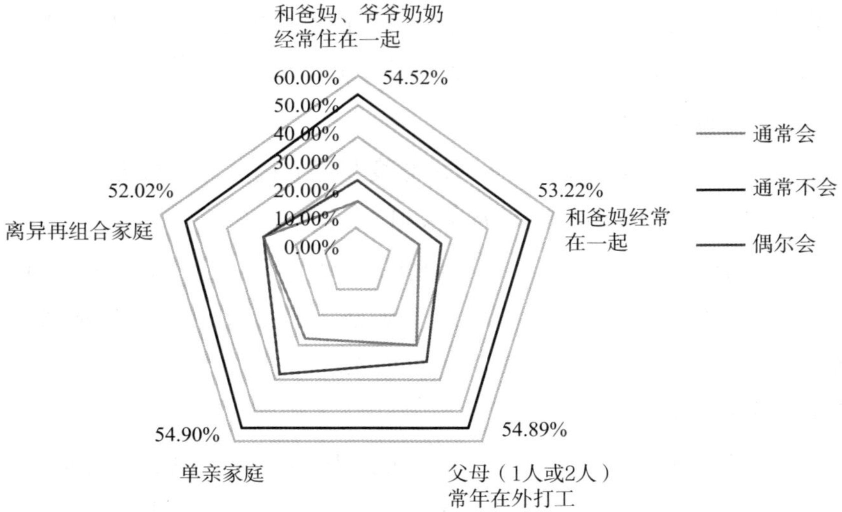

图4-28　违反规则行为与儿童家庭生活方式雷达图

不同家庭生活方式儿童各选项百分比如图 4－28 所示，经进一步统计分析发现：

在公共生活中通常会为一己之利不顾他人感受而破坏规则、通常不会只顾私利、偶尔会为一己私利不顾他人感受的被试中，所有家庭生活方式下的儿童行为选择之间的差异都不显著（$|AR| \leqslant 1.96$）。

4.4.2　制止欺负行为

通过问卷数据分析可以发现，1.82％的河北省儿童会在弱势人群被欺负时想“去看看好不好玩”；9.02％的河北省儿童会“当作没看见，不想多事”，而忽视他人的痛苦和需求；30.54％的河北省儿童“想去制止但又不敢，害怕自己惹上麻烦”；12.17％的河北省儿童“会劝他们停止，否则就报告老师或家长”；46.45％的河北省儿童“会去制止，必要时寻求周围人的帮助”。（见图 4－29）

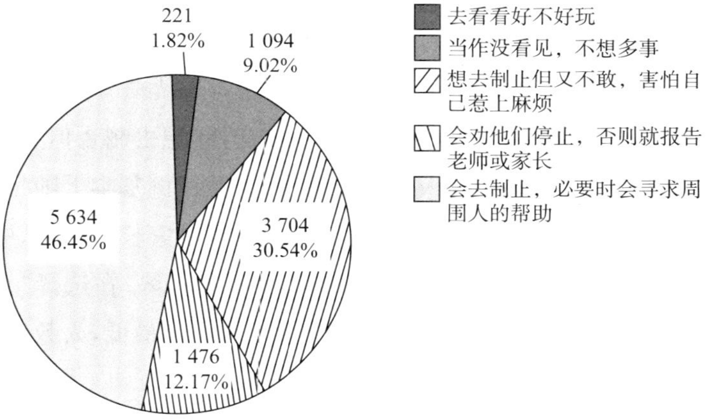

图 4－29　制止欺负行为与儿童人数百分比分布图

（1）年段差异。

经差异检验发现，本省不同年段儿童的制止欺负行为总体上存在非常显著的差异（卡方值＝411.211，$P \leqslant 0.01$）。

不同年段儿童各选项百分比如图 4－30 所示，经进一步统计分析发现：

在选择“当作没看见，不想多事”的被试中，小学生、初中生、高中生间差异非常显著（$|AR| > 2.58$），人数比例基本上随年段的增长呈上升趋势。

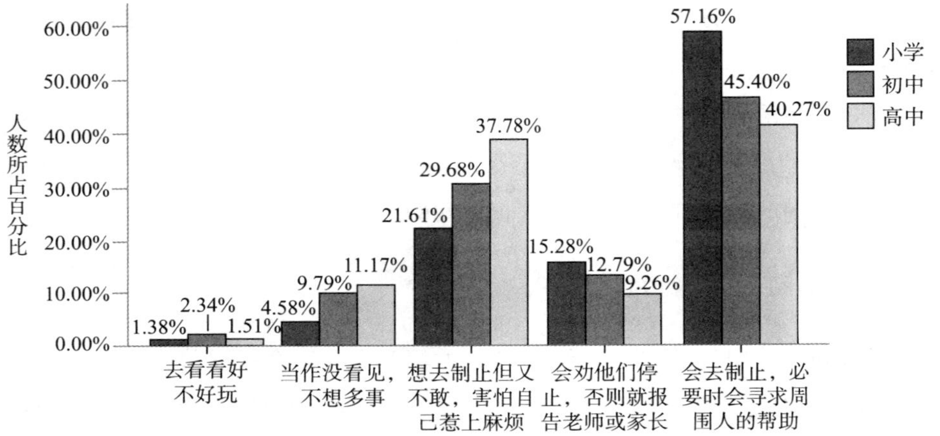

图 4－30　制止欺负行为与儿童年段分布图

在选择“去看看好不好玩”的被试中，小学生和初中生间的差异非常显著（$|AR|>2.58$），人数比例基本上随年段的增长呈倒 V 形趋势。

在选择“想去制止但又不敢，害怕自己惹上麻烦”、“会劝他们停止，否则就报告老师或家长”、“会去制止，必要时会寻求周围人的帮助”的被试中，小学生与高中生间的差异非常显著（$|AR|>2.58$）。在选择“想去制止但又不敢，害怕自己惹上麻烦”的被试中，高中生人数比例最高，人数比例基本上随年段的增长呈上升趋势；在选择“会劝他们停止，否则就报告老师或家长”的被试中，高中生人数比例最低，人数比例基本上随年段的增长呈下降趋势；在选择“会去制止，必要时会寻求周围人的帮助”的被试中，高中生人数比例最低，人数比例基本上随年段的增长呈下降趋势。

在选择“去看看好不好玩”的被试中，高中生与小学生、初中生之间均不存在显著差异（$|AR|\leqslant 1.96$）。

经差异检验发现，本省不同年级儿童的制止欺负行为总体上存在非常显著的差异（卡方值＝585.860，$P\leqslant 0.01$）。

不同年级儿童各选项百分比如图 4－31 所示，经进一步统计分析发现：

随着年级的上升，儿童中“看热闹”的人数比例整体呈下降趋势，但不同年段间的差异不显著（$|AR|\leqslant 1.96$）；“当作没看见，不想多事”的人数比例也有增长的趋势，且小学、初中与高中段之间的差异非常显著（$|AR|>2.58$）；会上前制止的

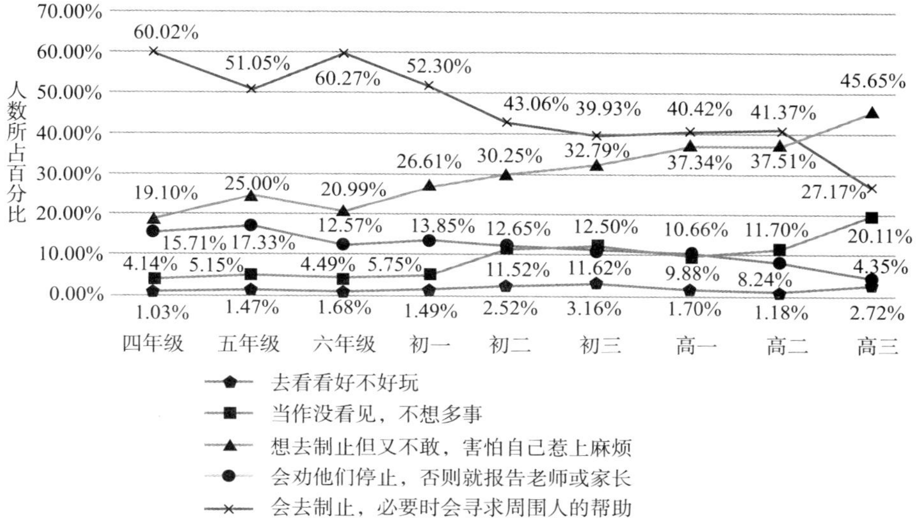

图 4－31　制止欺负行为与儿童年级变化趋势图

人数比例明显下降，小学高段与高中段儿童之间的差异非常显著（$|AR|>2.58$）。

（2）性别差异。

经差异检验发现，本省不同性别儿童的制止欺负行为总体上存在非常显著的差异（卡方值＝134.194，$P\leqslant 0.01$）。

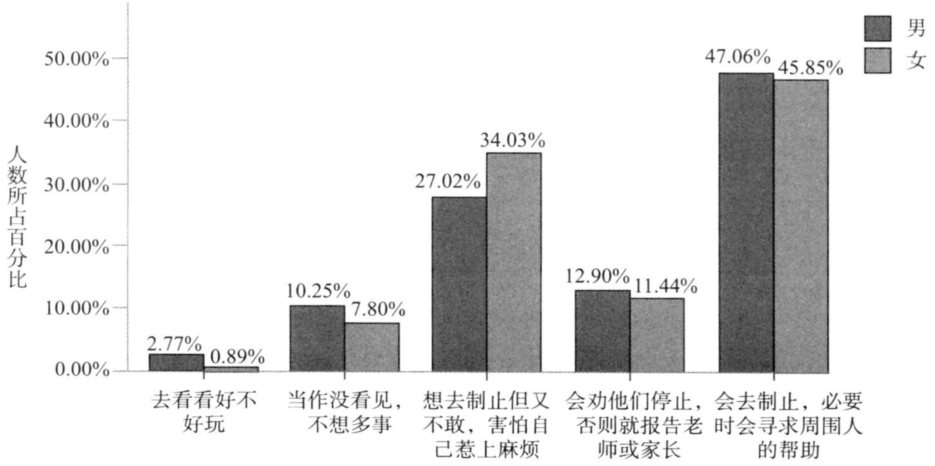

图 4－32　制止欺负行为与儿童性别分布图

不同性别儿童各选项百分比如图4－32所示，经进一步统计分析发现：

在选择“去看看好不好玩”、“当作没看见，不想多事”、“想去制止但又不敢，害怕自己惹上麻烦”、“会劝他们停止，否则就报告老师或家长”的被试中，男女生之间存在非常显著的差异（$|AR|>2.58$）。在选择“去看看好不好玩”的被试中，男生人数比例高于女生；在选择“当作没看见，不想多事”的被试中，男生人数比例高于女生；在选择“想去制止但又不敢，害怕自己惹上麻烦”的被试中，男生人数比例低于女生；在选择“会劝他们停止，否则就报告老师或家长”的被试中，男生人数比例高于女生。

在选择“会去制止，必要时会寻求周围人的帮助”的被试中，男女生之间不存在显著的差异（$|AR|\leqslant1.96$）。

（3）城乡差异。

经差异检验发现，本省城乡儿童的制止欺负行为总体上存在非常显著的差异（卡方值$=189.326$，$P\leqslant0.01$）。

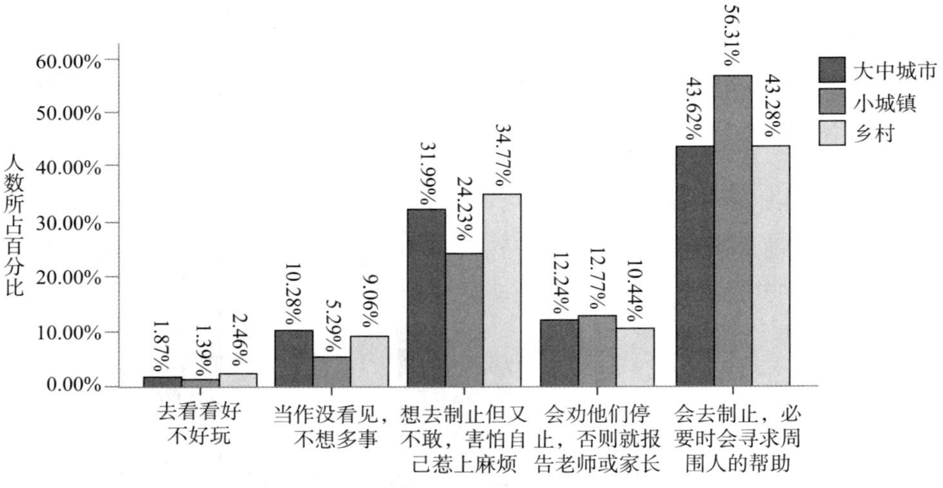

图4－33　制止欺负行为与儿童城乡分布图

城乡儿童各选项百分比如图4－33所示，经进一步统计分析发现：

在选择“当作没看见，不想多事”的被试中，大中城市儿童、小城镇儿童和乡村儿童间差异非常显著（$|AR|>2.58$），人数比例基本上在大中城市、小城镇和乡村之间呈V形趋势；在选择“会去制止，必要时会寻求周围人的帮助”的被试

中,大中城市儿童、小城镇儿童和乡村儿童间差异非常显著(|AR|>2.58),人数比例基本上在大中城市、小城镇和乡村之间呈倒V形趋势;在选择“想去制止但又不敢,害怕自己惹上麻烦”的被试中,大中城市儿童、小城镇儿童和乡村儿童间差异非常显著(|AR|>2.58),人数比例基本上在大中城市、小城镇和乡村之间呈V形趋势。

在选择“去看看好不好玩”、“会劝他们停止,否则就报告老师或家长”的被试中,城乡儿童间不存在显著差异(|AR|≤1.96)。

(4) 生活满意度差异。

经差异检验发现,本省不同生活满意度儿童的制止欺负行为总体上存在非常显著的差异(卡方值=556.742,P≤0.01)。

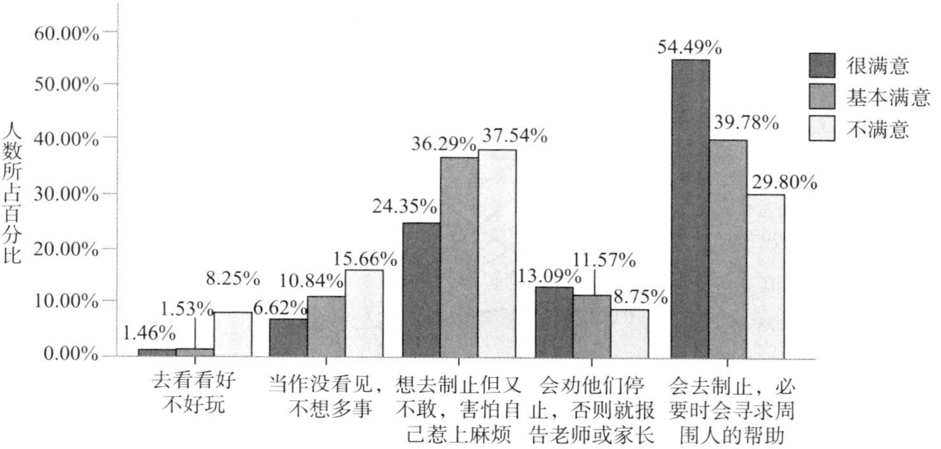

图4-34 制止欺负行为与儿童生活满意度分布图

不同生活满意度儿童各选项百分比如图4-34所示,经进一步统计分析发现:

在选择“当作没看见,不想多事”、“想去制止但又不敢,害怕自己惹上麻烦”、“会劝他们停止,否则就报告老师或家长”、“会去制止,必要时会寻求周围人的帮助”的被试中,不同生活满意度的儿童都呈现出显著差异(|AR|>2.58)。在选择“当作没看见,不想多事”的被试中,对生活很满意的儿童人数比例最低,人数比例基本上随着生活满意程度的下降而呈现逐渐增长的趋势;在

选择“想去制止但又不敢，害怕自己惹上麻烦”的被试中，对生活很满意的儿童人数比例最低，人数比例基本上随着生活满意程度的下降而呈现逐渐增长的趋势；在选择“会劝他们停止，否则就报告老师或家长”的被试中，对生活很满意的儿童人数比例最高，人数比例基本上随着生活满意程度的下降而呈现逐渐下降的趋势；在选择“会去制止，必要时会寻求周围人的帮助”的被试中，对生活很满意的儿童人数比例最高，人数比例基本上随着生活满意程度的下降而呈现逐渐下降的趋势。

在选择“去看看好不好玩”的被试中，不同生活满意度的儿童间不存在显著差异（$|AR|\leqslant 1.96$）。

（5）家庭生活方式差异。

经差异检验发现，本省不同家庭生活方式儿童的制止欺负行为总体上存在非常显著的差异（卡方值＝106.888，$P\leqslant 0.01$）。

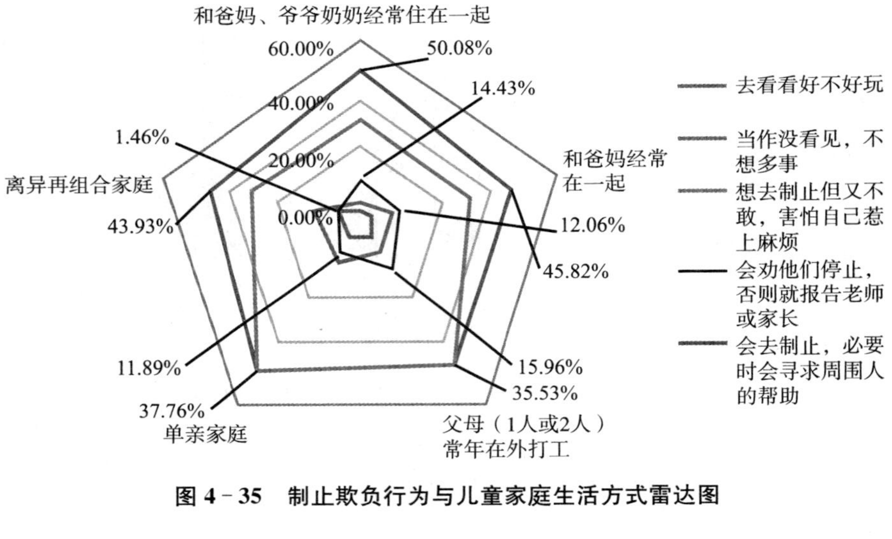

图 4－35　制止欺负行为与儿童家庭生活方式雷达图

不同家庭生活方式儿童各选项百分比如图 4－35 所示，经进一步统计分析发现：

在选择“去看看好不好玩”的被试中，“单亲家庭”和“离异再组合家庭”的儿童间存在非常显著的差异（$|AR|>2.58$）。

在选择“当作没看见，不想多事”的被试中，“和爸妈、爷爷奶奶经常住在一

起”、“和爸妈经常在一起”、“离异再组合家庭”的儿童间存在非常显著的差异($|AR|>2.58$)。

在“会劝他们停止，否则就报告老师或家长”的被试中，“和爸妈、爷爷奶奶经常住在一起”、“单亲家庭”、“父母(1 人或 2 人)常年在外打工”的儿童间的差异非常显著($|AR|>2.58$)。

在选择“想去制止但又不敢，害怕自己惹上麻烦”的被试中，“父母(1 人或 2 人)常年在外打工”和“离异再组合家庭”的儿童间存在非常显著的差异($|AR|>2.58$)。

在选择“会去制止，必要时会寻求周围人的帮助”的被试中，“和爸妈经常在一起”、“父母(1 人或 2 人)常年在外打工”和“单亲家庭”的儿童间存在非常显著的差异($|AR|>2.58$)。

在“会劝他们停止，否则就报告老师或家长”的被试中，“和爸妈经常在一起”和“离异再组合家庭”的儿童与其他家庭生活方式的儿童相比，不存在显著差异($|AR|\leqslant 1.96$)。

在选择“去看看好不好玩”的被试中，“和爸妈、爷爷奶奶经常住在一起”、“父母(1 人或 2 人)常年在外打工”、“和爸妈经常在一起”的儿童与其他家庭生活方式的儿童相比，不存在显著差异($|AR|\leqslant 1.96$)。

在选择“当作没看见，不想多事”的被试中，“单亲家庭”和“父母(1 人或 2 人)常年在外打工”的儿童与其他家庭生活方式的儿童相比，不存在显著差异($|AR|\leqslant 1.96$)。

在选择“想去制止但又不敢，害怕自己惹上麻烦”的被试中，“和爸妈、爷爷奶奶经常住在一起”、“和爸妈经常在一起”和“单亲家庭”的儿童与其他家庭生活方式的儿童相比，不存在显著差异($|AR|\leqslant 1.96$)。

在选择“会去制止，必要时会寻求周围人的帮助”的被试中，“和爸妈、爷爷奶奶经常住在一起”和“离异再组合家庭”的儿童与其他家庭生活方式的儿童相比，不存在显著差异($|AR|\leqslant 1.96$)。

5 河北省儿童愿意接受的道德教育方式

河北省儿童愿意接受的道德教育方式有很多，其中有41.33%的河北省儿童倾向于“实际锻炼法”，喜欢组织一些有主题的实践活动；有25.22%的河北省儿童倾向于“说理教育法”，喜欢通过讲故事、寓言或真实事例来让自己明白道理；还有15.61%的河北省儿童倾向于“榜样示范法”，喜欢观看榜样人物的纪录片。当然，也还有一小部分儿童愿意接受其他的道德教育方式，如：有6.03%的河北省儿童倾向于“讨论法”，喜欢举办讨论会或辩论赛；有6.18% 的河北省儿童倾向于“协商法”，认为班里的事情，大家商量着办；有5.64% 的河北省儿童倾向于“陶冶教育法”，喜欢老师自己做的让人称赞。

从以上数据可以看出，绝大多数儿童愿意接受以“实际锻炼法”、“说理教育法”、“榜样示范法”为主的道德教育方式，而愿意接受“讨论法”、“协商法”、“陶冶教育法”的河北省儿童则较少。（见图5-1）

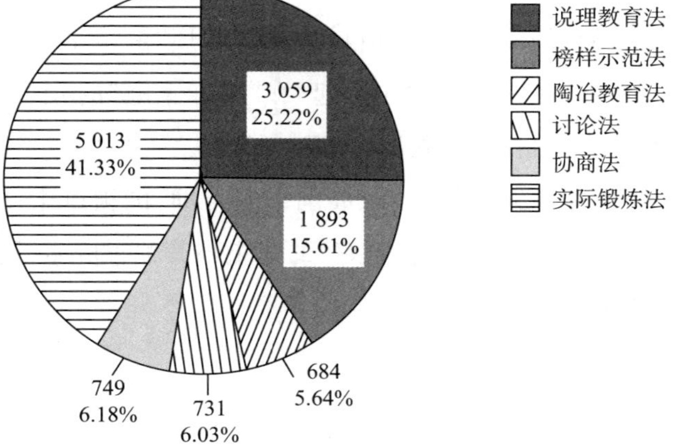

图5-1　愿意接受的道德教育方式与儿童人数百分比分布图

(1) 年段差异。

经差异检验发现，本省不同年段儿童在愿意接受的道德教育方式上存在非常显著的差异（卡方值＝424.099，$P \leqslant 0.01$）。

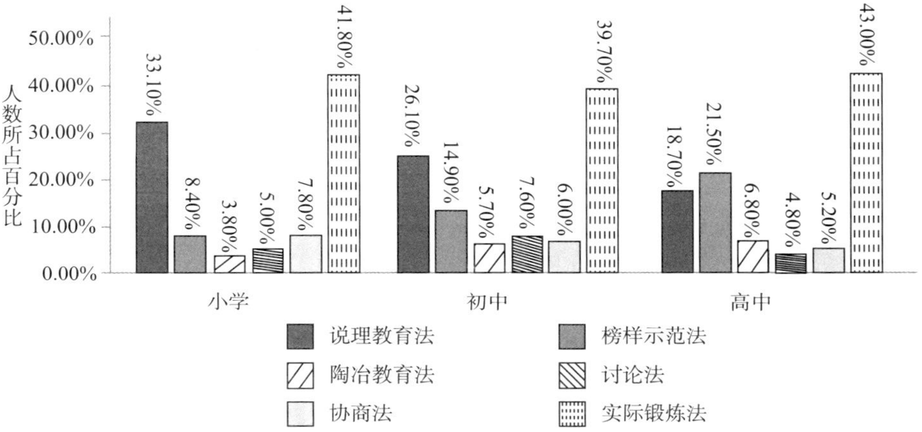

图 5-2　愿意接受的道德教育方式与儿童年段分布图

不同年段儿童各选项百分比如图 5-2 所示，经进一步统计分析发现：

在儿童愿意接受的道德教育方式当中，“实际锻炼法”在三个年段中所占的比例最高；在愿意接受“说理教育法”的儿童当中，小学生人数比例高于高中生，且差异非常显著（$|AR|>2.58$）；在愿意接受“榜样示范法”的儿童当中，高中生人数比例高于小学生，且差异非常显著（$|AR|>2.58$）；在愿意接受“陶冶教育法”的儿童当中，高中生人数比例高于小学生，且差异非常显著（$|AR|>2.58$）；在愿意接受“讨论法”的儿童当中，初中生人数比例最高，且与小学生、高中生之间差异非常显著（$|AR|>2.58$）；在愿意接受“协商法”的儿童当中，小学生人数比例高于高中生，且差异非常显著（$|AR|>2.58$）。

从愿意接受的道德教育方式与儿童年级变化趋势图可以看出，“实际锻炼法”是儿童普遍愿意接受的道德教育方式，其中，从小学四年级（41.20%）到初一（45.92%）愿意接受“实际锻炼法”的儿童逐渐增多，但初二（38.68%%）到初三（33.16%）愿意接受“实际锻炼法”的儿童明显减少，而高一（44.60%）至高三（44.02%）愿意接受“实际锻炼法”的儿童又比初二、初三多；“说理教育法”也是儿童喜欢的道德教育方式，从整体上看，随着儿童年级的升高，喜欢“说理教育法”的人逐渐减少，其中，初一（24.25%）和高一（17.72%）两个年级选择“说理教育法”的儿童所占比例下降最明显。

从图中还可以看出，“榜样示范法”在不同的年级受认可的程度也不尽相同，整体呈上升趋势（从 7.62%到 22.67%），但高三（15.22%）出现了明显的下降。其他几种道德教育方式，如：“陶冶教育法”、“讨论法”、“协商法”，从整体上来看，所占比重均较小，且都处于一定数值范围内，没有明显的上升或下降趋势。（见图 5－3）

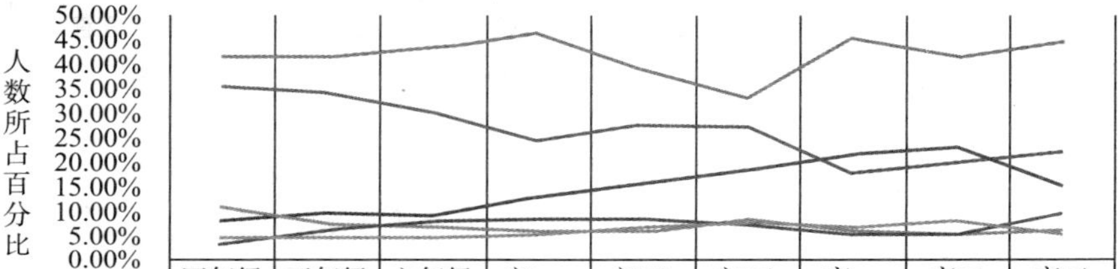

	四年级	五年级	六年级	初一	初二	初三	高一	高二	高三
——说理教育法	35.18%	33.82%	29.97%	24.25%	27.21%	26.84%	17.72%	19.37%	21.74%
——榜样示范法	7.62%	9.14%	8.53%	12.36%	15.07%	17.94%	20.89%	22.67%	15.22%
——陶冶教育法	3.57%	3.57%	4.26%	4.20%	5.76%	7.65%	6.13%	7.73%	4.89%
——讨论法	2.73%	5.25%	7.52%	7.82%	7.92%	6.84%	5.01%	4.28%	8.70%
——协商法	9.69%	7.04%	6.51%	5.46%	5.35%	7.57%	5.65%	4.79%	5.43%
——实际锻炼法	41.20%	41.18%	43.21%	45.92%	38.68%	33.16%	44.60%	41.16%	44.02%

——说理教育法 ——榜样示范法 ——陶冶教育法
——讨论法 ——协商法 ——实际锻炼法

图 5－3 愿意接受的道德教育方式与儿童年级变化趋势图

（2）性别差异。

经差异检验发现，本省不同性别儿童在愿意接受的道德教育方式上存在非常显著的差异（卡方值＝90.907，$P \leqslant 0.01$）。

男女生各选项百分比如图 5－4 所示，经进一步统计分析发现：

在愿意接受“实际锻炼法”的儿童中，女生人数比例高于男生，且差异非常显著（$|AR|>2.58$）；男生比女生更愿意接受“说理教育法”、“陶冶教育法”、“协商法”，且差异非常显著（$|AR|>2.58$）。在选择“榜样示范法”和“讨论法”的被试中，男女生间差异不显著（$|AR| \leqslant 1.96$）。

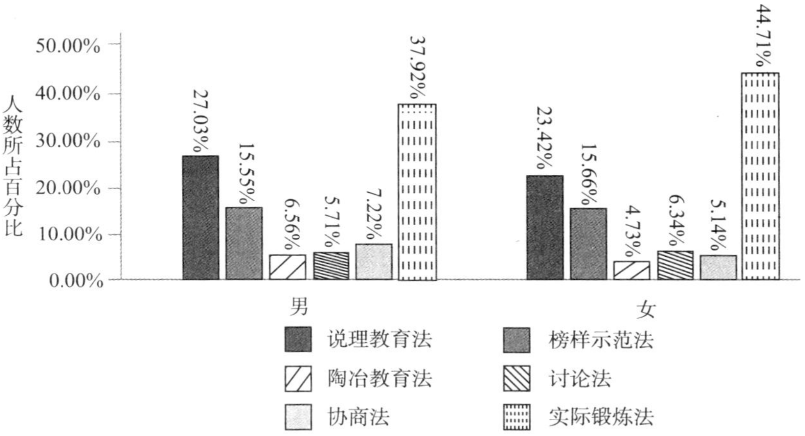

图 5－4　愿意接受的道德教育方式与儿童性别分布图

(3) 城乡差异。

经差异检验发现,本省城乡儿童在愿意接受的道德教育方式上存在非常显著的差异(卡方值＝30.618,$P\leqslant 0.01$)。

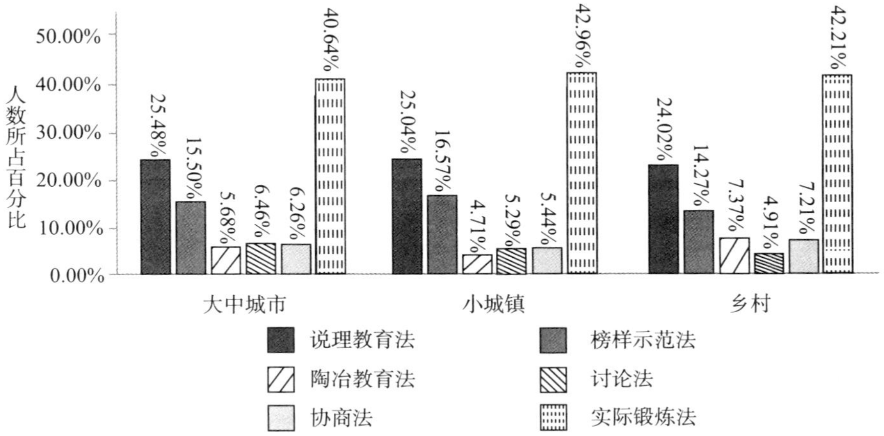

图 5－5　愿意接受的道德教育方式与儿童城乡分布图

城乡儿童各选项百分比如图 5－5 所示,经进一步统计分析发现:

无论是大中城市、小城镇,还是乡村的被试,选择"实际锻炼法"和"说理教育法"的人数所占百分比均高于他们选择其他道德教育方式所占的百分比,且

差异非常显著（|AR|＞2.58）。

在选择“陶冶教育法”的被试中，乡村的儿童人数比例高于小城镇儿童，且差异比较显著（1.96＜|AR|≤2.58）；在选择“实际锻炼法”的儿童当中，小城镇的儿童人数比例高于大中城市的儿童，且差异比较显著（1.96＜|AR|≤2.58）。

（4）生活满意度差异。

经差异检验发现，本省不同生活满意度儿童在愿意接受的道德教育方式上存在非常显著的差异（卡方值＝174.498，P≤0.01）。

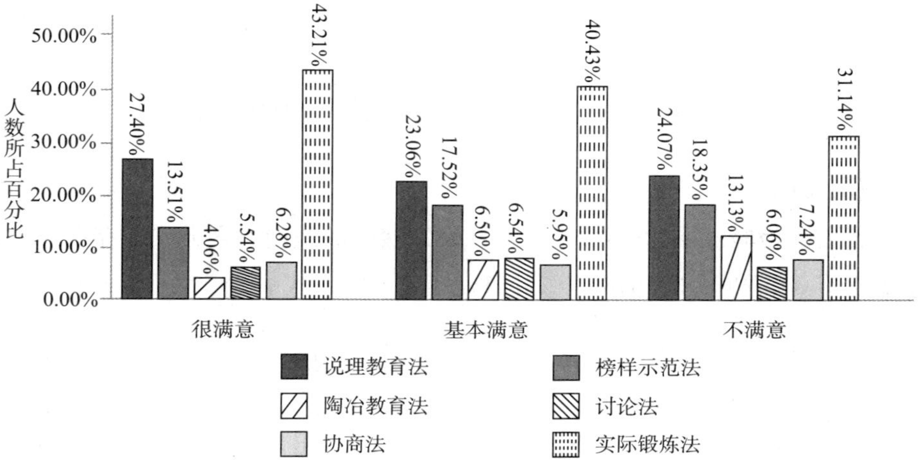

图 5－6　愿意接受的道德教育方式与儿童生活满意度分布图

不同生活满意度儿童各选项百分比如图 5－6 所示，经进一步统计分析发现：

在选择“实际锻炼法”、“陶冶教育法”的被试中，对生活不满意和对生活基本满意的儿童间差异非常显著（|AR|＞2.58），在选择“实际锻炼法”的被试中，人数比例基本随着生活满意度的下降呈下降趋势，；在选择“陶冶教育法”的被试中，人数比例基本随着生活满意度的下降呈上升趋势。

在选择“说理教育法”、“榜样示范法”、“讨论法”的被试中，对生活很满意和对生活基本满意的儿童间差异非常显著（|AR|＞2.58）。在选择“说理教育法”的被试中，人数比例基本随着生活满意度的下降呈 V 形趋势；在选择“榜样示范法”的被试中，人数比例基本随着生活满意度的下降呈上升趋势；在选择“讨论

法”的被试中，人数比例基本随着生活满意度的下降呈倒V形趋势。

在选择“说理教育法”、“榜样示范法”、“讨论法”的被试中，对生活不满意的儿童与对生活很满意和对生活基本满意的儿童相比，差异不显著($|AR|\leqslant 1.96$)。

在选择“实际锻炼法”、“陶冶教育法”的被试中，对生活很满意的儿童与对生活不满意和对生活基本满意的儿童相比，差异不显著($|AR|\leqslant 1.96$)。

(5) 家庭生活方式差异。

经差异检验发现，本省不同家庭生活方式儿童在愿意接受的道德教育方式上存在非常显著的差异(卡方值＝42.783，$P\leqslant 0.01$)。

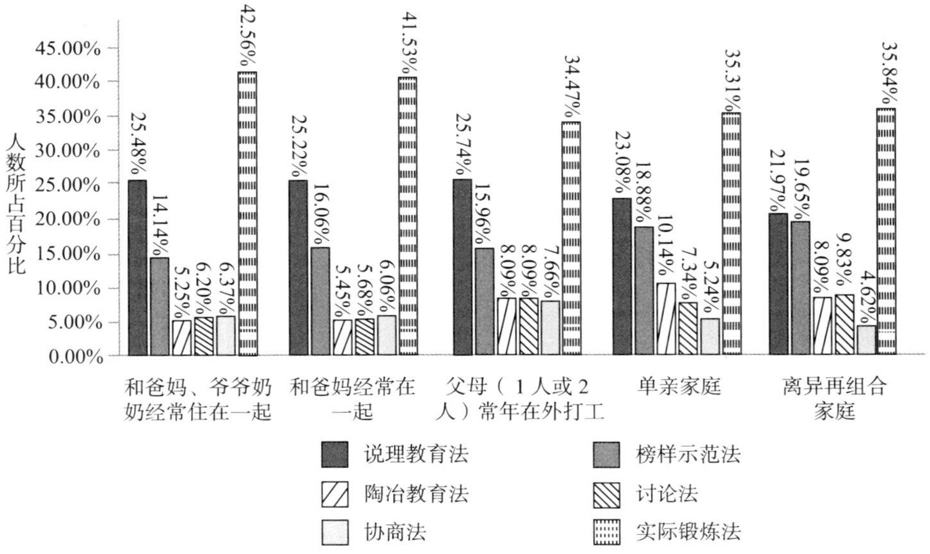

图 5-7　愿意接受的道德教育方式与儿童家庭生活方式分布图

不同家庭生活方式儿童各选项百分比如图 5-7 所示，经进一步统计分析发现：

无论是主干家庭(“和爸妈、爷爷奶奶经常住在一起”)、核心家庭(“和爸妈经常在一起”)、“单亲家庭”、“离异再组合家庭”的儿童，还是“父母(1人或2人)常年在外打工”的儿童，在选择“实际锻炼法”的人数中所占的百分比均高于他们选择其他几种道德教育方式所占的百分比，且差异非常显著($|AR|>2.58$)。

在选择“陶冶教育法”的儿童当中，“单亲家庭”的儿童所占比例比“父母（1人或2人）常年在外打工”的儿童所占比例高，且差异非常显著（$|AR|>2.58$）；在选择“实际锻炼法”的儿童当中，“单亲家庭”的儿童所占比例比“父母（1人或2人）常年在外打工”的儿童所占比例高，且差异非常显著（$|AR|>2.58$）；在选择“讨论法”的儿童当中，“离异再组合家庭”的儿童所占比例比“和爸妈经常在一起”的儿童所占比例高，且差异比较显著（$1.96<|AR|\leqslant 2.58$）。

6 河北省儿童成长的困扰

6.1 家庭生活困扰

在家庭生活中，有 57.46%的河北省儿童没有遇到来自家庭生活的困扰。在有家庭生活困扰的儿童中，家长对他们的学习的压力是他们主要的困扰，占 22.66%；有 8.02%的河北省儿童因为家庭关系不和谐而感到苦恼；接着是家庭经济问题，5.57%的河北省儿童表示家里缺钱用；有 3.16%的儿童在家里受到严厉的批评甚至体罚并为之困扰；其他家庭问题占 3.12%。通过对儿童其他的家庭困扰进行数据整理，删除与前面几个选择类似的重复回答，主要问题还涉及家人健康问题和家人疏于子女教育的问题。（见图 6－1）

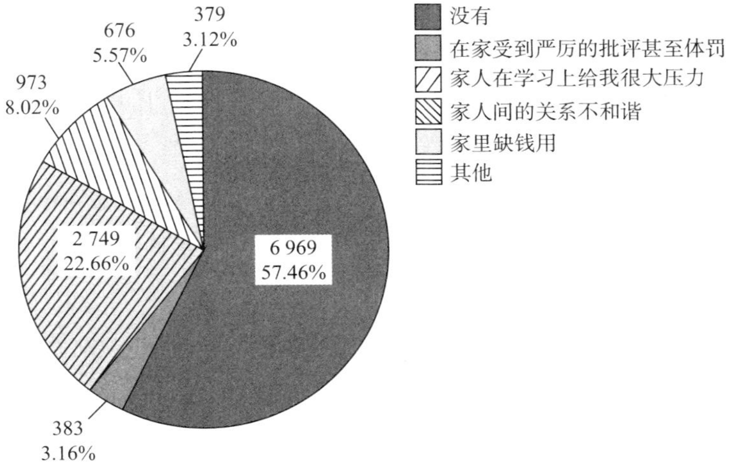

图 6－1 家庭生活困扰与儿童人数百分比图

(1) 年段差异。

经差异检验发现，本省不同年段儿童受家庭生活困扰的情况总体上存在非常显著的差异（卡方值＝430.659，$P\leqslant 0.01$）。

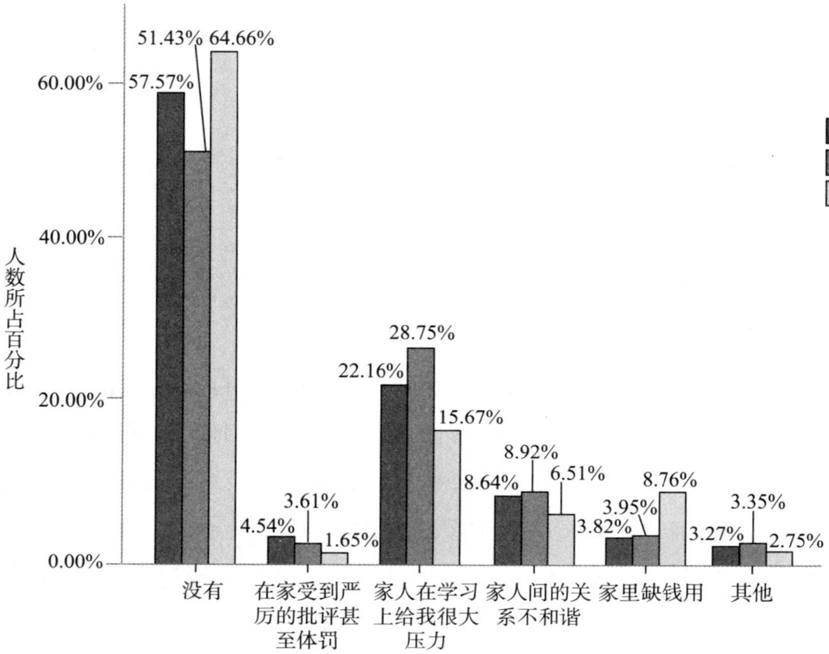

图 6－2　家庭生活困扰与儿童年段分布图

不同年段儿童各选项百分比如图 6－2 所示，经进一步统计分析发现：

小学生中，除“家人在学习上给我很大压力”、“家人间的关系不和谐”与其他各项之间不存在显著差异（$|AR|\leqslant 1.96$）外，其余各项之间的差异均非常显著（$|AR|>2.58$），各个家庭问题的人数比例基本呈现从“家人在学习上给我很大压力”、“家人间的关系不和谐”、“在家受到严厉的批评甚至体罚”、“家里缺钱用”到其他项逐渐下降的趋势。

初中生中，除“在家受到严厉的批评甚至体罚”与其他各项之间不存在显著差异（$|AR|\leqslant 1.96$）外，其他差异非常显著（$|AR|>2.58$），各个家庭问题的比例基本呈现从“家人在学习上给我很大压力”、“家人间的关系不和谐”、“家里缺钱用”、“在家受到严厉的批评甚至体罚”到其他项逐渐下降的趋势。

高中生中，除其他项（|AR|≤1.96）外，各家庭生活方式儿童间的差异非常显著（|AR|>2.58），各个家庭问题的比例由高到低依次是“家人在学习上给我很大压力”、“家里缺钱用”、“家人间的关系不和谐”、其他项和“在家受到严厉的批评甚至体罚”。

经差异检验发现，本省不同年级儿童受家庭生活困扰的情况总体上存在非常显著的差异（卡方值=530.805，$P\leqslant0.01$）。

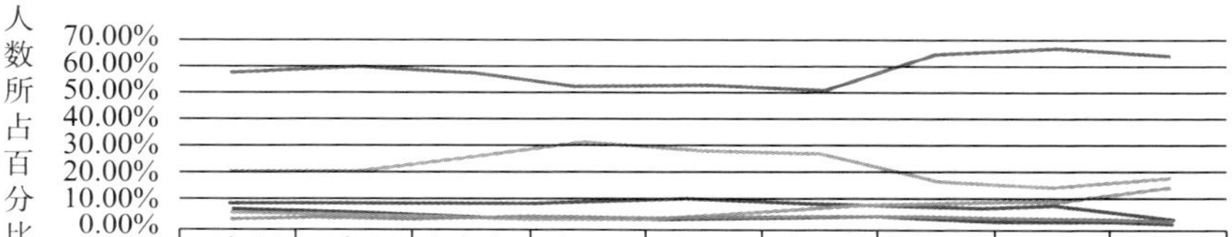

	四年级	五年级	六年级	初一	初二	初三	高一	高二	高三
没有	56.82%	58.51%	57.46%	51.49%	51.95%	50.59%	63.68%	65.74%	64.13%
在家受到严厉的批评甚至体罚	5.74%	4.83%	2.81%	2.82%	3.14%	5.29%	1.80%	1.60%	0.54%
家人在学习上给我很大压力	20.51%	20.80%	25.59%	31.09%	27.93%	26.91%	16.80%	14.37%	16.85%
家人间的关系不和谐	9.60%	8.19%	7.52%	8.79%	9.83%	7.79%	6.43%	6.96%	2.72%
家里缺钱用	4.80%	3.78%	2.69%	2.41%	3.70%	6.25%	8.13%	8.91%	14.13%
其他	2.54%	3.89%	3.48%	3.39%	3.45%	3.16%	3.16%	2.42%	1.63%

图 6－3　家庭生活困扰与儿童年级变化趋势图

不同年级儿童各选项百分比如图 6－3 所示，经进一步统计分析发现：

相对于小学高段与高中，初中儿童有更多来自于家庭的困扰。初中儿童中回答没有家庭困扰的比例小于小学和高一、高二的儿童，且与高一、高二儿童间的差异非常显著（|AR|>2.58），其他差异均不显著（|AR|≤1.96）。

在“家人在学习上给我很大压力”这项上从四年级开始呈现逐年上升的趋势，初中儿童选择的比例高于其他年级，到高中又有较明显的下降，高二儿童所占比例是最低的，六年级、初一、初二、初三的比例高于其他各年级，且初中儿童与高一、高二儿童的差异非常显著（|AR|>2.58），其他差异均不显著（|AR|≤1.96）。

总的来看，目前初中儿童承受着最为明显的来自家庭的学业压力。在“家里缺钱用”这项上，我们发现大致呈现随着年级上升人数比例上升的情况，高中

儿童有此困扰的比例高于小学儿童和初中儿童，除四年级与初三（$|AR|\leqslant 1.96$）外，其余年级间的差异非常显著（$|AR|>2.58$）。

（2）性别差异。

经差异检验发现，本省不同性别儿童受家庭生活困扰的情况总体上存在非常显著的差异（卡方值=40.034，$P\leqslant 0.01$）。

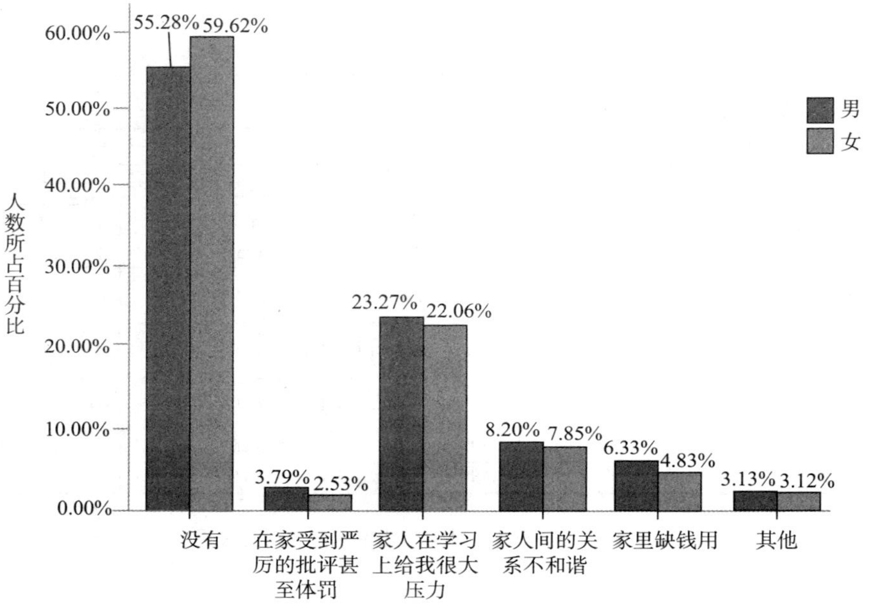

图6-4　家庭生活困扰与儿童性别分布图

不同性别儿童各选项百分比如图6-4所示，经进一步统计分析发现：

在选择没有家庭困扰、“在家受到严厉的批评甚至体罚”、“家里缺钱用”的被试中，男女生之间的差异非常显著（$|AR|>2.58$）。在没有家庭困扰的被试中，女生人数比例高于男生；在选择“在家受到严厉的批评甚至体罚”、“家里缺钱用”的被试中，男生人数比例高于女生。

在选择“家人在学习上给我很大压力”、“家人间的关系不和谐”的被试中，男生人数比例均高于女生，且差异不显著（$|AR|\leqslant 1.96$）。

（3）城乡差异。

经差异检验发现，本省城乡儿童受家庭生活困扰的情况总体上存在非常显著的差异(卡方值=53.966,$P\leqslant 0.01$)。

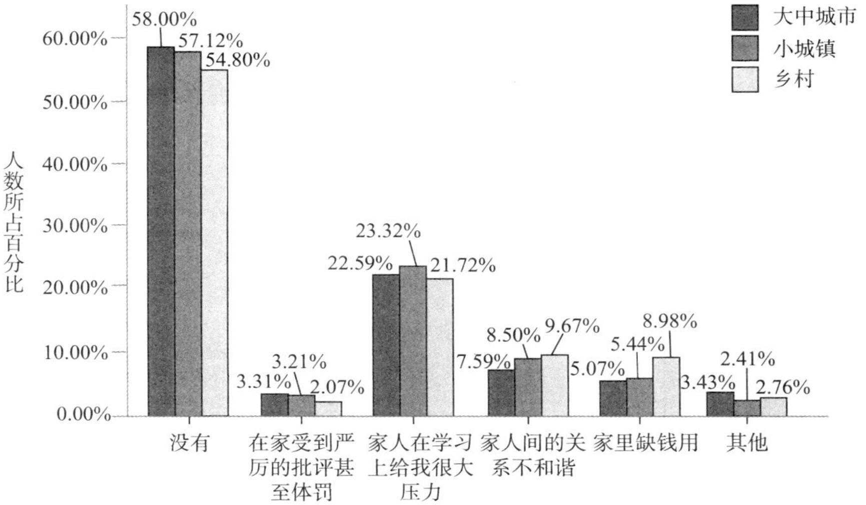

图 6-5 家庭生活困扰与儿童城乡分布图

城乡儿童各选项百分比如图 6-5 所示,经进一步统计分析发现:

在选择“家人间的关系不和谐”和“家里缺钱用”的被试中,乡村儿童所占比例最高,且大中城市与乡村的儿童间差异非常显著($|AR|>2.58$)。

在选择没有家庭困扰、“家人给予很大的学习压力”、“在家受到严厉的批评甚至体罚”的被试中,大中城市、小城镇、乡村的儿童间差异不显著($|AR|\leqslant 1.96$)。

可见,家长所给予的学习上的压力是目前中国儿童所承受的来自家庭的主要困扰,其中小城镇的儿童尤为明显。同时,乡村和小城镇的一部分儿童还承受着比大中城市儿童更为明显的“家人关系”、“经济状况”等各方面的家庭压力与困扰。

(4) 家庭生活方式差异。

经差异检验发现,本省不同家庭生活方式儿童受家庭生活困扰的情况总体上存在非常显著的差异(卡方值=136.053,$P\leqslant 0.01$)。

不同家庭生活方式儿童各选项百分比如图 6-6 所示,经进一步统计分析发现:

在没有家庭困扰的被试中,“父母(1 人或 2 人)常年在外打工”、“单亲家庭”、“离异再组合家庭”的儿童间差异非常显著($|AR|>2.58$),人数比例基本

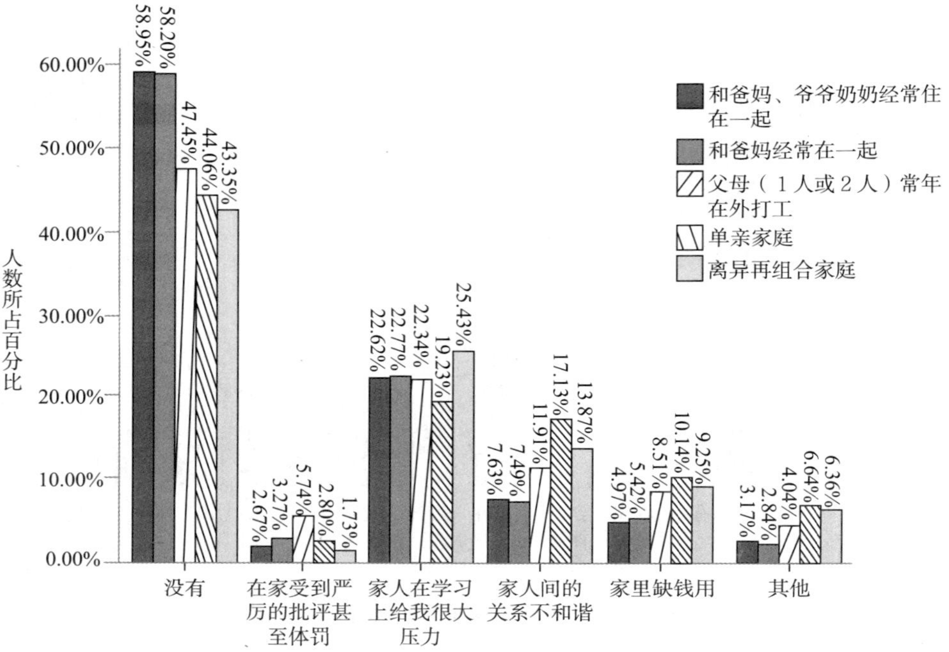

图 6-6　家庭生活困扰与儿童家庭生活方式分布图

呈现从“和爸妈、爷爷奶奶住在一起”、“和爸妈住在一起”、“父母(1 人或 2 人)常年在外打工”、“单亲家庭”、“离异再组合家庭”逐渐下降的趋势。

在选择“家人间的关系不和谐”的被试中，“单亲家庭”、“离异再组合家庭”、“父母(1 人或 2 人)常年在外打工”的儿童间差异非常显著($|AR|>2.58$)。

在选择“家里缺钱用”的被试中，“和爸妈住在一起”、“父母(1 人或 2 人)常年在外打工”、“单亲家庭”、“离异再组合家庭”的儿童间差异非常显著($|AR|>2.58$)。

在选择“在家受到严厉的批评甚至体罚”的被试中，“父母(1 人或 2 人)常年在外打工”与“和爸妈、爷爷奶奶住在一起”的儿童间差异比较显著($1.96<|AR|\leqslant 2.58$)。

在没有家庭困扰的被试中，“和爸妈、爷爷奶奶住在一起”、“和爸妈住在一起”的儿童与其他家庭生活方式的儿童相比，不存在显著差异($|AR|\leqslant 1.96$)。

在选择“在家受到严厉的批评甚至体罚”的被试中，“和爸妈住在一起”、“单亲家庭”、“离异再组合家庭”的儿童与其他家庭生活方式的儿童相比，不存在显

著差异($|AR|\leqslant 1.96$)。

在选择“家人间的关系不和谐”的被试中，“和爸妈、爷爷奶奶住在一起”、“和爸妈住在一起”的儿童与其他家庭生活方式的儿童相比，不存在显著差异($|AR|\leqslant 1.96$)。

在选择“家里缺钱用”的被试中，“和爸妈、爷爷奶奶住在一起”的儿童与其他家庭生活方式的儿童相比，不存在显著差异($|AR|\leqslant 1.96$)。

在选择“家人给予很大的学习压力”的被试中，各家庭生活方式儿童间不存在显著差异($|AR|\leqslant 1.96$)。

可见，家庭生活方式是影响中国儿童家庭困扰的重要因素，拥有圆满、稳定的家庭教育环境的儿童比家庭不健全或父母常年不在家的儿童有更良好的家庭生活的感受，也更少受到家庭问题的困扰。“父母(1 人或 2 人)常年在外打工”的儿童相比其他儿童遇到的家庭问题更多、更广泛，尤其在“受到严厉批评甚至体罚上”尤为突出，单亲家庭的儿童“家人间的关系不和谐”问题最为突出。家庭的学习压力，是各种类型家庭的儿童反映的较为普遍的问题。

(5) 生活满意度差异。

经差异检验发现，本省不同生活满意度儿童受家庭生活困扰的情况总体上存在非常显著的差异(卡方值=361.423，$P\leqslant 0.01$)。

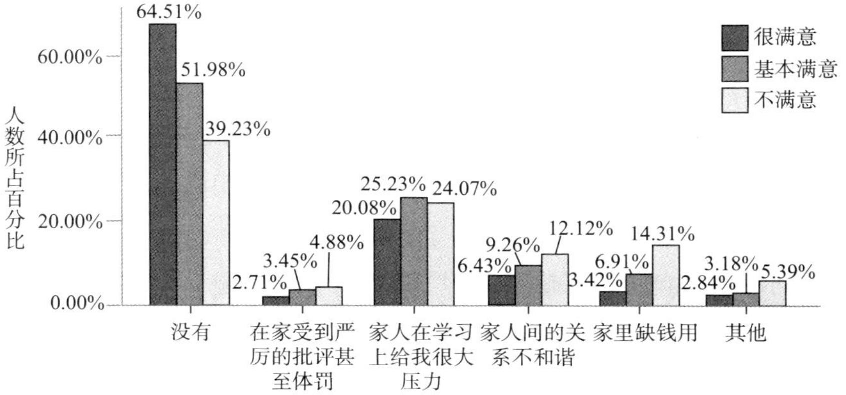

图 6-7　家庭生活困扰与儿童生活满意度分布图

不同生活满意度儿童各选项百分比如图 6-7 所示，经进一步统计分析发现：

在选择没有家庭问题的困扰、“家人间的关系不和谐”、“家里缺钱用”的被试中，不同生活满意度儿童间差异非常显著（$|AR|>2.58$）。在没有家庭问题的困扰的被试中，对生活很满意的儿童比例最高，人数比例基本上随着生活满意程度的下降而呈现逐渐下降的趋势；在选择“家人间的关系不和谐”的被试中，对生活不满意的儿童比例最高，人数比例基本上随着生活满意程度的下降而呈现逐渐上升的趋势；在选择“家里缺钱用”的被试中，对生活不满意的儿童比例最高，人数比例基本上随着生活满意程度的下降而呈现逐渐上升的趋势。

在选择“在家受到严厉的批评甚至体罚”的被试中，对生活不满意与对生活很满意的儿童间差异非常显著（$|AR|>2.58$），人数比例基本上随着生活满意程度的下降而呈现逐渐上升的趋势。

在选择“家人给予很大的学习压力”的被试中，对生活基本满意与对生活很满意的儿童间差异非常显著（$|AR|>2.58$），人数比例基本上随着生活满意程度的下降而呈倒V形趋势。

在选择“在家受到严厉的批评甚至体罚”的被试中，对生活基本满意的儿童与对生活不满意、对生活很满意的儿童相比，不存在显著差异（$|AR|\leqslant 1.96$）；在选择“家人在学习上给我很大压力”的被试中，对生活不满意的儿童与对生活基本满意、对生活很满意的儿童相比，不存在显著差异（$|AR|\leqslant 1.96$）。

6.2 学校生活困扰

没有学校生活困扰的河北省儿童人数比例（39.99%）远低于没有家庭生活困扰的儿童比例（57.46%），说明中国儿童来自学校的困扰要多于来自家庭的困扰。学校中困扰儿童最多的事情是教师教学的趣味性，15.68%的河北省儿童明确表示希望老师上课有趣一些；其次是同学关系问题，14.90%的河北省儿童表示希望改善同学间的关系；接着是学习环境问题，占了13.26%；受到学校处理事件公平程度困扰的河北省儿童占了11.06%。存在其他学校“大事”困扰的儿童占了5.11%。在其他部分，剔除与前几个选项的重复项，儿童的学校问题还有“师生关系问题”、“作业问题”、“成绩问题”等，中学儿童困扰的还有“提高成绩问题”、“师生关系问题”、“考试压力问题”等。（见图6-8）

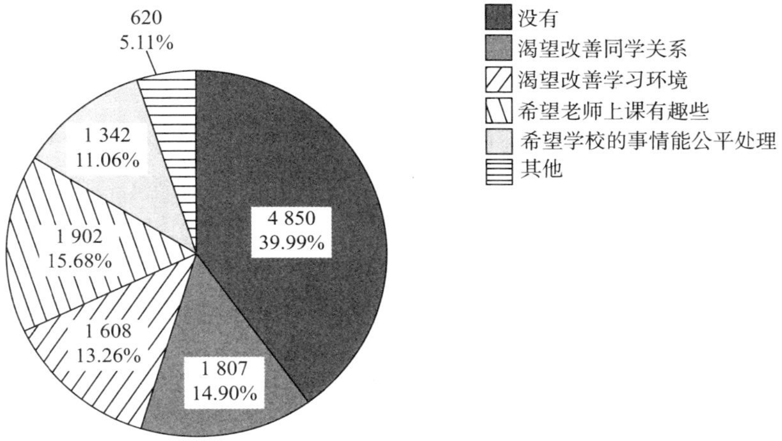

图 6-8　学校生活困扰与儿童人数百分比分布图

(1) 年段差异。

经差异检验发现,本省不同年段儿童受学校生活困扰的情况总体上存在非常显著的差异(卡方值=387.661,$P\leqslant 0.01$)。

不同年段儿童各选项百分比如图 6-9 所示,经进一步统计分析发现:

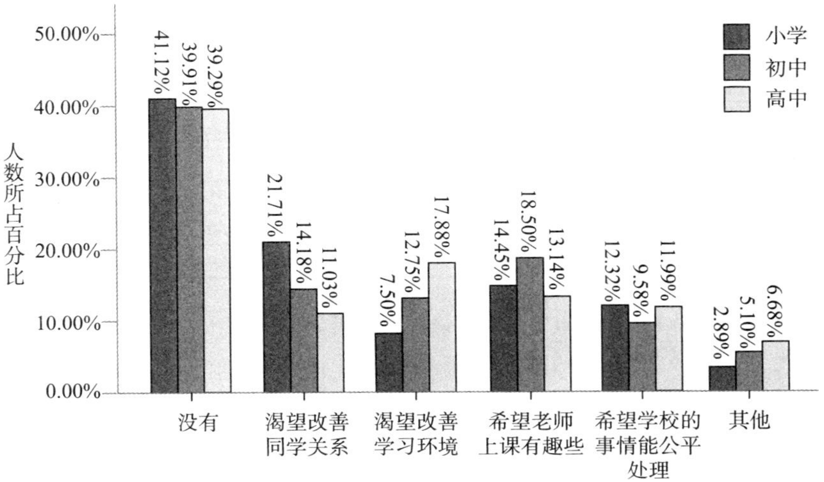

图 6-9　学校生活困扰与儿童年段分布图

小学生中,除了“希望老师上课有趣些”与其余各项间不存在显著差异

（|AR|≤1.96）外，其余各困扰间的差异非常显著（|AR|＞2.58），人数比例基本呈现从“渴望改善同学关系”、“希望老师上课有趣些”、“希望学校的事情能公平处理”、“渴望改善学习环境”到“其他”项逐渐下降的趋势。

初中生中，除了“渴望改善同学关系”、“渴望改善学习环境”与其余各困扰间不存在显著差异（|AR|≤1.96）外，“希望老师上课有趣些”和“希望学校的事情能公平处理”之间的差异非常显著（|AR|＞2.58），人数比例基本呈现从“希望老师上课有趣些”、“渴望改善同学关系”、“渴望改善学习环境”、“希望学校的事情能公平处理”到“其他”项逐渐下降的趋势。

高中生中，除“希望老师上课有趣些”与其余各项间不存在显著差异（|AR|≤1.96）外，其余各困扰间的差异非常显著（|AR|＞2.58），人数比例基本呈现从“渴望改善学习环境”、“希望老师上课有趣些”、“希望学校的事情能公平处理”、“渴望改善同学关系”到“其他”项逐渐下降的趋势。

经差异检验发现，本省不同年级儿童受学校生活困扰的情况总体上存在非常显著的差异（卡方值=495.938，$P \leqslant 0.01$）。

不同年级儿童各选项百分比如图 6－10 所示，经进一步统计分析发现：

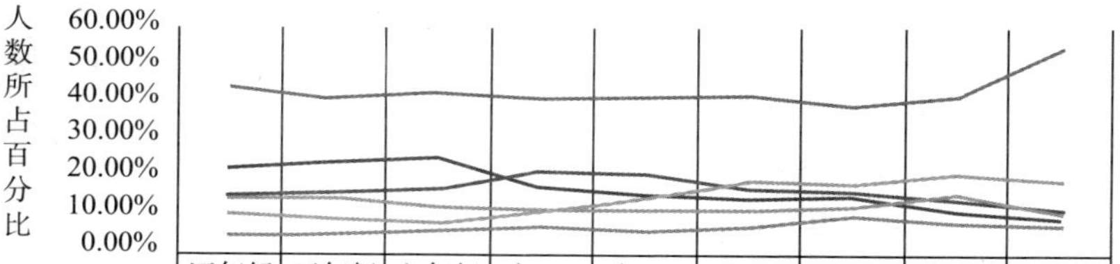

	四年级	五年级	六年级	初一	初二	初三	高一	高二	高三
没有	42.33%	40.02%	40.85%	39.77%	39.92%	40.07%	37.68%	39.77%	52.17%
渴望改善同学关系	20.32%	22.27%	22.78%	15.29%	14.04%	12.94%	12.95%	9.33%	7.61%
渴望改善学习环境	8.75%	6.93%	6.62%	9.54%	12.40%	17.35%	16.99%	18.86%	17.39%
希望老师上课有趣些	13.08%	14.50%	16.05%	19.89%	19.60%	15.15%	14.31%	12.26%	9.24%
希望学校的事情能公平处理	13.36%	13.03%	10.33%	9.94%	9.52%	9.19%	10.76%	13.65%	8.15%
其他	2.16%	3.26%	3.37%	5.57%	4.53%	5.29%	7.30%	6.13%	5.43%

没有　渴望改善同学关系
渴望改善学习环境　希望老师上课有趣些
希望学校的事情能公平处理　其他

图 6－10　学校生活困扰与儿童年级变化趋势图

在没有学校生活困扰的被试中，高一和高三间的差异比较显著（$1.96<|AR|\leqslant 2.58$），其他年级差异不显著（$|AR|\leqslant 1.96$），比例最高的是高三年级儿童，高一儿童没有学校生活困扰的比例是所有被测年级中最低的。

“希望老师上课有趣些”是困扰几乎所有年级的核心问题之一，每个年级都约有五分之一的儿童有这样的困扰，其中比例最高的是初一，且初一、初二、高二和高三间的差异非常显著（$|AR|>2.58$），其余各年级差异不显著（$|AR|\leqslant 1.96$）。

有“渴望改善同学关系”需求的儿童大致呈现随年级逐渐下降的趋势，小学阶段比例较高，最高人数比例为六年级儿童，到高三达到最低比例，小学各年级与高中各年级学生间的差异非常显著（$|AR|>2.58$），初中年级与小学年级、高中年级的儿童间差异不显著（$|AR|\leqslant 1.96$）。

“渴望改善学习环境”的儿童比例呈现随年级上升而上升的趋势，比例最高的是初三，且除了初一和高三差异不显著（$|AR|\leqslant 1.96$）外，其余年级间的差异非常显著（$|AR|>2.58$）。

可见随着年级的上升，河北省儿童总体受到学校生活的困扰比例越来越高，但是不同年级的儿童面临的具体困扰事件有所区别，小学阶段的儿童面临较多困扰的学校事件是同学关系和教师的授课方式，初中阶段最为明显的问题是教师的授课方式，到了高中，除了教师的授课方式外，学校的学习环境问题也成为困扰他们较为突出的问题之一。

（2）性别差异。

经差异检验发现，本省不同性别儿童受学校生活困扰的情况总体上存在非常显著的差异（卡方值$=36.643$，$P\leqslant 0.01$）。

不同性别儿童各选项百分比如图 6－11 所示，经进一步统计分析发现：

在没有学校生活困扰，“希望学校的事情能公平处理”的被试中，男女生之间均存在显著的差异（$|AR|>2.58$）。在没有学校生活困扰的被试中，女生人数比例高于男生；在选择“希望学校的事情能公平处理”的被试中，男生人数比例高于女生。

在“希望老师上课有趣些”、“渴望改善同学关系”、“渴望改善学习环境”的被试中，男女生之间不存在显著的差异（$|AR|\leqslant 1.96$）。

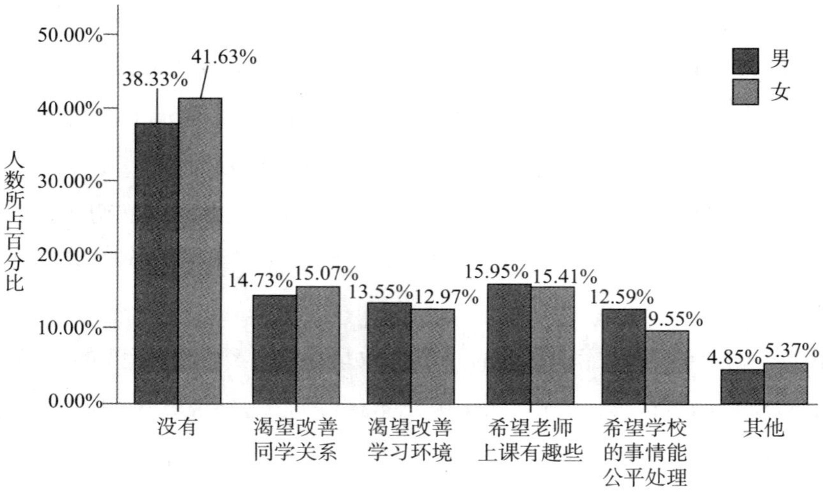

图 6－11　学校生活困扰与儿童性别分布图

（3）城乡差异。

经差异检验发现，本省城乡儿童受学校生活困扰的情况总体上存在非常显著的差异（卡方值＝238.722，$P\leqslant 0.01$）。

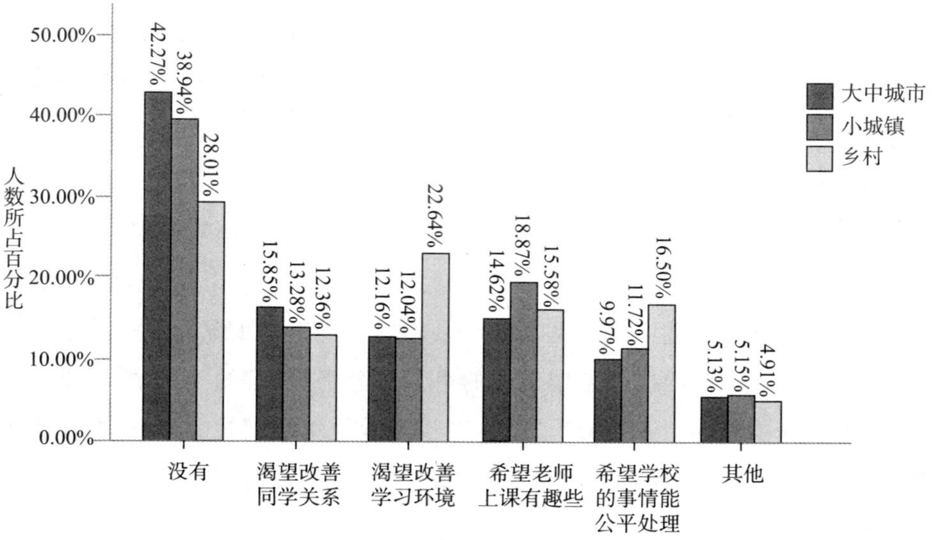

图 6－12　学校生活困扰与儿童城乡分布图

城乡儿童各选项百分比如图 6－12 所示，经进一步统计分析发现：

在“渴望改善同学关系”、“希望学校的事情能公平处理”的被试中，大中城市、小城镇、乡村的儿童间差异非常显著（$|AR|>2.58$）。在“渴望改善同学关系”的被试中，大中城市的儿童人数比例最高，人数比例基本上在大中城市、小城镇和乡村之间呈下降趋势；在“希望学校的事情能公平处理”的被试中，大中城市的儿童人数比例最低，人数比例基本上在大中城市、小城镇和乡村之间呈上升趋势。

在没有学校生活困扰、“渴望改善学习环境”的被试中，大中城市和乡村的儿童间的差异非常显著（$|AR|>2.58$），人数比例基本上在大中城市、小城镇和乡村之间呈下降趋势。

在没有学校生活困扰、“渴望改善学习环境”的被试中，小城镇儿童与大中城市、乡村的儿童相比，差异不显著（$|AR|\leqslant 1.96$）。

在“其他”项上，大中城市、小城镇和乡村的儿童间差异不显著（$|AR|\leqslant 1.96$）。

可见，城乡儿童所处的学校层面的困扰差异很明显，乡村儿童面临着更多学校学习环境和学校对问题处理的公正性等方面的困扰。

（4）家庭生活方式差异。

经差异检验发现，本省不同家庭生活方式儿童受学校生活困扰的情况总体上存在非常显著的差异（卡方值＝51.722，$P\leqslant 0.01$）。

不同家庭生活方式儿童各选项百分比如图 6－13 所示，经进一步统计分析发现：

在没有学校生活困扰的被试中，“单亲家庭”和“父母（1 人或 2 人）常年在外打工”的儿童之间的差异非常显著（$|AR|>2.58$），人数比例基本呈现从“和爸妈经常在一起”、“和爸妈、爷爷奶奶住在一起”、“离异再组合家庭”、“父母（1 人或 2 人）常年在外打工”到“单亲家庭”下降的趋势；在“渴望改善同学关系”的被试中，“父母（1 人或 2 人）常年在外打工”、“离异再组合家庭”、“单亲家庭”的儿童间存在显著差异（$|AR|>2.58$），人数比例基本呈现从“单亲家庭”、“离异再组合家庭”、“父母（1 人或 2 人）常年在外打工”、“和爸妈、爷爷奶奶住在一起”到“和爸妈经常在一起”下降的趋势；在“渴望改善学习环境”的被试中，“单亲家

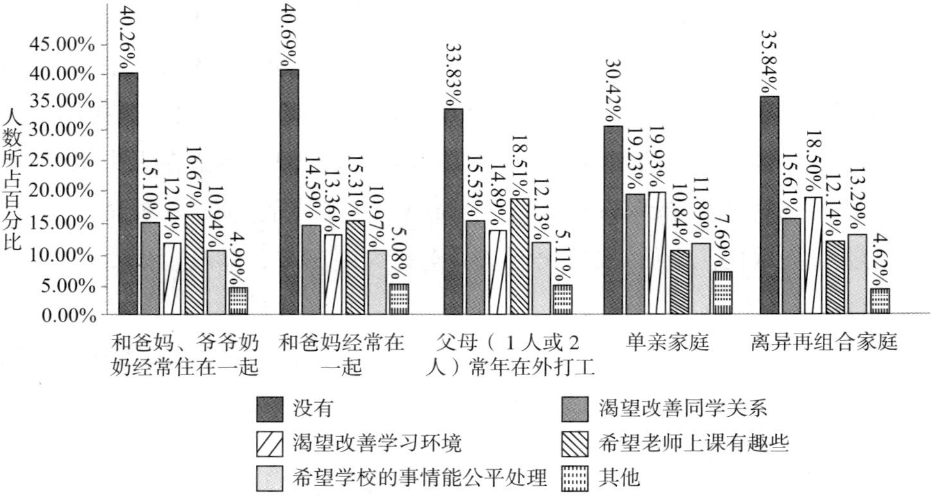

图6-13　学校生活困扰与儿童家庭生活方式分布图

庭”、“离异再组合家庭”、“父母（1人或2人）常年在外打工”的孩子之间的差异非常显著（$|AR|>2.58$），人数比例基本呈现从“单亲家庭”、“离异再组合家庭”、“父母（1人或2人）常年在外打工”、“和爸妈经常在一起”到“和爸妈、爷爷奶奶住在一起”下降的趋势；在“希望老师上课有趣些”的被试中，“父母（1人或2人）常年在外打工”、“单亲家庭”的孩子之间的差异非常显著（$|AR|>2.58$），人数比例基本呈现从“父母（1人或2人）常年在外打工”、“和爸妈、爷爷奶奶住在一起”、“和爸妈经常在一起”、“离异再组合家庭”、“单亲家庭”下降的趋势。

在“希望学校的事情能公平处理”的被试中，不同家庭生活方式的儿童间不存在显著的差异（$|AR|\leqslant 1.96$）；在没有学校生活困扰的被试中，“和爸妈、爷爷奶奶住在一起”、“离异再组合家庭”、“单亲家庭”的儿童与其他生活方式的儿童间均不存在显著的差异（$|AR|\leqslant 1.96$）；在“渴望改善同学关系”的被试中，“和爸妈、爷爷奶奶住在一起”、“和爸妈经常在一起”的儿童与其他生活方式的儿童间均不存在显著的差异（$|AR|\leqslant 1.96$）；在“渴望改善学习环境”的被试中，“和爸妈、爷爷奶奶住在一起”、“和爸妈经常在一起”的儿童与其他生活方式的儿童间均不存在显著的差异（$|AR|\leqslant 1.96$）；在“希望老师上课有趣些”的被试中，“和爸妈、爷爷奶奶住在一起”、“和爸妈经常在一起”、“离异再组合家庭”的儿童与其他生活方式的儿童间均不存在显著的差异（$|AR|\leqslant 1.96$）。

"和爸妈经常在一起"的儿童比"和爸妈、爷爷奶奶住在一起"的儿童有更好的学校适应性，可能与核心家庭的教育影响力更为集中有关。

（5）生活满意度差异。

经差异检验发现，本省不同生活满意度儿童受学校生活困扰的情况总体上存在非常显著的差异（卡方值＝521.738，$P\leqslant 0.01$）。

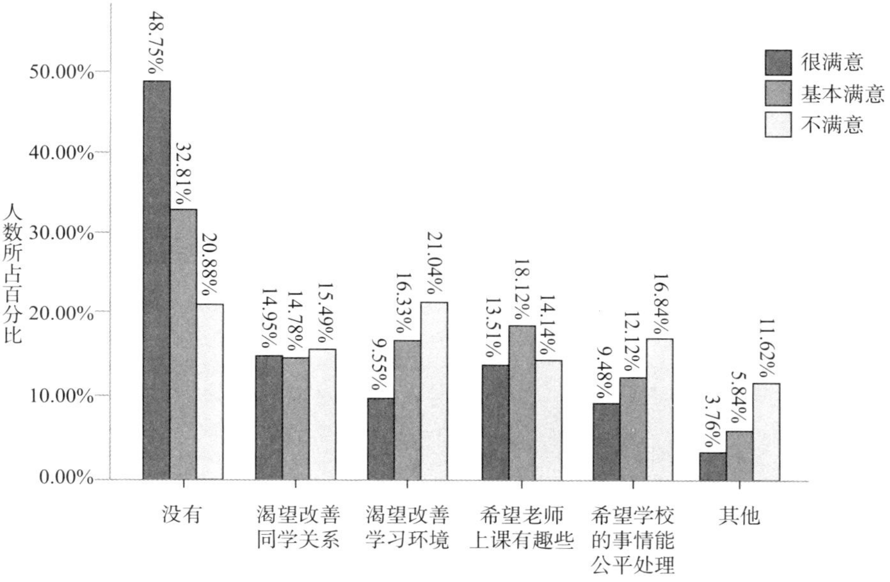

图 6－14　学校生活困扰与儿童生活满意度分布图

不同生活满意度儿童各选项百分比如图 6－14 所示，经进一步统计分析发现：

在没有学校生活困扰、"渴望改善同学关系"、"希望学校的事情能公平处理"的被试中，不同生活满意度的儿童间存在显著的差异（$|AR|>2.58$）。在没有学校生活困扰的被试中，人数比例基本上随着生活满意程度的下降而呈现逐渐下降的趋势；在"渴望改善同学关系"的被试中，人数比例基本上随着生活满意程度的下降而呈 V 形趋势；在"希望学校的事情能公平处理"的被试中，人数比例基本上随着生活满意程度的下降而呈上升趋势。

在"渴望改善学习环境"的被试中，对生活很满意和基本满意的儿童间差异

非常显著（$|AR|>2.58$），人数比例基本上随着生活满意程度的下降而呈上升趋势；在“希望老师上课有趣些”的被试中，对生活很满意和基本满意的儿童间差异非常显著（$|AR|>2.58$），人数比例基本上随着生活满意程度的下降而呈倒V形趋势。

在“渴望改善学习环境”、“希望老师上课有趣些”的被试中，对生活不满意的儿童与对生活很满意、基本满意的儿童相比，差异不显著（$|AR|\leq1.96$）。